Horst Heidermann | Klaus Vollmer

MILLIONÄRE & MÄZENE

Edition Köndgen

Horst Heidermann | Klaus Vollmer

MILLIONÄRE & MÄZENE

Ferdinand Thun und Heinrich Janssen aus Barmen
Gustav Oberländer aus Düren

Edition Köndgen

Edition Köndgen

In der Edition Köndgen erscheinen Bücher und Geschenkartikel über Wuppertal, Schwelm und das Bergische Land. Die vielfältigen Facetten dieser Region werden darin lebendig präsentiert.
www.edition-koendgen.de

Bibliographische Informationen der Deutschen Nationalbibliothek:
Die Deutsche Bibliothek verzeichnet diese Publikation in der Deutschen Nationalbibliographie; detaillierte Daten sind im Internet unter *www.dnb.de* abrufbar.

Umschlag Illustration und S. 166: entnommen aus „Partners – A History Of The Development Of The Wyomissing Industries“, The Wyomissing Industries, Reading, Pennsylvania, 1936; Copyright 1936: Textile Machine Works, Narrow Fabric Company, Berkshire Knitting Mills /
Umschlag Foto: Berkshire Knitting Mills, Wyomissing
1. Auflage 2014

Druck: BoD GmbH, Norderstedt
Printed in Germany
ISBN 978-3-939843-46-7

Inhaltsverzeichnis

Foreword

The subjects of this book were, indeed, millionaires and patrons. They made their millions of dollars as extraordinary textile men, and they donated millions to a variety of good causes as unusually generous philanthropists. Emigrating separately from Barmen (now a section of Wuppertal) and Dueren, Germany, to America in the 1880's, they brought with them their native talents and work ethic and, during the early 1900's began realizing their "American Dream" far beyond what they ever might have imagined.

The authors of this book provide the details of the many enterprises of these textile men and the many forms of their philanthropy. What I would like to emphasize here is the overarching theme of this remarkable German-American story – partnership.

The two Barmers – Ferdinand Thun and Heinrich (Henry) Janssen – emigrated to New York in 1889 and to Brooklyn in 1888 respectively and were introduced to each other by other Barmen emigrants. In 1892 Thun and Janssen moved to the industrial city of Reading, Pennsylvania and began a partnership to build braiding machines. Once joined, this partnership was to include many business and philanthropic enterprises. Furthermore, this partnership was built to last until Janssen's death in1948 – an incredible time span of 56 years.

Powered by Thun's strong financial and marketing abilities and by Janssen's mechanical genius, their braiding machine business, by 1906, had begun to succeed. They were offered some land for one dollar in the brand new, nearby Reading suburb of Wyomissing for their expansion. And expand they did! In a very short time these two men had become partners in their newly-created Wyomissing Industries, comprising three companies: the Berkshire Knitting Mills, making ladies full-fashioned stockings; the Textile Machine Works, making both braiding machines and knitting machines; and the Narrow Fabric Company, making a full-range of braiding materials. To help run the stocking business at the Berkshire, the two partners welcomed another German-American emigrant they had met earlier in New York, the man from Dueren, Gustav Oberlaender.

While these three textile companies were on their way to becoming world class successes, the partners also worked together to form and to run two real estate and development companies and two banks. Their real estate and development companies created hundreds of homes in the Wyomissing/Reading area, and their banks supported financial services for their resident employees and others. At the same time, Thun, as the long-serving president of the Borough of Wyomissing Council, and Janssen, as a long-serving member, helped to create and administer this new model residential community, formerly all farm land. Under their wise leadership, Wyomissing developed one of the first zoning plans, a mixed-income housing program, public schools, playground, swimming pool, parks, trees and other well-run public services to create a model small-town community.

The partners supplemented these civic services with their many generous philanthropic contributions to the town and abutting communities. They gave the land and considerable money for both the Reading Hospital and for the Reading Public Museum. Their money also supported the building of the Wyomissing Playground and the Wyomissing Swimming Pool. Thun's and Janssen's wives gave the Wyomissing Public Library and a pavilion for the playground.

I write about all this history with great gratitude because I was the beneficiary of the master planning and generosity of these partners. Born in 1931 and growing up in the 1930's and 1940's when Wyomissing's population was only a few thousand people, I could easily walk or ride my bicycle to the playground with its many pieces of equipment and organized activities and to the nearby swimming pool with its daily "free hours" and programs. I could also walk to the library and select books from the children's section and go to story hour every Friday afternoon. I could walk to the Reading Public Museum with its cultural and art exhibits from every part of the world and its natural history collections of rocks, butterflies and birds and its 25-acre arboretum. My friends and I received good education in classes of small size with good teachers and in well-built school buildings. Today we all look back on those days, the period during the Depression and during World War II, and think how fortunate, how really lucky we were to have grown up in Wyomissing with all it amenities for our growth and enjoyment. Some of us also realized the irony that these gifts to us came through these German-American partners – German emigrants whose native land had been our enemy.

It was not easy for the partners to witness from the comfort of their new homeland in America how their native country put itself in extreme danger in two world wars. Here, too, however, these men combined to continue to hold Germany in their hearts and actions. As the Wuppertal writer Gisela Schmoeckel expressed it. "They remained neighbors of their homeland." They did so after World War I by donating funds to provide food and supplies, especially for orphans and widows. They made a large donation for a new lecture hall at the University of Heidelberg. Oberlaender supported the German Archaeological Institute for excavations in Athens and in Pergamon. Also between the two world wars, under Thun's leadership, the partners established the Carl Schurz Memorial Foundation designed to sponsor friendship and cultural exchanges between Germans and Americans. Oberlaender then added one million dollars to establish the Oberlaender Trust within the foundation, resulting in hundreds of exchanges between German and American professionals like journalists, foresters, municipal and hospital administrators, and teachers. After World War II, Thun made a special effort to send medical equipment and supplies to Germany; and Thun and Janssen established charitable foundations in Wuppertal – still operating today – to grant funds each year to social, medical and athletic programs,

I cannot help wondering if all these many forms of partnership – of business, civic, and philanthropic collaboration, of engaging with each other as they engaged with the thousands of men and women who were part of their many enterprises – was not somehow preordained from Heinrich Janssen's and Ferdinand Thun's very births on Thursday, February 8 and Wednesday, February 14, 1866. Born this close together in time and only a short distance apart in space in Barmen, they almost seem like partners from the start. Although they never met in Barmen, they were preparing for each other as one studied for a technical career and the other for business. Once they met in America, the rest is their remarkable history.

George H. Edmonds

Andover, Massachusetts
June 15, 2013

Vorwort (Übersetzung)

Dieses Buch handelt in der Tat von Millionären und Fabrikanten. Sie verdienten ihre Millionen als außerordentlich erfolgreiche Textilindustrielle und sie gaben als ungewöhnlich großzügige Philanthropen Millionen für eine Fülle gemeinnütziger Zwecke. Sie kamen in den 1880er Jahren auf getrennten Wegen von Barmen (heute Wuppertal) und Düren aus Deutschland nach Amerika. Sie brachten ihre heimatlichen Fähigkeiten und ihre Arbeitsethik mit und begannen Anfang der 1900er Jahre ihren „Amerikanischen Traum" in einem Ausmaß zu verwirklichen, das sie sich selber wohl kaum vorgestellt hatten.

Die Autoren dieses Buches stellen die Einzelheiten ihrer zahlreichen Unternehmungen und die verschiedenen Formen ihrer Wohltätigkeit vor. Ich möchte hier unterstreichen, dass „Partnerschaft" das verbindende Thema dieser bemerkenswerten deutsch-amerikanischen Geschichte ist.

Die beiden Barmer – Ferdinand Thun und Heinrich (Henry) Janssen – wanderten nach New York (1889) und Broolyn (1888) aus und wurden von anderen Barmer Einwanderern miteinander bekannt gemacht. 1892 zogen Thun und Jansen in die Industriestadt Reading in Pennsylvanien und gründeten ein gemeinsames Unternehmen zur Herstellung von Riementischen (wie man in Barmen die Flechtmaschinen nannte). Die Partnerschaft schloss später zahlreiche wirtschaftliche und wohltätige Unternehmen ein. Die Verbindung sollte über die unglaubliche Spanne von 56 Jahren bis zum Tod von Janssen 1948 bestehen.

Auf der Grundlage der bedeutenden Fähigkeiten Thuns in Finanzierung und Werbung und Janssens technischer Begabung zeigten sich in ihrem Flechtmaschinen-Unternehmen um 1906 erste Erfolge. Man bot ihnen Land zum Preis von einem Dollar in dem neuen, nahebei gelegenen Readinger Vorort Wyomissing an, sodass sie weiter expandieren konnten. Und wie sie expandierten! In sehr kurzer Zeit waren die beiden Männer gemeinsame Inhaber der neu geschaffenen „Wyomissing Industries", die aus drei Unternehmen bestanden: den Berkshire Knitting Mills, die fassonierte Damenstrümpfe herstellten, den Textile Machine Works, die sowohl Flechtmaschinen wie auch Strickmaschinen (für Strümpfe) produzierten und der Narrow Fabric Company, die eine breite Fülle von Flechtprodukten anbot. Um das Geschäft mit den Damenstrümpfen weiter ausbauen zu können, nahmen die beiden Partner einen weiteren deutsch-amerikanischen Einwanderer auf, den sie schon vorher in New York kennengelernt hatten, Gustav Oberländer, den Mann aus Düren.

Während die Textilunternehmen in Richtung Weltklasse marschierten, arbeiteten die Partner auch bei der Gründung und der Geschäftsführung von zwei Immobilienunternehmen und zwei Banken zusammen. Die Entwicklungs- und Immobiliengesellschaften bauten Hunderte von Häusern im Gebiet von Wyomissing und Reading. Die Banken boten den dort wohnenden Angestellten der Firmen und anderen ihre Dienstleistungen an. Zur gleichen Zeit waren Thun langjähriger Präsident der Gemeinde Wyomissing und Janssen langjähriges Mitglied der Gemeindevertretung. Sie halfen, einen neuen Ortsteil auf ehemaligem Farmland zu bauen. Unter ihrer zukunftsweisenden Leitung wurden die ersten Bauleitpläne geschaffen, die ein Programm gemischter Bauten für verschiedene Einkommensgruppen vorsahen: Öffentliche Schulen, Spielplätze, Schwimmbäder, Parks, Bäume und andere gut geführte öffentliche Dienstleistungen schufen eine kleine städtische Modellgemeinde.

Die Partner-Unternehmer ergänzten diese öffentlichen Dienstleistungen mit ihren zahlreichen und großzügigen wohltätigen Beiträgen an die Stadt und die angrenzenden Gemeinden. Sie gaben Grundstücke und erhebliche finanzielle Zuwendungen für das Krankenhaus und das Museum in Reading. Mit ihrem Geld unterstützen sie in Wyomissing Sport- und Spielstätten und ein Schwimmbad. Die Ehefrauen von Thun und Janssen stifteten die öffentliche Bibliothek und einen Pavillon für die Sportstätten.

Ich schreibe über diese ganze Geschichte mit großer Dankbarkeit; denn ich war der Nutznießer der meisterhaften Planung und der Generosität dieser Personen. Ich wurde 1931 geboren und wuchs in den 30ern und 40er auf, als Wyomissing nur wenige Tausend Einwohner hatte. Ich konnte leicht zum Sportplatz mit seinen zahlreichen Geräten und organisierten Aktivitäten zu Fuß gehen oder mit dem Fahrrad fahren, auch das Schwimmbad mit seinen täglichen „Freistunden“ und Programmen lag in der Nähe. Ich konnte auch zur Bibliothek gehen und mir Bücher aus der Kinderabteilung aussuchen. Bei der freitäglichen Lesestunde war ich ständiger Gast. Ich konnte zum Museum gehen, das die Kultur und Kunst aus allen Teilen der Welt ausstellte, und eine naturgeschichtliche Sammlung von Steinen, Schmetterlingen, Vögeln und ein 25 Acres großes Arboretum besaß. Meine

Freunde und ich erhielten eine gute Erziehung in kleinen Klassen, mit guten Lehrern und in gut und zweckmäßig konstruierten Schulhäusern. Heute sehen wir alle auf diese Tage zurück, die Periode zwischen der Weltwirtschaftskrise und dem Zweiten Weltkrieg, und denken wie glücklich wir waren, in Wyomissing aufgewachsen zu sein mit all seinen Vorzügen, die unsere Jugend förderten und erfreuten. Einige von uns fühlten auch die Ironie, die darin lag, dass all diese Gaben von den deutsch-amerikanischen Partnern kamen – von deutschen Einwanderern, deren Heimatland unser Feind gewesen war.

Es war für diese Männer nicht leicht, vom wohlbehüteten Leben in ihrer neuen Heimat Amerika aus Zeugen zu sein, wie ihr Geburtsland sich selbst in zwei Kriegen extremer Gefahr aussetzte. Es gelang ihnen auch hier, Deutschland in ihren Herzen zu bewahren und entsprechend zu handeln. Die Wuppertaler Autorin Gisela Schmoeckel formulierte: „Sie blieben Nachbarn ihres Heimatlandes." Das zeigte sich nach dem Ersten Weltkrieg, als sie Mittel zur Verfügung stellten, um Lebensmittel und Gebrauchsgüter speziell für Waisen und Witwen zu beschaffen. Sie machten eine große Spende für den Aufbau eines neuen Lehrsaalgebäudes der Universität Heidelberg, Oberländer unterstütze die Ausgrabungen des Deutschen Archäologischen Instituts in Athen und Pergamon. In der Zeit zwischen den beiden Weltkriegen gründeten sie, angeregt von Thun, die „Carl Schurz Memorial Foundation", die Freundschaft und Kulturaustausch zwischen Deutschen und Amerikanern fördern sollte. Oberländer fügte eine Million Dollar hinzu und gründete innerhalb der Stiftung den „Oberländer Trust". Das Ergebnis war ein Erfahrungsaustausch von Hunderten von Fachleuten wie Journalisten, Förstern, Lehrern und Verwaltungsleuten aus Kommunen und Krankenhäusern. Nach dem Zweiten Weltkrieg unternahmen Thun und Janssen besondere Anstrengungen, um medizinische Ausrüstungen und Verbrauchsmaterial nach Deutschland zu senden. Schließlich gründeten sie gemeinnützige Stiftungen in Wuppertal, die noch heute tätig sind und jedes Jahr Mittel für soziale, medizinische und sportliche Programme zur Verfügung stellen.

Ich kann nicht anders, als mich zu fragen, ob diese zahlreichen Formen von Partnerschaft – von wirtschaftlicher, bürgerlicher und wohltätiger Zusammenarbeit, vom Einstehen füreinander, das sie bei den Tausenden von Männern und Frauen bewiesen, die Partner in ihren mannigfachen Unternehmungen waren – ob dies alles irgendwie vorherbestimmt war durch die Geburtstage von Heinrich Janssen und Ferdinand Thun am Donnerstag dem 8. Februar und Mittwoch dem 14. Februar 1866. Fast zur selben Zeit geboren lebten sie eng beieinander in Barmen.

Es schien von Anfang an auf eine Partnerschaft hinauszulaufen. Obwohl sie sich in Barmen niemals trafen, bereiteten sie sich auf die Zusammenarbeit durch eine technische Ausbildung der eine, durch eine kaufmännische Ausbildung der andere vor. Dann trafen sie sich in Amerika. Der Rest ist ihre bemerkenswerte Geschichte.

George H. Edmonds

Andover, Massachusetts
15. Juni 2013

To be an American means among other things, to be unfinished; and in the lap of the present there resides a character-forming force, which is immeasurable.
(Ferdinand Thun)

Ein Amerikaner zu sein, bedeutet unter anderem, unvollendet zu sein. Im Schoße der Gegenwart wohnt eine Charakter formende Kraft, die unermesslich ist.
(Ferdinand Thun)[1]

Hier soll die unwahrscheinliche, aber wahre Geschichte erzählt werden, wie sich zwei junge Männer aus Barmen ihren „Amerikanischen Traum" erfüllen und dennoch oder vielleicht auch deswegen mit ihrer Heimat verbunden bleiben. Die Geschichte ist nicht einfach. Der berühmte „Dritte Mann" taucht auf und der ist leider nicht aus Barmen, aber immerhin aus Düren. Die Story ist kompliziert und die Lektüre erfordert auch beim Leser das Durchhaltevermögen derer, um die es geht. Sie werden dann noch weitere Wuppertaler treffen, die in Nebenrollen auftreten.[2]

---

1 Zitiert nach Edmonds 2006, S. 101.

2 Unser Dank gilt in erster Linie George H. Edmonds. Ohne seine Vorarbeiten und Veröffentlichungen hätte dieser Text nicht geschrieben werden können. George Edmonds verlebte seine Jugend in Wyomissing und beendete 1949 seine Schulzeit an der Wyomissing School. Er lehrte Englisch an der Phillips Academy in Andover, Mass. und leitete Erziehungsprogramme in Lawrence, Mass. Er lebt mit seiner Frau Pat in Andover, Mass.
Alfred Janssen, Urenkel von Paul Janssen aus Mittenaar-Offenbach, half bei dem Versuch, die Familiengeschichte Janssen zu klären. Wir danken ferner Joachim Seng, Bibliothekar des Freien Deutschen Hochstifts, Frankfurt, der Akten und Presseausschnitte über die Beziehung Heinrich Janssens zu Ernst Beutler zur Verfügung stellte. Wolfgang Wolter, Bad Godesberg, der inzwischen verstorbene Sohn des Malers Toni Wolter, übermittelte Unterlagen über den Besuch seines Vaters in Wyomissing. Brigitte Faatz vom Stadtarchiv Bad Nauheim und Dr. Britta Spranger machten auf Bad Nauheim aufmerksam.
Dr. Alfred Brancato führte ein in die wirtschaftlichen und gesellschaftlichen Verhältnisse seiner Heimatstadt Philadelphia. Die Mitarbeiter des Stadtarchivs Wuppertal waren eifrige und zuverlässige Helfer. Für die Besorgung der oft sehr speziellen Literatur gebührt den Mitarbeiterinnen der Fernleihe der Bibliothek der Friedrich-Ebert-Stiftung Irmgard Bartel und Ruth Simons und dem Verleger und Antiquar Klaus Walterscheid besonderer Dank.
Viele Belege zu diesem Beitrag befinden sich in Archiven und Bibliotheken der USA. Leider konnten wir sie nicht aufsuchen. So beschränkte sich die Nutzung auf die Möglichkeiten des Internets.

Pioniere und Patriarchen

Ferdinand Thun

Ferdinand Thun stammte aus Barmen. Er wurde am 14. Februar 1866 geboren.[3] Das Elternhaus stand an der Ecke Heckinghauser Straße/Obere Sehlhofstraße.[4] Die Großeltern Reinhard Thun und Catharina Windhövel besaßen eine Schreinerei. Der Vater Caspar Ferdinand (1830–1911) war Gelbgießer. Er war seit 1865 mit Julia Weskott verheiratet, die 1881, im Alter von 42 Jahren, starb.[5] Der Sohn Ferdinand war beim Tod seiner Mutter 15 Jahre alt. Er hatte drei Geschwister – den Bruder Emil und die Schwestern Emilie und Marie. Der Vater heiratete 1882 zum zweiten Mal, diesmal eine Bauerntochter aus Oelklinghausen bei Schwelm.[6]

Die Patriarchen: Ferdinand Thun, Heinrich Janssen und Gustav Oberländer stellen sich dem Fotografen. Foto: Berkshire Knitting Mills, Wyomissing

Dass Ferdinand Thun jun. über seine Mutter mit Carl Duisberg verwandt war, ist möglich, aber nicht bestätigt. Duisberg schrieb ihm am 1. Februar 1934, dass sie möglicherweise beide von den „Weskotts" abstammten.[7] Thun bezeichnete in seinem Vorwort zu der Zeitschrift „American-German Review" Carl Duisberg als seinen guten Freund.

Emil Thun, der Bruder Ferdinands, folgte dem Vater und trat in das Gießereigeschäft ein. Er blieb wie die beiden Schwestern Maria und Emilie in Barmen. Die Geschwister hielten aber enge Verbindung mit dem ausgewanderten Bruder und

3 Stadtarchiv Wuppertal, Personenstandsakten, Oberbürgermeisterei Barmen Geburten, Geburtsurkunde Nr. 386 vom 15. Februar 1866.

4 Der Gelbgießer Ferdinand Thun wohnte 1871 in der Heckinghauser Straße 54. Im Mai 1875 zog er um in die Sehlhofstraße 6. Adressbücher Barmen 1871/72 und 1875.

5 Stadtarchiv Wuppertal, Personenstandsakten, Oberbürgermeisterei Barmen Heiraten, Heiratsurkunde Nr. 213 vom 18. Mai 1865. Julia Weskott war eine Tochter des Kaufmannes Johann Peter Weskott (1787–1848) und seiner Ehefrau Wilhelmina von Eynern (1803–1876).

6 Stadtarchiv Wuppertal, Personenstandsakten, Oberbürgermeisterei Barmen Heiraten 1882, Bd. 1, Jan–Mai Nr. 1–240, Heiratsurkunde Nr. 26.

7 Kühlenz, Kordula (Hg.), Carl Duisberg (1861–1935): Briefe eines Industriellen, München 2012, S. 3; American-German Review I 1.

besuchten ihn später mehrfach in den Vereinigten Staaten. Ferdinand besuchte nach der Kinderschule in der Färberstraße die Heidter Volksschule und vom 9. bis zum 16. Lebensjahr die Barmer Gewerbeschule.[8] Danach machte er eine kaufmännische Lehre in einer Lüttringhauser Exportfirma und arbeitete dann als Buchhalter bei der Firma „Pfleiderer & Wurm“ in Barmen.[9]

Die Kinderschule in der Färberstraße und die Klasse IVb der Gewerbeschule Barmen im Wintersemester 1879/80. Thun Dritter von links in der mittleren Reihe.
Repro aus: Yarn Carrier, Vol. 18 No. 12, S. 5

Den Anlass nach Amerika zu gehen, gab eine Anfrage an seinen Onkel, den Färbereibesitzer Reinhard Thun. Dessen alter Freund Louis Kraemer suchte für seine Wollweberei „Louis Kraemer & Co.“ in Stony Creek Mills in der Nähe von Reading, Pennsylvanien einen Buchhalter. Louis Kraemer (1828–1903) wurde in Berleburg geboren. Er war in Barmen zum Färber ausgebildet worden, und seitdem mit der Familie Thun befreundet.[10] Ferdinand Thun sen. schlug seinen Sohn als Kandidaten für den Buchhalterposten vor.[11] Seine Familie und seine Ausbildung sprachen für ihn. 1886 begann Thun junior seine Tätigkeit in Stony Creek Mills, wo Kraemer die berühmten „Reading Cassimere“-Stoffe herstellte. Bis zum Frühjahr 1888 blieb er in Pennsylvanien. In dieser Zeit machte er Bekanntschaften und gewann Freunde, die später beim Aufbau der eigenen Firma hilfreich sein sollten. Seine freie Zeit widmete er vor allem dem Erlernen der englischen Sprache. Dann ging er wieder für kurze Zeit nach Barmen und vertiefte seine Kenntnisse in der technischen Herstellung von Barmer Artikeln. Morgens arbeitete er in einer Riemendreherei und nachmittags in einer Bandweberei.[12] Im Februar 1889 kam einer der Inhaber der Riemendreherei Sutro Brothers aus der Stadt New York[13] nach Barmen und bot Thun eine Stelle

8 Dietz-Leverkusen 1958, S. 82.

9 Yarn Carrier, Vol. 18 No. 12, S. 5.

10 Kraemer war bereits 1848 in die USA gekommen. Erst 1864 übernahm er das Fabrikgelände in Stony Creek Mills. Vorher hatte er als Weber in Manayunk, heute Stadtteil von Philadelphia, gearbeitet. Reading Eagle vom 7.2.1971 "Heritage of Berks: Along the Antietam" von Wayne E. Homan.

11 Yarn Carrier, Vol. 18 No. 12, S. 5.

12 Yarn Carrier, Vol. 18 No. 12, S. 5.

13 Im Folgenden ist mit New York immer die Stadt New York und nicht der Staat New York gemeint.

in seiner Firma an.[14] Er verdiente dort, wie Oberländer berichtete, 5 $ die Woche.[15] Thun arbeitete drei Jahre in der „Sutro Brothers Braid Company“. Mit ihm ging sein Freund Max Mittendorf in die USA, der eine Stelle in der „Castle Braid Company“ in Brooklyn antrat, in der sein Onkel Fritz Klein als Meister tätig war.[16] Max Mittendorf lebte in der von Fritz Klein und seiner Frau betriebenen Pension und dort traf er Heinrich Janssen, der ebenfalls bei der „Castle Braid Company“ arbeitete. Spätestens jetzt kam eine Verbindung der beiden Barmer in Brooklyn (Janssen, Mittendorf) und des Barmers in New York (Thun) zustande.[17] Thun wiederum lernte Gustav Oberländer in New York in der Stenographischen Gesellschaft kennen. Das Netzwerk begann, sich abzuzeichnen. 1892 wurde Thun amerikanischer Staatsbürger. Der Kaufmann Thun und der Techniker Janssen beschlossen, den Schritt in die Selbstständigkeit zu wagen und eine Fabrik zur Herstellung von Textilmaschinen, vor allem Riementischen, aufzubauen. Als Ort wurde auf Vorschlag von Thun Reading gewählt. Thun hatte die Gegend um Philadelphia ja bereits kennengelernt. Eine freundliche Landschaft, das Flüsschen Schuykill, in manchem der Wupper und dem Bergischen ähnlich, eine überwiegend aus „Pennsylvaniadeutschen“ bestehende Arbeiterschaft, eine gute Eisenbahnverbindung und die Nähe zur Großstadt und zum Hafen Philadelphia mögen ausschlaggebende Standortfaktoren gewesen sein. Thun galt als Finanzgenie. Zur Kapitalbeschaffung bediente er sich allerdings einer im Wuppertal bewährten Methode: Er liierte sich mit der Tochter seines früheren Arbeitgebers.

Die Wollweberei von Louis Kraemer in Stony Creek Mills etwa 1875, links oben das Wohnhaus von Kraemer. Tuschezeichnung von J. Heyl Raser. http://projectkraemerlane.net/history2.htm

14 Edmonds 2006, S. 6. Wahrscheinlich Ludwig Sutro. Die (jüdische) Familie Sutro stammte aus Bruck in Bayern. Emanuel Sutro (1791–1847) heiratete Rosa Warendorff aus Düren und eröffnete eine Wollweberei in Aachen. Nach dem Tode ihres Mannes ging Rosa Sutro mit elf Kindern in die USA. Ludwig und Hugo Sutro gründeten 1874 eine Riemendreherei in New York. 1888 inkorporiert, wurde sie zu einem Großunternehmen.

15 Gramm 1956, S. 21.

16 Max Mittendorf (1870–1930) wurde in Barmen geboren. Seine Eltern waren der Riemendreher Eduard Mittendorf und Caroline Schroder. Sie wohnten Barmen Heckinghauser Straße 62 in unmittelbarer Nachbarschaft der Thuns. Seine Ausbildung erhielt Mittendorf in der Barmer Textilindustrie. Stadtarchiv Wuppertal, Personenstandsakten, Oberbürgermeisterei Barmen Geburten 1870, Bd. IIa, Nr. 18C2–2391, Nr. 2242; Adressbuch Barmen 1877, S. 278; Reading Eagle vom 4.12.1930 "Max Mittendorf Dies".

17 Yarn Carrier, Vol. 18 No.12, S. 6. Partners 1936, S. 15 berichtet, dass Mittendorf die beiden Freunde Janssen und Thun zusammengeführt habe.

Seine Auserwählte war Anna Maria Grebe (1873–1948), die Tochter von Louis Frederick Grebe aus Stony Creek Mills, die er 1896 heiratete.[18] Die Hochzeitsreise ging nach Barmen. Thun nutzte diese Reise allerdings auch geschäftlich. Er studierte die modernen Flachstrickmaschinen für fassonierte Strümpfe in Deutschland und England, obwohl die damals noch nicht auf dem Produktionsprogramm der Jungunternehmer standen.[19] Das Ehepaar Grebe/Thun hatte sechs Kinder: Anna Catherine, verheiratet seit 1922 mit dem Gynäkologen Lewis C. Scheffey M.D., Margaret, verheiratet mit dem späteren Vorstandsvorsitzenden der „Narrow Fabric Company“ Samuel R. Fry, Wilma (1902–1988), verheiratet mit dem Architekten Charles R. Muhlenberg, Hildegard (1905–1984), verheiratet seit 1936 mit Paul Erich Plehn, und die Zwillinge Ferdinand K. (1907–2001) und Louis R. (1907–1999).

Anna Maria Grebe, etwa 1900. Repro aus: Edmonds 2006, S. 35

1896 verlegten Janssen und Thun Wohnort und Firmensitz in das nahe gelegene Städtchen Wyomissing im Berks County. 1906 erreichte auf ihr Betreiben der neue Wohnort den Status einer selbstständigen Gemeinde und Thun wurde erster Vorsteher des Gemeinderates. Er blieb 37 Jahre in diesem Amt. Politisch gehörte er zu den Republikanern.[20]

Ferdinand Thun machte in der neuen Welt eine auch für amerikanische Verhältnisse ungewöhnliche Karriere. Zusammen mit seinem Partner Heinrich Janssen, dem später hinzukommenden Gustav Oberländer und mit der Unterstützung seines Schwiegervaters, des Unternehmers Louis Frederick Grebe, baute er auf der Basis einer Textilmaschinenfabrik einen Konzern auf. Darüber wird in dem Kapitel „Der amerikanische Traum“ noch ausführlich zu berichten sein. Er wurde vielfacher Einkommens-Millionär und Präsident (Vorstandsvorsitzender) der „Berkshire Knitting Mills“, der größten Strumpffabrik Amerikas. Er war Präsident der „Delta Finance Company“, der Holding „Thun Investment Company“, der Stadtentwicklungsgesellschaft “Wyomissing Development Corp.” und der „Wyomissing Foundation“, Secretary-Trea-

18 Louis F. Grebe war Mitinhaber der Firma Kraemer & Co. und wohnte wie Kraemer in der heutigen Kraemer Lane in Stony Creek Mills.

19 Holton 1993, S. 24.

20 Jordan 1914, Bd. III, S. 55.

surer (Vorstandsmitglied) der Maschinenfabrik „Textile Machine Works" und Treasurer (Vorstandsmitglied) der Riemendreherei „Narrow Fabric Comp."[21]

Im Weinlokal „Kuechler's Roost". Thun hat seine Freunde aus der Gabelsberger Kurzschrift Gesellschaft in New York zu einem fünftägigen Besuch in Wyomissing eingeladen. Hintere Zeile, vierter von links Thun, rechts vorn Jacob Ludwig Kuechler. Repro aus: Yarn Carrier, Vol. 18 No. 12, S. 9

1912 bereiste der Barmer Erfolgsautor Rudolf Herzog die USA und besuchte Ferdinand Thun in Wyomissing. Beide kannten sich aus Barmen als Schulkameraden. Der Besuch hat sich niedergeschlagen in einer Eintragung auf dem von Robert Rahm geschnitzten Stammtisch von Thun, Janssen, Nolde, Horst und ihren Freunden in dem traditionellen Weinlokal „Kuechler's Roost" (wohl am besten mit „Kuechler's Nest" zu übersetzen) auf dem Mount Penn.[22] 1914 veröffentlichte Herzog den Roman „Das große Heimweh", der immerhin bis 1950 eine Gesamtauflage von 480.000 Exemplaren erreichte. Wer allerdings in diesem Buch nach einer einfühlenden, differenzierten Darstellung der Empfindungen und Probleme der erfolgreichen und doch heimatverbundenen Deutschamerikaner sucht, der wird enttäuscht. Herzog hat routinemäßig seine Erfolgsrezepte angewandt und dem Umfeld übergestülpt.[23]

Nachdem der Erfolg sich eingestellt und die jungen Barmer spürten, dass sie mit ihrer Gesundheit Raubbau getrieben hatten, gönnten sie sich längere Auszeiten und Kuren in Deutschland. Thun ging nach Bad Kissingen zur Kur. Hier lernte er Reichskanzler a. D. Dr. Hans Luther kennen.[24] Luther gehörte nun auch zu Thuns „Netz". Der parteilose, der Deutschen Volkspartei (DVP) nahestehende Hitlergegner Luther wurde 1933 als Reichsbankpräsident durch Hjalmar Schacht ersetzt und auf den Posten des Botschafters in Washington abgeschoben.

---

21 Tabachnick 1991, S. 17.

22 Partners 1936, S. 164; Rudolf Herzog, Das große Heimweh. Neue Ausgabe, 475–480. Tausend, Thomas-Verlag, Kempen, Niederrhein 1950. Kuechler's Roost und das Grundstück von etwa 14 Hektar waren nach einem Brand, Wiederaufbau und der Schließung infolge der Prohibition von Henry Janssen „zur Erinnerung an alte Tage" der Stadt Reading geschenkt worden. Heute ist es Teil eines ausgedehnten Parks. Reading Eagle vom 2.8.1978 "Saga of the Abandoned Wine Vault". Jacob Ludwig Küchler (1830–1904) stammte aus Michelstadt und war ein gelernter Holzschnitzer.

23 Die bislang gründlichste Auseinandersetzung mit Rudolf Herzog und seinem Werk findet sich bei Jardin, Pascal, L'Oevre de Rudolf Herzog. Littérature populaire et idéologie allemandes (1900–1930), Paris 1997.

24 Edmonds 2006, S. 102. Nach Gisela Schmoeckel 1992, S. 136 entstand diese Bekanntschaft schon während der Essener Oberbürgermeisterzeit von Luther 1918–1922.

1937 wurde er in den einstweiligen Ruhestand versetzt. Schon kurz nach seiner Berufung im März besuchte er in Herbst 1933 zweimal die Berks und Lancaster Counties und wurde natürlich in Wyomissing von den Familien Thun, Janssen und Oberlaender herzlich begrüßt. Beim ersten Besuch hatte der Botschafter seine Tochter Eva mitgebracht. Die Töchter Gertraud und Eva vertraten protokollarisch gelegentlich ihre verstorbene Mutter. Bei einem Abendessen im Berkshire County Club waren außer Thun, Janssen und Oberlaender u. a. auch Janssens Schwiegersohn Dr. J. E. Livingood, Dr. Bertholet, der Chefarzt des Reading Hospital und Hausarzt von Oberländers und der Geschäftsführer der „Carl Schurz Memorial Foundation" Wilbur K. Thomas dabei.[25] In Lancaster hatte Luther das Franklin & Marshall College besucht und war Gast im Hause von Professor Scheidt gewesen.[26] Dieser Besuch des Botschafters war der Beginn einer langen, nicht nur diplomatischen Freundschaft zwischen Luther und Thun. Zum 70. Geburtstag erhielt Thun zwei Vasen als Geschenk. Auch der Reichsaußenminister Konstantin von Neurath gratulierte. Thun bedankt sich entsprechend und bittet den „lieben Herrn Botschafter" das Dankesschreiben für den Außenminister an diesen weiterzuleiten. Auch Frau Thun lässt grüßen.[27]

Am 25. März 1949 starb Thun.[28] Er hatte darum gebeten, statt zugedachter Blumenspenden möge man CARE-Pakete nach Deutschland senden. Noch im Januar hatte er sich persönlich um den Versand gekümmert. Er schrieb an eine Verwandte in Solingen: „Ich bin nun schon über zwei Wochen ans Haus gefesselt wegen Unpässlichkeit. Doch kann ich mich nicht besonders beklagen, denn ich habe die beste Pflege und meine Töchter und Söhne sorgen dafür, dass ich nicht einsam werde."[29] Seine Frau war bereits am 27. Oktober 1948 gestorben.[30] Die Geschichte der lutherischen Gemeinde Barmen-Wupperfeld vermerkt, dass nach 1945 zahlreiche Gaben bei der Zweigstelle Barmen des Evangelischen Hilfswerks ankamen, „so etwa von den Gönnern, die wie Herr Thun auch schon früher an unser Altersheim gedacht hatten."[31] Das Wohnhaus der Familie wurde nach seinem Tod in

---

25 Reading Eagle vom 29.10.1933 "Dr. Luther German Ambassador to U.S. Entertained Here" und vom 26.11.1933 "Ambassador Gets Data on Folklore Here and at Lancaster College".

26 Press Buero Wolff, Berlin vom 28.11.1933 (nach Bundesarchiv Koblenz, NL 1009 Dr. Hans Luther, Ordner 391).

27 Bundesarchiv Koblenz, NL 1009 Dr. Hans Luther, Ordner 397, Brief Thuns an Luther vom 18.2.1936.

28 New Yorker Staats-Zeitung und Herold vom 26.3.1949; American-German Review XV 5.

29 Schreiben Ferdinand Thuns an Lore Hoegen, Solingen vom 14.1.1949 (Thun-Janssen Stiftung).

30 American-German Review XV 2.

31 Hübner 1953, S. 170. Hübner berichtet an anderer Stelle, dass Thun in der Zeit der Hochinflation für den Bau des Wupperfelder Gemeindehauses 746 Dollar (nach heutiger Kaufkraft etwa 10.000 $) zu Verfügung stellte; Hübner 1953, S. 135.

ein Klubhaus für ehemalige Mitarbeiter und Gästehaus der Textilmaschinenfabrik umgewandelt. 1962 wurde es der „Penn State University“ als Geschenk übergeben, 1972 durch die Gemeinde Wyomissing erworben und ist seitdem Borough Hall (Rathaus).[32]

Drei Generationen Thun (Ferdinand Thun, sen.; Ferdinand Thun; Ferdie Thun und Louis Thun). Foto: Emil Flasche, Barmen, etwa 1910. Sammlung Klaus Vollmer

Unter den drei Gründungsvätern der Wyomissing Industries war Thun der bedeutendste. Er kam aus einer alten Barmer Familie, war mit den Weskotts und den Eynerns verwandt. Er fand, aufgrund der Bekanntschaft seines Onkels mit Louis Kraemer den zukünftigen Standort der Unternehmen. Ein Kredit aus dem Unternehmen „Kraemer & Co.“ (d.h. Kraemer und Grebe) und der Sparkasse von Stony Creek Mills erleichterte den Start von Thun & Janssen in Reading. Das Fabrikgebäude wurde von einem früheren Kollegen Thuns bei „Kraemer & Co.“, Jacob Nolde, gemietet. Der erste große Auftrag für die Strickmaschinen kam aus Nazareth, PA von einem Unternehmen, dessen Inhaber der Nachfolger Thuns bei „Kraemer & Co.“ gewesen war. Die großen Stiftungen wie die „Carl Schurz Memorial Foundation“ und die „Wyomissing Foundation“ gingen auf seine Initiative zurück. Sein Ausspruch „Hitler kam und wird gehen, Deutschland wird weiterleben wie vorher“ sollte sich als weitsichtig erweisen. Thun war ein Freund klassischer Musik und pflegte bis spät in der Nacht zu lesen. Morgens kam er nicht aus dem Bett. Nur am ersten Sonntag im Mai stand er wegen der Zubereitung der Waldmeisterbowle und am Weihnachtsmorgen früh auf.[33] Mit seiner Familie frequentierte er Konzerte und Theateraufführungen in Philadelphia. Wenn sich die Gelegenheit bot, wurden in New York die Metropolitan Opera oder Konzerte in der Carnegie Hall besucht. Das Plaza an der Ecke Fifth Avenue Central Park war das Stammhotel der Familie Thun. [34]

32 Reading Eagle vom 9.11.1983.
33 Edmonds 2006, S. 93.
34 Holton 1993, S. 44.

Thuns Villa in Wyomissing, heute Borough Hall. Repro aus: Yarn Carrier, Vol. 18 No. 12, S. 15

Als Thun 1931 in Deutschland war, kam es zu einer Audienz beim Reichspräsidenten Paul von Hindenburg.[35] Ein langjähriger Freund Thuns, Sekretär beim Reichspräsidenten, hatte dies heimlich eingeleitet, um Thun eine freudige Überraschung zu bereiten. Thun wurde wegen der großzügigen Förderung der Erbauung des neuen Hörsaalgebäudes Ehrendoktor der Juristischen Fakultät der Universität Heidelberg. Der Dr. h. c. wurde ihm 1936 anlässlich der Jubiläumsfeiern der Universität in absentia verliehen. Die Goethemedaille der Stadt Frankfurt erhielt er 1937 ebenfalls in absentia. Vermutlich war Thun 1935 zum letzten Mal in Deutschland. Eine für 1936 geplante Reise wurde abgesagt.[36]

Die engen Beziehungen zwischen Ferdinand Thun und dem ehemaligen deutschen Botschafter in den USA, Dr. Hans Luther, zeigten sich darin, dass auch er Empfänger von CARE-Paketen aus Wyomissing wurde. Luther bedankt sich in einem Schreiben an den alten, todkranken ehemaligen Partner mit der Formel: „bin ich in Verehrung und Freundschaft Ihr Hans Luther."[37]

Heinrich Karl Janssen

Am 8. Februar 1866, eine knappe Woche vor seinem späteren Partner Ferdinand Thun, wurde Heinrich Karl Janssen in Barmen geboren.[38] Seine Eltern waren Wilhelm Albert Janssen (1834–1878)[39] und Anna Elisabeth (Helene) Benner. Sie hatten 1860 geheiratet.[40] Wahrscheinlich hatte Albert Janssen in Barmen eine feste Anstellung als Diakon gefunden und konnte es nun wagen, eine eigene Familie zu

35 Reading Eagle vom 15.10.1931 "The Outward Sign of Plight in Germany-Thun".

36 Übersicht der Schiffspassagen (Sammlung Vollmer).

37 Bundesarchiv Koblenz, NL 1009 Dr. Hans Luther, Ordner 567, S. 43.

38 Stadtarchiv Wuppertal, Personenstandsakten, Oberbürgermeisterei Barmen Geburten, Geburtsurkunde Nr. 330 vom 10. Februar 1866. Die Geburtsurkunde von Heinrich Karl wurde auch von dem Stadtmissionar Franz Ludwig Schinzel unterschrieben.

39 Der Vater Wilhelm Albert Janssen wurde am 23. März 1834 in Kleve geboren. Die Eltern waren Johann Janssen, Beruf Barbier, und Elisabeth Gaster. Stadtarchiv Kleve, Personenstandsakten, Geburtsurkunde Nr 39 vom 24.3.1834, Wilhelm Albert Janssen.

40 Allerdings nicht in Barmen, wie der Yarn Carrier, Vol. 12. Nr. 11, S. 4 berichtet, sondern vermutlich am Wohnort der Braut.

gründen. Er stammte aus einer seit Langem in Cleve ansässigen Familie, die nach der Familienüberlieferung aus Holland kam.[41] Seine Frau Helene Benner war die Tochter eines Bäckermeisters und kam aus Hatzfeld bei Biedenkopf. Albert Janssen wohnte mit seiner Familie zunächst in der Weskotter Str. 10. Das Adressbuch verrät als Beruf „Diakon".[42] Wir wissen nicht, wann und wo er eine Ausbildung zum Diakon erhalten hat. Viel spricht allerdings dafür, dass er in Duisburg die 1844 von Theodor Fliedner gegründete Pastoralgehilfen- und Diakonenanstalt besuchte. Unter den Diakonen der evangelisch-reformierten Gemeinde Gemarke und der lutherischen Gemeinde Wupperfeld ist er allerdings nicht genannt.[43] Ein Problem für die Diakone war, dass ihr Beruf nur wenig kirchliche Aufstiegsmöglichkeiten bot.[44] Albert Janssen zog daraus Konsequenzen.

Alte reformierte Kirche in Barmen-Gemarke, in der Heinrich Janssen konfirmiert wurde. Farblithografie, etwa 1887, Kirchenkreisarchiv Wuppertal-Barmen. Repro aus: Herbert Pogt, Historische Ansichten aus dem Wuppertal des 18. und 19. Jahrhunderts, 1989, B 22.

Ab etwa 1875 zog die Familie um.[45] Der Vater betrieb nun in der „Mühlenwegerstraße 4" eine christliche Buchhandlung[46] verbunden mit einem Schreibwarenhandel und Zigarrenverkauf. Als Beruf gibt das Adressbuch „Diakon und Buchhändler" an.[47] Die reformierte Kirche war von der neuen Wohnung nicht weit entfernt. Die neue lutherische Friedenskirche lag in unmittelbarer Nähe. 1874 wurde am Mühlen-

41 Frdl. Mitteilung von Alfred Janssen, Mittenaar-Offenbach.

42 Adressbuch Barmen 1871. Sh. auch Stadtarchiv Wuppertal, Personenstandsakten, Oberbürgermeisterei Barmen Sterberegister 1878, Bd. 1, Nr. 630, Sterbeurkunde Wilhelm Albert Janssen, gestorben am 22.3.1878. Als Diakon, korrekt Hilfs-Diakon, wird ein Gemeindehelfer mit theologischer und medizinischer Grundausbildung bezeichnet. (In vielen Gemeinden wurde ein Mitglied des Presbyteriums, das sich der Armenpflege zu widmen hatte, ebenfalls Diakon genannt.) Der Todesfall wurde von dem Rechtskonsultenten Bacham und dem (jüdischen) Zigarrenfabrikanten Hermann Montel (1835–1909) aus Kaldenkirchen angemeldet.

43 Werth 1902, S. 446; Hübner 1953, S. 113f.

44 Hübner 1953, S. 114.

45 Der Yarn Carrier vom Februar 1948 (Vol. 17 No. 11, S. 14) berichtet, dass Heinrich Janssen etwa neun Jahre im elterlichen Hause Weskotter Straße 10 lebte.

46 Genau genommen war es keine Buchhandlung, sondern eine „Niederlage christlicher Schriften". Es ist möglich, dass er diese „Niederlage" im Auftrag eines Dritten, evtl. der „Inneren Mission", und nicht auf eigene Rechnung betrieb. Wiederverkäufer erhielten Rabatt. Verdienen konnte er dann nur an den nichtbuchhändlerischen Artikeln wie Schreibwaren, Zigarren usw. In der Anzeige von 1875 wird getrennt für die „Niederlage" und das Zigarrengeschäft Albert Janssen geworben.

47 Adressbuch Barmen 1877, S. 231.

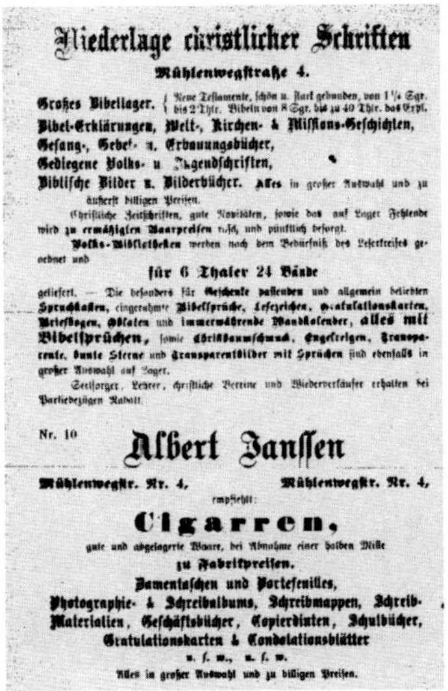
Niederlage christlicher Schriften
Mühlenwegstraße 4.
Großes Bibellager. Neue Testamente, schön u. stark gebunden, von 1¼ Sgr. bis 2 Thlr. Bibeln von 8 Sgr. bis zu 40 Thlr. das Expl.
Bibel-Erklärungen, Welt-, Kirchen- & Missions-Geschichten,
Gesang-, Gebet- u. Erbauungsbücher,
Gediegene Volks- u. Jugendschriften,
Biblische Bilder u. Bilderbücher. Alles in großer Auswahl und zu äußerst billigen Preisen.
Christliche Zeitschriften, gute Novitäten, sowie das auf Lager Fehlende wird zu ermäßigten Baarpreisen rasch und pünktlich besorgt.
Volks-Bibliotheken werden nach dem Bedürfniß des Leserkreises geordnet und
für 6 Thaler 24 Bände
geliefert. — Die besonders für Geschenke passenden und allgemein beliebten Spruchkasten, eingerahmte Bibelsprüche, Lesezeichen, Gratulationskarten, Briefbogen, Oblaten und immerwährende Wandkalender, alles mit Bibelsprüchen, sowie Christbaumschmuck, Engelreigen, Transparente, bunte Sterne und Transparentbilder mit Sprüchen sind ebenfalls in großer Auswahl auf Lager.
Seelsorger, Lehrer, christliche Vereine und Wiederverkäufer erhalten bei Partiebezügen Rabatt.

Nr. 10
Albert Janssen
Mühlenwegstr. Nr. 4, Mühlenwegstr. Nr. 4,
empfiehlt:
Cigarren,
gute und abgelagerte Waare, bei Abnahme einer halben Mille
zu Fabrikpreisen.
Damentaschen und Portefeuilles,
Photographie- & Schreibalbums, Schreibmappen, Schreib-Materialien, Geschäftsbücher, Copierdinten, Schulbücher,
Gratulationskarten & Condolationsblätter
u. s. w., u. s. w.
Alles in großer Auswahl und zu billigen Preisen.

Anzeige Nr. 10. Repro aus: Adressbuch Barmen 1875

weg 11 das lutherische Pfarrhaus gebaut. Janssens Vater hatte für sein Unternehmen eine 1a-Lage gewählt.

Seinen Militärdienst hatte Wilhelm Albert Janssen, für einen Diakon passend, in einer Sanitätseinheit absolviert. Für seinen Einsatz bei einer der Cholera-Epidemien in Barmen erhielt er eine besondere Auszeichnung der Stadt.[48] Vermutlich war er während der großen Epidemien von 1866 und 1867 im Einsatz, die viele Barmerinnen und Barmern, überwiegend aus den ärmeren Schichten, das Leben kostete.[49] Die Cholera soll von ehemaligen Soldaten aus Böhmen eingeschleppt worden sein, die am preußisch-österreichischen Krieg von 1866 teilgenommen hatten.[50]

Bereits 1878 starb Wilhelm Albert Janssen im Alter von 44 Jahren. Die Witwe mit ihren Kindern führte zunächst das Geschäft am Mühlenweg weiter. 1879 finden wir sie letztmals im Barmer Adressbuch.[51] Sie heiratete am 18.2.1879 den Bäckergesellen Gustav Rudolph.[52] Die zweite Ehe soll nicht sehr glücklich gewesen sein.[53]

Nach dem Besuch der Volksschule und Konfirmation in der Reformierten Kirche Barmen Gemarke kam der Halbwaise Heinrich Janssen zu einem Schlossermeis-

---

48 Yarn Carrier, Vol. 17 No. 11, S. 4.

49 Hübner 1953, S. 75 erwähnt für 1867 in Barmen-Heckinghausen 2300 Kranke, von denen 1163 verstarben. Ungewöhnlich war die hohe Todesrate von fast 50%. Auch in Elberfeld wütete die Cholera in den Jahren 1866 und 1867. Hier lag die Rate der Verstorbenen bei 55 % der Erkrankten; Elberfelder Zeitung vom 10.1.1868.

50 Werth 1902, S. 305.

51 Adressbuch Barmen 1879, S. 264.

52 Stadtarchiv Wuppertal, Personenstandsakten, Heiratsregister Barmen 1879, Bd. 1, Nr. 1–274, Heiratsurkunde Nr. 54.

53 Das Geschäft wurde an den Alten Markt verlegt und taucht nur noch 1882 in den Adressbüchern auf. Gustav Rudolph war gezwungen, wieder als Bäckergeselle zu arbeiten. Er ging dann nach Amerika, konnte aber bei Janssen, der sonst gern Verwandte nach Wyomissing holte, nicht landen und kehrte wohl nie mehr zurück. 1899 und 1906 finden wir die Mutter von Henry Janssen als Ehefrau Gustav Rudolph im Adressbuch. Sie wohnt zusammen mit ihrem ältesten Sohn aus zweiter Ehe, dem Schlossergesellen Gustav Rudolph jun..

ter in Honsberg[54] mit Unterkunft und Verpflegung in die Lehre. In der Werkstatt wurden hauptsächlich landwirtschaftliche Maschinen repariert. Nach der Lehre ging der Geselle Janssen auf Wanderschaft und rundete in verschiedenen Betrieben seine Kenntnisse als Maschinenschlosser ab. Volljährig geworden, entschloss er sich 1888 zur Auswanderung in die Vereinigten Staaten von Amerika.

In Brooklyn fand er bald eine Stelle in der „Castle Braid Factory", zunächst als Maschinist, später als Maschinenmeister (Superintendent).[55] Hier begann die Freundschaft mit Ferdinand Thun, die für sein zukünftiges Leben entscheidend werden sollte. Im September 1890 heirateten Henry Janssen und Wilhelmine Raeker, Tochter von Henry Raeker aus Lippspringe, in Brooklyn. Janssen hatte seine spätere Frau schon in Barmen kennengelernt, wo sie wahrscheinlich als Dienstmädchen arbeitete. Er ging nach Amerika und vertraute die junge Frau seinen Brüdern an. Als er dann in den USA eine gute Anstellung als Vorarbeiter gefunden hatte, ließ er seine Braut nachkommen.[56] 1894 wurden Janssen und seine Frau amerikanische Bürger.

Wilhelmine Janssen geb. Raeker, etwa 1890, Repro aus: Yarn Carrier, Vol. 17 No. 11, S. 6

Das Ehepaar Janssen hatte einen Sohn Harry und die Töchter Minnie (verstorben 1941, verheiratet mit Dr. John Elias Livingood),[57] Helen (verstorben 1980, verh. mit Richard C. Wetzel)[58] und Elsie (starb als Kind).[59] Der Sohn Harry starb während seiner Ausbildung als amerikanischer Soldat im Ersten Weltkrieg als Opfer einer Grippeepidemie.

---

54 Wahrscheinlich handelte es sich um den heutigen Stadtteil von Remscheid Honsberg. Dort sind noch heute Betriebe der Remscheider Werkzeugindustrie anzutreffen. Das Dorf Honsberg bei Radevormwald weist keine diesbezügliche Tradition auf.

55 Edmonds 2006, S. 9. Edmonds vermutet eine „Barmen connection".

56 Frdl. Mitteilung von Albert Janssen, Mittenaar-Offenbach.

57 Dr. John Elias Livingood (1889–1977) aus Womelsdorf, Sohn von Horace Filbert Livingood und Else Maurer. Von 1919 bis 1941 verheiratet mit Minnie Janssen, die im April 1941 verstarb. Praktischer Arzt von 1919 bis 1929, danach leitende Funktionen in den Unternehmen Janssens, 1944 Delegierter aus Pennsylvanien zur Republican National Convention. Reading Eagle vom 24. Juli 1977 "Dr. Livingood easy to interview". Die Tochter des Ehepaars Janssen Livingood, Helene, heiratete ElRoy Master, der später Präsident der „Textile Machine Works" wurde.

58 Richard C. Wetzel (1888–1968) 1913 Mitgründer des Rotary Club in Reading. Nach der Erinnerung von Alfred Janssen, Mittenaar-Offenbach, war Richard Wetzel vor seiner Heirat mit Helen Janssen Inhaber eines Hotels.

59 Reading Eagle vom 29.1.1948 "Janssen's Death Ends Long Active Career".

Harry Janssen und seine beiden Schwestern in glücklicheren Tagen. Repro aus: Internet Antique Gazette com.

Politisch gehörte Janssen zu den Republikanern.[60] Er war bekannt dafür, und das weist ihn als einen echten Barmer aus, dass er seine Mitarbeiter aufforderte, Hosenträger aus Band und keine Gürtel aus Leder zu tragen.[61] Janssen war temperamentvoll, energisch und von robuster Gesundheit. Wenn er sich aufregte, was öfter vorkam, weil eine Sache nicht wie vorgesehen erledigt worden war, verfiel er ins Deutsche oder gar ins Barmer Platt. Weitere Missverständnisse waren die Folge. Sein Ein und Alles war das Unternehmen. Abends pflegte er leitende Mitarbeiter zu einem Gespräch einzuladen, um das Tagesgeschehen zu besprechen.[62] Als Vorsitzender des Bauausschusses der Wyomissing Industries nahm er Einfluss auf zahlreiche Planungen, z.B. auch auf das Hauptgebäude des Reading Hospital.[63]

Um 1930, auf dem Höhepunkt seiner amerikanischen Karriere, betrug das jährliche Einkommen von Henry K. Janssen mehrere Millionen Dollar. Er war Präsident der Maschinenfabrik „Textile Machine Works", der Flechterei „Narrow Fabric Company", der „Nufashond Narrow Fabric Co. of Canada Ltd.", der Grundstücksgesellschaft „Delta Reality Corporation", der „Tulpehocken Farms Inc." und der „Henry Janssen Corporation", Vizepräsident der Strumpffabrik „Berkshire Knitting Mills", der Volksbank „Peoples Trust Company", der Stadt-Entwicklungsgesellchaft „Wyomissing Development Company"[64] und Chairman des Board of Directors (Verwaltungsratsvorsitzender) des Krankenhauses „Reading Hospital" (nach 1936).[65] Darüber wird noch zu berichten sein. Janssen war Ehrendoktor der Staats- und Wirtschaftswissenschaftlichen Fakultät der Universität Heidelberg. Der Dr. h. c. wurde ihm zugleich mit Ferdinand Thun 1936 anlässlich der Jubiläumsfeierlichkeiten der Universität in absentia verliehen. 1937 erhielt er als Dank für die Unterstützung des Goethemuseums die Goethemedaille der Stadt Frankfurt. Henry Janssen besaß eine bedeutende Kunstsammlung, die in der Hauptsache aus holländischen Genrebildern bestand.[66] Wollte er damit an die mündlich überlieferte holländische Herkunft seiner Familie erinnern?

---

60 Jordan 1914, Bd. III, S. 57.
61 Reading Eagle vom 9.8.2007 "The Founders".
62 Holton 1993, S. 44.
63 Edmonds 2006, S. 94.
64 Tabachnick 1991, S. 17.
65 Reading Eagle vom 29.1.1948 "Janssen's Death Ends Long Active Career".
66 Edmonds 2006, S. 95.

Janssen starb am 28. Januar 1948 in seiner neuen Heimat Wyomissing, Pennsylvania.[67] Seine Frau war bereits im Oktober 1936 gestorben. Janssen war evangelisch-reformierter Konfession. Die Familie schloss sich in den USA der evangelisch-lutherischen Richtung an.

Janssens Villa in Wyomissing. Foto: Klaus Vollmer

Paul Janssen, der Lieblingsbruder von Henry, wurde Metzger. Nach der Meisterprüfung eröffnete er mit seiner Frau, die er auf seiner Wanderschaft als Geselle kennengelernt hatte, eine Metzgerei in Barmen, Sedanstraße 44.[68] Die schlechte Barmer Luft machte ihm zu schaffen. Er ging nach Offenbach (heute Mittenaar-Offenbach) und lebte dort als Besitzer einer heute noch bestehenden Gaststätte mit Metzgerei. Er war zeitweise auch stellvertretender Bürgermeister der Gemeinde. Der Bruder Johannes, dem Henry öfter Leistungsschwäche und Lauheit vorwarf, heiratete als in Düsseldorf wohnender Commis 1896 Julie Kraus, eine Tochter des Kaufmannes Carl Kraus.[69] Er war Inhaber eines Kolonialwarengeschäftes (en gros und en détail) in Barmen, langjähriges Mitglied des Stadtrates von Barmen und als „Mittelstandspolitiker" von 1921 bis 1933 Mitglied des Preußischen Landtages (DNVP). Er hatte zehn Kinder. Nach 1933 wirkte er als Redner in der Kampagne „Kampf dem Verderb".[70]

Johannes Janssen 1948.
Foto: Privat. Sammlung Vollmer

Die Brüder Ernst (Färber in Barmen) und Albert sowie die Schwester Helene starben früh, vermutlich an einer Lungenkrankheit. Die Halbgeschwister Janssens aus der zweiten Ehe seiner Mutter lebten ebenfalls in Barmen. Gustav Rudolph jun. hielt Verbindung zu seinen Verwandten.

---

67 New Yorker Staats-Zeitung und Herold vom 29.1.1948; Reading Eagle vom 29.1.1948 "Janssen's Death Ends Long Active Career".

68 Adressbuch Barmen 1899, S. 550.

69 Stadtarchiv Wuppertal, Personenstandsakten, Oberbürgermeisterei Barmen Heiraten 1896, Heiratsurkunde Nr. 1.

70 Frdl. Hinweis von Alfred Janssen, Mittenaar-Offenbach.

Ein lebenslanger Freund Janssens aus der gemeinsamen Schulzeit in Barmen war Otto Both. Both wurde Lehrer an der Barmer Gewerbeschule und verfasste zahlreiche Textil-Fachbücher. Auch im Barmer Turnverein war er aktiv. Both besuchte Janssen in Wyomissing wie auch Janssen bei seinen Besuchen in Deutschland zu Both nach Barmen kam. Both hielt auch Verbindung zu Paul Janssen und seiner Familie in Offenbach.[71]

Auch Janssen pflegte gute Beziehungen zum deutschen Botschafter Dr. Hans Luther. Sie erreichten aber nicht die Qualität einer persönlichen Freundschaft, wenngleich auch hier die Anrede „Lieber Herr Botschafter" und die Formel „Mit freundlichen Grüßen auch von meiner Frau" auf familiäre Beziehungen hinweisen.

1935 wurden auf Veranlassung des Wuppertaler Oberbürgermeisters Julius Friedrich die ehemalige Große Friedrichstraße in Ferdinand-Thun-Straße und die frühere Augustastraße in Heinrich-Janssen-Straße umbenannt.[72]

Gustav Oberländer

Aus der Wuppertaler Sicht etwas am Rande liegt Gustav Oberländer. Er wurde am 2. Juni 1867 in Düren geboren. Seine Eltern waren Wilhelm Oberländer und seine Frau Ida, geborene Bergerhoff.[73] Sie hatten am 30. Dezember 1866 in Voerde geheiratet. Der Vater starb, als Oberländer noch nicht zwei Jahre alt war, an Tuberkulose. Die Mutter heiratete vier Jahre später Fritz Oberländer, den Bruder ihres ersten Mannes, mit dem der junge Gustav aber seine Schwierigkeiten hatte. 1876 starben die Mutter und der Stiefvater, Letzterer wie sein Bruder an Tuberkulose.[74] Mit 9 Jahren wurde Oberländer, nun Vollwaise, von seinem Onkel Hugo Bergerhoff und seiner Großmutter Sophie Bergerhoff in Hagen aufgenommen. Die Familie Bergerhoff stammte aus Voerde in Westfalen, die Oberländers stammten aus Odenspiel (heute Reichshof-Odenspiel) bei Gummersbach, wo es noch heute Mitglieder der Familie gibt. Der Großvater Christian Oberländer wurde

71 Frdl. Hinweis von Alfred Janssen, Mittenaar-Offenbach.

72 Der damalige Oberbürgermeister der Stadt Wuppertal war der nationalkonservative Julius Friedrich. Obwohl er kein Nationalsozialist war, konnte er bei vielen Konzessionen an die NSDAP bis 1937 Oberbürgermeister bleiben.

73 Bürgermeisterei Düren, Geburtsurkunde Nr. 164 vom 3. Juni 1867 (Sammlung Vollmer). Die folgende Wiedergabe des Lebenslaufs folgt bis 1907 den Aufzeichnungen Oberländers, die Gramm 1956, S. 7–35 veröffentlichte.

74 Kupsky 2012, S. 2.

1817 in Odenspiel geboren. Die Familie ist dort seit 1622 nachweisbar.[75] In Hagen besuchte Gustav Oberländer ab 1877 vier Jahre eine privates Realgymnasium. Er berichtet, dass er hier seine ersten Kenntnisse in Latein und in altgriechischer Geschichte erworben habe. Seine Begeisterung für das antike Griechenland habe hier ihre Wurzeln. Als der Onkel sein Geschäft nach Düsseldorf verlegte, wechselte Oberländer auf das Düsseldorfer Realgymnasium, damals Städtische Realschule I. Ordnung in der heutigen Klosterstraße, heute Humboldt-Gymnasium, das er 1885 mit dem Einjährigen verließ. Er musste wegen schlechten Benehmens zweimal eine Klasse wiederholen. Nachsitzen war an der Tagesordnung. Stolz berichtet er, wie es ihm gelang, den Französisch-Lehrer, genannt Pavian, zu „betuppen".[76] Fremdsprachen waren Englisch, Französisch und Latein. Kupsky berichtet, dass Oberländer bei einem seiner späteren Deutschlandbesuche dem Gymnasium eine Spende überreichte, damit es besondere Leistungen in Englisch belohnen konnte.[77]

Nach dem Abschluss begann Oberländer, 18 Jahre alt, eine Lehre als Kaufmann in der heute noch bestehenden Großhandlung für Chemikalien C. H. Erbslöh in Düsseldorf.[78] Er hatte eine Anzeige aufgegeben und auf seine Stenokenntnisse und den Abschluss als Einjähriger hingewiesen. 1888 war die Lehrzeit beendet. Er hatte kein Gehalt bekommen, erhielt aber am Ende der Jahre eine Gratifikation, die von 100 Mark im ersten Jahr auf 300 Mark im dritten Jahr anstieg. Die Firma bot ihm eine Stelle als kaufmännischer Angestellter an. Onkel Hugo Bergerhoff hatte 1887 erneut geheiratet und mit der neuen Tante verstand Oberländer sich nicht so gut; denn sie tendierte seiner Meinung nach zu sehr dazu, ihn zu bemuttern. Er lehnte deshalb das Angebot von Erbslöh ab und nahm Verbindung mit Hermann Bergerhoff, einem anderen Onkel und „schwarzen Schaf" der Familie, in New York auf. Onkel Hermann arbeitete als Anstreicher und verdiente damit gutes Geld. Mit der Abschlusszahlung der Firma in Höhe von 300 Mark erwarb Gustav Oberländer einen 2. Klasse-Fahrschein nach Amerika.

Am 21. April 1888 begann die Reise nach New York. Am 2. Mai kam er an. Bald fand er durch Vermittlung seines Onkels Arbeit bei einem Importeur von deutschen Zeitschriften, die in großen Paketen ankamen, ausgepackt und zum Versand an die Kunden in ganz Nordamerika gebracht werden mussten. Der Verdienst betrug 7 $ die Woche. Später wechselte er zur Bank „C. B. Richards & Co."

75 Gramm 1956, S. 8.
76 Rheinisch für in der Schule „betrügen", in Köln auch „fuuteln" genannt.
77 Kupsky 2012, S.8.
78 Kupsky 2012, S. 2.

Auf dem Weg zur Gesellschaft für englische Stenografie traf Oberländer Ferdinand Thun und verbrachte mit ihm häufig seine Freizeit. 1889 ging er wieder nach Deutschland, um seinen Wehrdienst als Einjährig-Freiwilliger zu absolvieren. Er brachte es zum Unteroffizier. Sein Standort war Düsseldorf. Oberländer diente in der 2. Kompanie des niederrheinischen Füsilierregiments Nr. 39, dem Regiment, das 1870 die Spicherer Höhen erstürmt hatte und dessen Heldentaten Gegenstand der ersten Kriegsbücher von Walter Bloem wurden, wie Oberländer hervorhebt.[79] Von Düsseldorf fuhr er öfter mit dem Zug nach Barmen, um am Wochenende die Familie Thun zu besuchen.[80]

Im Oktober 1890 ging es wieder nach Amerika. Oberländer fand durch die Vermittlung seines Freundes Albert Stürke aus der Gesellschaft für englische Stenografie eine interessante Anstellung bei der 1853 von Heinrich Engelhard Steinweg gegründeten Firma „Steinway & Sons", wo er vor allem für die deutschsprachige Korrespondenz zuständig war. Er verdiente nun 14 $ in der Woche.

In dieser Zeit hatte er auch eine Begegnung mit Carl Schurz. Schurz hielt eine Rede, in der er sich mit der New Yorker Staats-Zeitung auseinandersetzte. Oberländer erhielt den Auftrag, die Rede zu stenografieren. Da er sich nicht sicher fühlte, eine so wichtige Rede wörtlich korrekt zu fassen, tat er sich mir zwei Freunden zusammen. Einer war für Satzanfänge, einer für die Satzmitte und Oberländer selbst für die Satzenden zuständig. So kam eine korrekte Niederschrift der Rede zustande. Am nächsten Morgen konnte Oberländer die Rede in Klarschrift abliefern. Das Honorar von 40 $ teilte er wie folgt: 20 $ für Oberländer und je zehn für die Kollegen.

Im Juni 1895 heiratete Oberländer in der Calvary Methodist Episcopal Church Alice Penny (1866er–1939).[81] Seine Werbung um diese junge Frau, über die später noch öfter zu berichten sein wird, schildert er wie folgt: „Es gab [in der Pension Penny] zwei Töchter, Laura und Alice. Letztere zog wegen ihrer großen Augen

79 Bloem, Walter, Das Eiserne Jahr, 1912; Volk wider Volk, 1912; Die Schmiede der Zukunft 1913. Zu Bloem Heidermann, Horst, Auf dem Weg zum Führer: Walter Bloem, in: Geschichte im Wuppertal 15. Jg. 2006, S. 28–44. Bloem war nun einmal einer der berühmtesten Autoren aus dem Wuppertal.

80 Edmonds 2006, S. 10. Die Einjährig Freiwilligen konnten innerhalb der Waffengattung den Standort frei wählen.

81 Alice Penny wurde in Haverstraw, N.Y. geboren. Sie war eine Tochter des Methodistenpredigers Reverend Joshua Penny und seiner Frau Sarah Janet Penny. Nach dem Tode ihres Mannes 1890 ging Sarah Janet Penny nach New York. Sie lebte bis zu ihrem Tode bei ihrer Tochter in Wyomissing. Reading Eagle vom 2.2.1939 "Local Art Patron Dies. Mrs. Oberlaender passes away at Home after Weeks of Illness".

und ihres lebhaften Wesens unser [Oberländers und Thuns] Interesse auf sich. Oft war sie der Gegenstand von Unterhaltungen zwischen mir und Thun. Eines Tages nahm ich all meinen Mut zusammen und lud sie in die Oper ein. Plätze in der Metropolitan kosteten 1 $ der Stehplatz, 2 $ Plätze im „Nigger Himmel" und bis zu etwa 6 im Orchester. Ich glaube, dass ich 3.50 $ investierte, machte also 7 $ Kosten und kaufte zudem noch eine Schachtel Pralinen. Insgesamt gab ich die Ersparnisse eines Monats aus. Nur ein Zustand jenseits bloßer Bewunderung konnte solch ein Opfer hervorbringen." Das Fräulein Penny hatte einen Wochenverdienst von 15 $ als notwendig bezeichnet, wenn man an eine Heirat denken wolle. Sie arbeitete für „Vogue", damals ein unbedeutendes Blatt, wie Oberländer anmerkt.

Ein Engagement in Verbindung mit der „Indianapolis Brewing Co." in Indianapolis kam 1896 durch einen Freund aus der Lehrzeit in Düsseldorf, Richard Lieber, zustande. Der Inhaber der Firma Albert Lieber war sein Vetter. Albert Lieber wollte sein Geschäft durch die Produktion von Soda und Softdrinks ausbauen. Er forderte Oberländer auf, sich an einem mit diesem Ziel zu gründenden Unternehmen zu beteiligen. Es war Oberländers erste Chance als selbstständiger Unternehmer, Liebers Beteiligung war überwiegend finanzieller Art. Steinway, der der Neugründung den Bankrott innerhalb von 6 Monaten voraussagte, hielt Oberländer die Stelle in New York ein halbes Jahr offen. Das Geschäft brachte aber nach anfänglichen Schwierigkeiten soviel ein, dass Oberländer 1902 eine Geschäftsreise nach Deutschland machen konnte, um Wein einzukaufen. Man hatte die Softdrinks um aus Europa eingeführten Wein ergänzen müssen. Bier und Wiskey kamen hinzu. Oberländer verkehrte in Indianapolis im Deutschen Haus und im Männerchor. Richard Lieber eröffnete ein sehr erfolgreiches Restaurant genannt „Ye Ark" (Die Arche). Eine weitere Einkaufsreise führte Oberländer nach Kalifornien, diesmal in Begleitung seiner Familie. Er nutzte die Gelegenheit zu einer Fortsetzung nach Hawai und Japan. Auf die Dauer wurde ihm aber der mit seiner Tätigkeit verbundene Alkoholkonsum zu viel und er ließ sich sein Kapital in Höhe von 15.000 $ auszahlen.

Oberländer telegrafierte seinem alten Freund Ferdinand Thun und bat um ein Gespräch. Die Aussprache führte dazu, dass Oberländer am 1. Mai 1906 Mitarbeiter und Teilhaber der Strumpffabrik „Berkshire Knitting Mills" in Wyomissing wurde. Er erhielt zunächst nur eine wöchentliche Zahlung von 25 $.[82] Die sogenannte

82 Stark verkürzte Wiedergabe nach Gramm 1956, S. 35; sh. auch Edmonds 2006, S. 20. 25 $ im Jahr 1906 hatten eine Kaufkraft von mindestens 500–600 $ im Jahr 2013.

Panik von 1907 konnte das Unternehmen dank eines Kredits der „Farmers National Bank of Reading" überstehen.[83] Mit dem Aufstieg der Firma kam auch der Aufstieg Oberländers. Schließlich wurde er eingeladen, an den abendlichen Planungsgesprächen mit Ferdinand Thun und Henry Janssen teilzunehmen. Oberländer führte zahlreiche Reformen in der Produktion und im Vertrieb der Berkshire durch und brachte das Unternehmen, das mit Verlust arbeitete, wieder in die schwarzen Zahlen. Er reduzierte die Vielfalt der Artikel und rationalisierte die Produktion nach den Regeln des Fordismus. Ein Liefervertrag mit der Warenhauskette „Marshall Field & Co." in Chicago brachte den Durchbruch.[84]

1926 verkaufte Oberländer seinen Anteil, wie es heißt für 10.000.000 Dollar,[85] an Henry Janssen und Ferdinand Thun, schied etwas später auch aus der Leitung des Unternehmens als Vorstandsmitglied (General Manager, Secretary und Treasurer) aus und widmete sich seinen privaten Interessen.[86] Im Zentrum dieser Interessen standen archäologische Grabungen und Forschungen in Griechenland, der Türkei und Italien.

Am 21. August 1932 verlieh Reichspräsident Hindenburg Gustav Oberländer die Goethemedaille für Wissenschaft und Kunst.[87] Im gleichen Jahr erhielt er auch die Ehrendoktorwürde der Universität Heidelberg. Da konnte Mussolinis Italien natürlich nicht zurückstehen. Am 25. November 1932 erhielt Oberländer aufgrund seiner Förderung der Ausgrabungen in der Colonia Minturnae an der Via Appia das Großkreuz des Ordens der Krone von Italien, das mit großem Auftritt in Reading durch Prinz David Constantini als direktem Vertreter des Königs überreicht wurde.[88]

---

83 Kupsky 2012, S. 6.

84 Kupsky 2010, S. 201.

85 An anderer Stelle ist von 7 Millionen Dollar die Rede. Edmonds 2006, S. 97.

86 Reading Eagle vom 14.2.1926 "Wyomissing Industry Leaders in Big Deal".Bei seinem Ausscheiden aus dem aktiven Wirtschaftsleben war Oberländer in folgenden Unternehmen engagiert: Er war Vorstandsmitglied der „Berkshire Knitting Mills", Director (Verwaltungsratsmitglied) der „Reading National Bank", der „Peoples Trust Company" und der „Wyomissing Development Corporation", der er auch als Vorstandsmitglied (Treasurer) diente. Oberländer war Präsident des Unternehmerverbandes „National Association of Hosiery and Underwear Manufacturers". Wie und wo Oberländer den Erlös aus dem Verkauf seines Anteils investierte ist nicht bekannt. 1932 erwähnte er mehrfach, dass er infolge der Weltwirtschaftskrise viel Geld verloren habe.

87 Die Verleihungsurkunde mit dem Text „Zur Erinnerung an die Goethe-Jahrhundertfeier überreiche ich Ihnen hiermit die von mir gestiftete Goethe-Medaille für Wissenschaft und Kunst. Neudeck, den 21. August 1932. Herrn Gustav Oberländer." 30. Auction, Signature House, Bridgeport, West-Virginia 2006.

88 Edmonds 2011, S. 43.

1936 machten Oberländer und seine Frau ihre letzte große Reise durch Deutschland und hielten das Erlebte im Film fest.[89] München, Frankfurt, Königsberg, Danzig und Düren wurden besucht. Die Olympischen Spiele lockten nach Berlin. Anfang September trafen sich dort die Oberländers mit dem ihnen seit Langem befreundeten Archäologen Wilhelm Dörpfeld zum Mittagessen.[90]

Gustav Oberländer starb am 30. November 1936 in Reading.[91] Im Auftrag der Reichsregierung nahm der deutsche Geschäftsträger in Washington, Botschaftsrat Dr. Hans Thomsen, an den Trauerfeierlichkeiten in Reading teil.[92] Die Familie Oberländer/Penny hatte eine Tochter Dorothee Alice (1899–1975), die mit Harold M. Leinbach (1899–1966), Inhaber eines Lebensmittelunternehmens (Bob White Qualitiy Frosted Foods), verheiratet war.[93] Leinbach wurde in Oberländers letzten Lebensjahren ein immer engerer Vertrauter seines Schwiegervaters. Er war Treasurer des Reading Hospital und Sekretär der Gustav Oberländer Stiftung. Er war auch Trustee der „Charles Evans Cemetery Company“. Oberländer war seit seiner Jugend ein leidenschaftlicher Briefmarkensammler. Trotz seines Erfolges blieb sein Geschmack einfach, seine Wünsche waren bescheiden. Ausnahmen waren die Lust zu reisen und Kunstwerke zu sammeln, schrieb seine Tochter.[94]

Seine umfangreiche Kunstsammlung zeichnete sich durch bedeutende Gemälde, wertvolle antike Keramiken und andere Grabungsfunde aus.[95] 1937 wurde der

---

89 Reading Eagle vom 13.4.2012 "Oberlaender Movies Showing at Reading Public Museum".

90 Goebel/Giannopoulou 2010, S. 110.

91 Reading Eagle vom 1.12.1936 "Oberlaender s Death Ends Brillant Career Carved Out by Orphan". Bei seinem Tod 1936 war er Präsident der 1934 gegründeten „Oberaldo Finance Corporation" (Harold M. Leinbach wurde sein Nachfolger) und Trustee der „New York & Hanseatic Corporation", Präsident des „Oberlaender Trust", Trustee der „Carl Schurz Memorial Foundation" (auch hier wurde Leinbach sein Nachfolger), Präsident des Board of Directors des „Reading Hospital", Patron des „University Museum of Philadelphia", dessen Expeditionen nach Italien und Griechenland er unterstützt hatte, und Gründer der heute nicht mehr aktiven „Gustav Oberlaender Foundation for Education and Charity". Mitgründer der "New York & Hanseatic Corporation" war Franz Hirschland aus Essen. Der jüdische Bankier und Kunstmäzen spendete 250.000 Mark für den Ankauf der Osthaus-Sammlung durch die Stadt Essen. Essener Oberbürgermeister war damals (1918–1922) Dr. Hans Luther. 1938 wurde die Hirschfeld-Bank in Essen arisiert.

92 Vereinigung Carl Schurz e.V., Mitteilungen Nr. 16, Dezember 1936, S. 9f.

93 Reading Eagle vom 31.3.1934 "They are in the Limelight". Holton 1993, S. 57 berichtet von einem Sohn Eric[rich], der 1930 gestorben sei. Tatsächlich wohnte lt. US Census 1910 ein Elizh [Erich] Oberländer, 20 Jahre alt, im Haushalt der Familie. Er wird aber nicht als Verwandter bezeichnet. Er wurde in Deutschland geboren und wanderte 1904 in die USA ein. Nach Holton sei dieser Sohn 1930 gestorben. Mrs. Erich Oberländer und ihre Tochter Dorothy spielen 1935–38 nach den Berichten im Reading Eagle eine Rolle im Wyomissing Iris Club und Bridge Club.

94 Gramm 1956, S. 36.

95 Edmonds 2011.

Nachlass Oberländers „für Steuerzwecke" auf 677.487 $ geschätzt. Hinzu kamen Objekte, die als nicht realisierbar angesehen wurden, von 1.350.000 $.[96] 1939 wurde die Kunstsammlung, Bilder, Manuskripte, Möbel in New York für 83.000 $ (in Kaufkraft von 2010 etwa 1,3 Millionen $) versteigert. Die Villa soll für 50.000 $ veräußert worden sein.[97] Auch Oberländer war evangelisch-lutherischer Konfession, nicht israelitischer, wie die Neue Deutsche Biographie mitteilt.[98]

Oberländer wurde oft wegen einer zu großen Nähe zum nationalsozialistischen Deutschland angegriffen.[99] Daran war er wohl nicht ganz unschuldig. Als er z.B. am 10. September 1934 von einer dreimonatigen Europareise zurückkam, wurde er von einem Reporter des „Reading Eagle" schon auf dem Schiff interviewt. Oberländer sagte ihm, dass in Deutschland weniger Unordnung herrsche als in den USA, wo Streiks überall aufträten. Hitler habe Streiks und Aussperrungen verboten; denn das Aufhetzen einer Klasse gegen eine andere sei staatsgefährdend. Er habe nicht eine einzige Person getroffen, die nicht von der Ernsthaftigkeit und Ehrenhaftigkeit Hitlers überzeugt gewesen sei, allerdings werde von Einigen die Art der Durchführung seiner Politik durch seine Anhänger kritisiert.[100] Natürlich wurde Oberländer auch in Deutschland nach seinen Eindrücken befragt. Er lobt die technischen Leistungen und den wirtschaftlichen Aufschwung, auch die Reichsautobahnen. Er ist, gut deutsch-national, stolz auf sein Heimatland. „Meine Kräfte werde ich dafür einsetzen, dass meinem Heimatland die Welt wieder offen steht, wie es seine Größe verdient:"[101] Im Gedenkartikel anlässlich seines Todes im „Reading Eagle" heißt es: „On every of his recent visits to Germany, Mr. Oberlaender, accompanied by Mrs. Oberlaender, has been entertained by Hitler and his publicity-chief

Oberländers Villa in Wyomissing, heute Altersheim. Foto: Klaus Vollmer

96 Reading Eagle vom 28.2.1939 "$10000 Left by Widow".
97 Reading Eagle vom 26.5.1939 "Oberlaender Art is Sold".
98 Menges, Franz, „Oberländer, Gustav", in: Neue Deutsche Biographie 19 (1998), S. 392 (Onlinefassung). http://www.deutsche-biographie.de/pnd/124748279.html
99 Jenkings 1997, S. 56.
100 Edmonds 2006, S. 106; Reading Eagle vom 11.11.1934 "Hitler Lauded by Reading Man".
101 Frankfurter General-Anzeiger vom 4./5.6.1936.

Dr. Joseph Goebbels" („Bei jedem seiner kürzlichen Besuche in Deutschland wurde Herr Oberländer, begleitet von Frau Oberländer, von Hitler und seinem Propagandachef Dr. Joseph Goebbels empfangen.). Hitler sei „one of his best friends" (einer seiner besten Freunde) gewesen.[102] Nachweisen lässt sich ein Besuch bei Hitler 1934 und seine Teilnahme als Ehrengast an einem Empfang der Reichsregierung, vertreten durch Dr. Joseph Goebbels, anlässlich der Feier des 550-jährigen Bestehens der Universität Heidelberg 1936. Die Berichterstattung hätte korrekter sein können.

102 Reading Eagle vom 1.12.1936 "Oberlaender's Death Ends Brillant Career Carved Out by Orphan".

Der amerikanische Traum

Wyomissing Industries

Am 5. Juli 1892 war es soweit. In Reading, einem Zentrum der deutschsprachigen Einwanderer in Pennsylvanien, eröffneten Janssen und Thun in der Cedar Street eine Fabrik für Textilmaschinen. Ferdinand Thun hatte diesen Ort vorgeschlagen, während Janssen mehr zu New York neigte. Nach einer Reise durch Pennsylvanien, an der auch Janssens Verlobte Wilhelmine teilnahm[103] und einem Besuch bei der Braut von Ferdinand Thun fiel die Entscheidung für Reading bei einem gemeinsamen Picknick.[104] Kredit gewährten den Jungunternehmern die „Stony Creek Building and Loan Association" und Louis Kraemer, der Familienfreund der Thuns. Das Gebäude wurde von Jacob Nolde gemietet.[105] Die ersten Jahre waren schwierig. Die Wirtschaft der USA litt unter einer durch das Platzen der Eisenbahn-Blase ausgelösten schweren Depression. Man musste sich mit Reparaturarbeiten begnügen. Nach zwei mageren Jahren kam im Herbst 1895 der erste Auftrag zur Herstellung von Riementischen.[106] Weitere Aufträge folgten. Die 1890 durch die McKinley-Administration eingeführten Schutzzölle, es waren die bislang höchsten in der Geschichte der USA, kamen dem jungen Unternehmen zugute.[107]

1896 wurde die Firma nach Wyomissing verlegt. Wyomissing lag etwa 5 Kilometer westlich von Reading im Berks County. Janssen und Thun erwarben von der

103 Holton 1993, S. 17.

104 Edmonds 2006, S. 11.

105 Jacob Nolde (1859–1916) war ein Bekannter von Ferdinand Thun. Er kam 1880 aus Berleburg und hatte als Weber bei Louis Krämer gearbeitet. Später Mitinhaber der Strumpffabrik Horst & Nolde in Reading. Georg Horst war Quäker, stammte vermutlich aus Hessen und spendete zur Errichtung einer Kinderklinik in Marburg eine Million Mark. Er gehörte auch zu denen, die sich an Schurmans erster Sammelaktion für die Universität Heidelberg beteiligten. Nolde wurde und blieb bekannt durch die Anpflanzung eines großen Forsts südlich von Reading, seine Villa beherbergt heute das Nolde Forest Environmental Education Center. Sein Großvater war Förster bei dem Grafen von Sayn-Wittgenstein-Berleburg gewesen. Als Anfang der 2000er Jahre George Edmonds an seiner Stadtgeschichte von Wyomissing arbeitete, suchte er nach dem ersten Fabrikgebäude von Thun & Janssen in Reading und stellte fest, dass darin die „Barbett Industries Corporation Inc." arbeitete, die auf Maschinen der TMW aus den 30er Jahren goldene Litzen für amerikanische Fahnen herstellten; Edmonds 2006, S. 116.

106 Yarn Carrier, Vol. 2 No. 4, S. 2 und 3.

107 Winkler 2009, S. 943; die Zölle wurden zwar 1894 suspendiert aber 1897 wieder eingeführt. Partners 1936, S. 25.

Jacob Nolde (Repro aus Holton 1993, S. 14) vermietete das erste Fabrikgebäude in Reading, 222 Cedar Street an die Jungunternehmer Thun und Janssen. Repro aus: Yarn Carrier, Vol. 2 No. 4, S. 2

„Reading Real Estate Co." für einen Dollar ein etwa 2–3 Acres großes Gelände[108] im Lebanon Valley entlang der Lebanon Valley Railroad, wo sie eine neue Fabrik errichteten.[109] Die „Reading Real Estate Co." erhoffte sich von der Ansiedlung einer Fabrik eine steigende Nachfrage nach ihren Grundstücken, sie verschenkte nichts. 1899 erhielt das Werk den höchsten Preis auf der National Export Exhibition in Philadelphia.[110] Gleichzeitig wuchsen aber auch die Verpflichtungen. Sie waren bis 1900 auf 36.500 $ angestiegen. Hauptgläubiger waren die „Stony Creek Building and Loan Association", Louis Kraemer und Jacob Nolde.[111] Als Retter in der Not erwies sich Harry Feder, ein Bekannter Thuns, der in New York als Agent für verschiedene Textilfirmen arbeitete.

Ein wichtiger Teil der Produktion war die Herstellung von Maschinen für die textile Ummantelung von elektrischen Kabeln und für die Produktion von Schutzbändern für die langen Damenröcke , die notorisch über den Boden streiften (in Barmen „Besenborde" genannt und u. a. von der Firma Vorwerk & Sohn hergestellt[112]). Harry Feder versuchte ohne Erfolg, diese Bürstenbändermaschinen in New York zu verkaufen. Er entschloss sich, 45.000 $ in das seiner Meinung nach zukunftsweisende Unternehmen zu investieren und befreite die Jungunternehmer aus der Schuldenfalle.[113]

Die „Narrow Fabric Company Inc." (NFC) nahm 1900 in einer ehemaligen Fahrradfabrik in Reading ihren Betrieb auf. Feder wurde Teilhaber und ihr erster

108 Etwa 10.000 qm, Edmonds 2006, S. 26.

109 Reading Eagle vom 9.8.2007 "A Berkshire Timeline".

110 Partners 1936, S. 29.

111 Holton 1993, S. 20.

112 Sh. Lekebusch, Sigrid, Mäzenatentum und Kirchenbau – Die Lutherkirche und ihre Sponsoren. in: Geschichte im Wuppertal, 20. Jg. 2011, S. 58.

113 Edmonds 2006, S. 17f.

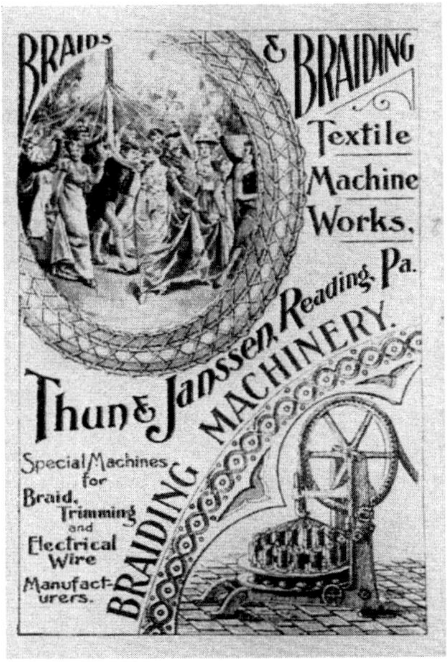

Eine Anzeige von 1893. Repro aus: Partners 1936, S. 18

Präsident. 1904/05 wurde das Unternehmen nach Wyomissing verlegt.[114] 1907 trat Howard M. Fry als Partner ein und übernahm die Funktionen des General Managers und des Secretary, später wurde er Vizepräsident.[115] 1909 kam Max Mittendorf, der bis dahin die Stelle von Thun in der „Sutro Brothers Braid Company" übernommen hatte, als Teilhaber hinzu und wurde Superintendent. 1920 wurde er Vizepräsident. Mittendorf blieb bis zu seinem Tod 1930 im Unternehmen. 1911 zog sich Harry Feder zurück. Präsident wurde nun Henry Janssen. Bekannt wurde die Firma nicht nur durch die üblichen Produkte wie Durchziehgummi, Schnürriemen usw., sondern durch die Spezialschnürriemen für Damenschuhe „Nufashond", d.h. geschrieben wie gesprochen Neue Mode, die besonders schöne breite Schleifen ermöglichten. Die Marke „Nufashond" oder „NF" wurde Erkennungszeichen einer ganzen Produktionslinie von Modeartikeln und gab sogar einer Zweigfabrik in Kanada ihren Namen.[116] Die Maschinenfabrik, deren zunächst unverkäuflichen Produkte die Gründung der NFC ausgelöst hatten, wurde am 14. August 1900 als „Textile Machine Works Inc." (TMW) im Handelsregister eingetragen.

Die Produktion von Flachstrickmaschinen (nach dem Erfinder William Cotton „Cotton-Maschinen" genannt) für den Körperformen angepasste, fassonierte Strümpfe, kurz Nahtstrümpfe genannt, kam 1898 auf die Tagesordnung.[117] Die Geschichte ist wieder einmal kompliziert. Jacob Nolde hatte zusammen mit dem ebenfalls aus Deutschland stammenden George Horst eine Strumpffabrik in Rea-

114 Edmonds 2006, S. 18.

115 Howard Morton Fry (1869–1943), Vizepräsident der „Narrow Fabric Co.", war mit Ella A. Fry verheiratet. Er war auch Chairman des Board der „Reading Trust Company". Sein Sohn Samuel R. Fry (1920er–1970) war mit Margret Thun, Tochter von Ferdinand Thun und Anna Grebe, verheiratet. Samuel Fry war Chairman des Board of Directors der NFC, ab 1961 „Wyomissing Corporation", und der „Reading Trust Company". Die 1886 gegründete „Reading Trust Company" wurde 1970 von der „National Central Bank" in Lancaster, PA. übernommen, später „Core States Hamilton Bank". Samuel Fry starb infolge eines Unfalls (Fall von einer Brücke in den Schuykill).

116 Nach Partners 1936, S. 65–85.; Nufashond Narrow Fabric of Canada Ltd. St. Catherines, Ontario, Canada.

117 Partners 1936, S. 55.

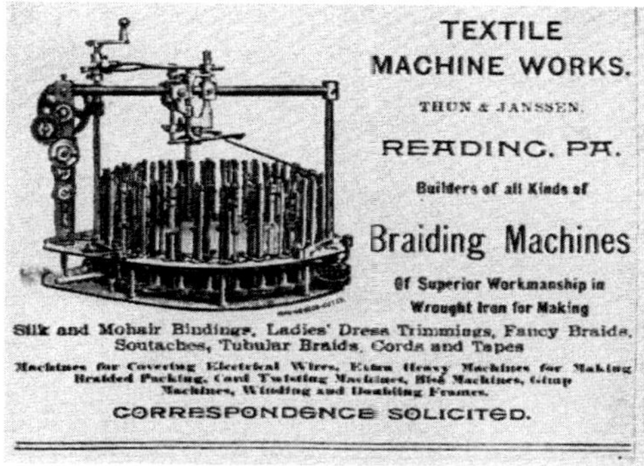

Ein Katalog von 1900. Repro aus: Partners 1936, S. 18

ding eingerichtet, die mit der Produktion von Full-Fashioned Hosiery begann. Die Maschinen waren aus Europa, überwiegend von der Firma Karl Lieberknecht aus Oberlungwitz in Sachsen, eingeführt worden. Ende der 1890er Jahre beschäftigten Nolde & Horst etwa 500 Arbeiter an 400 Strickmaschinen. Am 7. Dezember 1899 wurde die Fabrik durch ein Feuer zerstört. Zwei Arbeiter starben, 50 wurden verletzt. Viele Strickmaschinen wurden beschädigt. Nolde wandte sich nun an Thun & Janssen und beauftragte sie, die Maschinen zu reparieren. Bei der Durchführung des Auftrages kamen Janssen viele Verbesserungen in den Sinn, die er auch ausführte. Die Arbeiten zogen sich in die Länge. Auch die Kosten stiegen an. Es kam zu einer gerichtlichen Auseinandersetzung, die aber in einer gütlichen Einigung ihr Ende fand. 1904 bestellte Nolde 41 Flachstrickmaschinen neuen Typs, Marke „Reading", nahm sie dann aber infolge von Meinungsverschiedenheiten über den Preis in Höhe von 1.800 $ pro Stück nicht ab.[118] Einige dieser Maschinen konnten verkauft werden, andere standen nutzlos herum. Aber nicht lange, dann wurden sie in einer „Experimentierwerkstätte" in Betrieb genommen.

Die ersten „richtigen" Aufträge für neue Flachstrickmaschinen kamen von der „Kraemer Hosiery Company" aus Nazareth, PA. Gründer dieses Unternehmens war 1887 Henry Kraemer, der Thuns Platz als Buchhalter im Unternehmen „Kraemer & Co." übernommen hatte. Die verwandtschaftlichen Beziehungen zwischen den beiden Kraemers sind nicht bekannt. Die „Kraemer Hosiery Company" wurde 1907 inkorporiert und entwickelte sich zu einem der führenden Hersteller von fassonierten Damenstrümpfen.[119] Die Maschinen arbeiteten problemlos 30 Jahre lang, bevor sie durch neue „Reading"-Modelle ersetzt wurden. Nach dem Ende der Depressionsphase stieg die Produktion der Strickmaschinen weiter an und über 100 Maschinen wurden monatlich ausgeliefert.

Aus der Experimentierwerkstätte der „Textile Machine Works Inc." ging am 6. Juli 1906 die „Berkshire Knitting Mills Inc." (BKM) hervor. BKM wurde der größte

---

118 Darstellung nach Holton 1993, S. 19–23.

119 2007 feierte die Firma ihr hundertjähriges Bestehen, hatte sich aber in eine Wollspinnerei verwandelt. KSLP Real Estate, News 29.11.2007.

Eine Flachstrickmaschine der TMW zur Herstellung fassonierter Strümpfe mit Antrieb durch einen Elektromotor 1909. Repro aus: Partners 1936, S. 53

Produzent fassonierter Strümpfe in den USA, wahrscheinlich sogar in der Welt. Das Unternehmen wurde bis 1926 von Gustav Oberländer als General Manager, Secretary und Treasurer geleitet.[120] Die drei Firmen TMW, NFC und BKM wurden bald als „Wyomissing Industries" bekannt.

Eine eigene gemeinsame Kraftzentrale machte die „Wyomissing Industries" unabhängig von den privaten Elektrizitätsversorgern, artesische Brunnen sicherten die Wasserversorgung, auf die besonders die Strumpffärberei angewiesen war. Die verschiedenen Leitungen in dem expandierenden Industriegelände wurden in unterirdische Tunnel verlegt. Die nicht benötigten Freiflächen wurden gärtnerisch gestaltet. Man sprach von einer Industrie im Park. Die Eisenteile für die verschiedenen Produkte der „Textile Machine Works" wurden in einer eigenen Gießerei hergestellt. Erst in der Wirtschaftskrise in den 30er Jahren wurde die vertikale Integration auch auf den Vertrieb ausgedehnt. Während des Ersten Weltkrieges kauften die Unternehmen Lebensmittel im Großen ein und verteilten sie zu Kostenpreisen in einem gemeinsamen Laden. Daraus entstand 1920 der Delta Store in unmittelbarer Nähe der Betriebe.

120 Partners 1936, S. 87.

Zum Konzept der Unternehmen gehörte auch eine angemessene und zweckmäßige, nicht zu weit vom Unternehmen entfernte Unterbringung der Arbeiter und ihrer Familien. Da man in Wyomissing auch hier praktisch auf der „grünen Wiese" startete, war das Konzept einer Industriegemeinde als Gartenstadt durchaus realistisch. Kurze Wege von den Wohnungen zu den Betrieben lagen im Interesse der Arbeiter und der Unternehmer.

So galt das Interesse der Inhaber der Wyomissing Industries von Anfang an nicht nur den Betrieben, sondern auch der Gemeinde. 1906 wurde Wyomissing als selbstständige Community etabliert und Ferdinand Thun wurde Vorsitzender des Gemeinderates. Er blieb es über dreißig Jahre. Eine moderne Stadtplanung auch für Arbeitersiedlungen war damals revolutionär. Noch heute gelten die vielen Bäume an den Straßen und in den Parks als ein „Alleinstellungsmerkmal" der Ortschaft.[121] Für die USA war die Einführung eines dualen Ausbildungssystems für den Nachwuchs neu und auch nicht unumstritten. Janssens Fischzüge nach Facharbeitern an den auf Deutschland ankommenden Dampfern reichten aber nicht aus, um den Arbeitskräftebedarf der stetig wachsenden Betriebe zu sichern. Thun, Janssen und Oberländer importierten viele der Neuerungen aus Deutschland. Aus ihren dortigen Erfahrungen brachten sie positive Problemlösungen ebenso mit wie Vorstellungen darüber, welche Fehler sie nicht wiederholen wollten. Deutschland als Vorbild?

Die Deutsch-Amerikaner taten alles, um einen Eintritt der USA in den Ersten Weltkrieg zu verhindern. Sie verbündeten sich dabei mit den Quäkern, die in Pennsylvanien eine dominierende Rolle spielten. Natürlich wäre vielen auch ein Sieg Deutschlands über die Alliierten lieb gewesen. Es ging aber in erster Linie um den Frieden. Als Hersteller von Konsumgütern im Luxussegment konnten die Inhaber der Wyomissing Industries alles eher gebrauchen als einen Krieg. Er kam dann aber doch.

Die Deutsch-Amerikaner in den USA hatten jetzt unter einer hasserfüllten Kampagne des Misstrauens und der Unterdrückung alles Deutschen zu leiden. Deutsche Schulen und Lehrerbildungsanstalten wurden geschlossen. Deutsch durfte auf der Straße nicht gesprochen werden. Das bedeutete auch das Aus für die Übung, zu Beginn des Unterrichts in der Schule von Wyomissing nach „America" auch die

121 Zu den zahlreichen Neuerungen s. auch Tabachnick 1991.

„Wacht am Rhein" zu singen.[122] Schließlich kam es im August 1918 zu Durchsuchungen in den drei Werken der Wyomissing Industries. Der Vorwurf war, dass man deutsche Zeitschriften und Schriftsteller unterstützt habe. Professor R. C. Scheidt in Lancaster, PA habe die Verteilung der Mittel vorgenommen. Die Häuser von fünf Aufsehern und Vorarbeitern wurden nicht verschont. Auch das Büro der Unternehmen in New York wurde durchsucht. Ferdinand Thun wurde beschuldigt, ein guter Freund des Vertreters der Deutschen Bank in New York, Hugo Schmidt, zu sein, der sich jetzt in einem Internierungslager befinde. Schmidt war nota bene deutscher Staatsbürger und die gegen ihn erhobenen Vorwürfe betrafen die Zeit vor dem amerikanischen Kriegseintritt.[123] Auch das Privathaus Thuns wurde durchsucht. Er erklärte, bestimmte Publikationen aus Wohltätigkeit unterstützt zu haben. Das Schlimmste an dieser Affäre sei die Invasion in sein Haus und in die Häuser seiner Partner. Er sei sogar gefragt worden, ob er Waffen und Munition im Hause habe. „Mein Ansehen als ein loyaler amerikanischer Bürger sollte mir und meinen Partnern eine solche Erniedrigung erspart haben."[124]

Die Deutschamerikaner reagierten unterschiedlich auf diese Diskriminierung. Viele wählten die Anpassung und versuchten, z.B. durch Namensänderung, nicht aufzufallen. Andere gerieten in den Sog eines aggressiven Nationalismus, der in den Jahren der Weltwirtschaftskrise einen geeigneten Nährboden für nationalsozialistische Ideen darstellte. Thun, Janssen und Oberländer betonten ihre amerikanische Bürgerschaft und uneingeschränkte Loyalität zur neuen Heimat, gleichzeitig unterstrichen sie selbstbewusst ihre deutsche Herkunft. Diese Haltung fand u. a. in der Gründung der „Carl Schurz Memorial Foundation" ihren Ausdruck.

Nach der Kriegserklärung wurde der Import von Maschinen und anderen Waren aus Deutschland untersagt. Die „Textile Machine Works" mussten die Produktion von Strickmaschinen einstellen. Automatische Entfernungsmesser für die Maschinengewehre der Flugzeuge[125] und Gulaschkanonen traten an ihre Stelle.[126] Auch die Strumpfproduktion wurde auf den Armeebedarf ausgerichtet. Henry Janssens einziger Sohn Harry starb als Folge einer Grippe in einem Ausbildungslager der

122 Edmonds 2006, S. 28.

123 New York Times vom 6.8.1918. Zu Hugo Schmidt siehe Kobrack 2008, S. 277–279.

124 New York Times vom 8.8.1918; Kupsky 2012, Anm. 21.

125 Holton 1993, S. 31.

126 Brief von Ernst Beutler an Henry Janssen vom 25.6.1946. Thun hatte es für die „Textile Machine Works" abgelehnt, Kriegsmaterial herzustellen, solange die USA offiziell neutral waren. American Embargo Conference, The War Business of the United States, Chicago o. J., S. 24

U.S. Army. Er wird berichtet, dass er sich von diesem schweren Schicksalsschlag nie ganz erholt habe.

Die Nachkriegszeit brachte einen neuen konjunkturellen Aufschwung. Die ständige Expansion der drei Unternehmen der Wyomissing Industries war nicht aufzuhalten. Sie kann hier nicht in allen Phasen dargestellt werden. Einige Grundlinien versuchen wir nachzuzeichnen.

Die fassonierten Nahtstrümpfe waren zunächst ein ausgesprochenes Luxusprodukt. Während ein Paar nahtlose Baumwollstrümpfe für einen Nickel (5 Cent) zu haben war, konnte ein Paar fassonierte Seidenstrümpfe je nach dem aktuellen Preis der Seide 15 $ erreichen. Wollte man den Verkauf ankurbeln, musste man billiger werden. 1919 wurde infolge dessen etwa die Hälfte der neuen, attraktiven Strumpfversion aus mercerisierter Baumwolle hergestellt. Die andere Hälfte wurde aus Seide oder Kunstseide (Rayon) produziert. Da in den Nachkriegsjahren die Damenröcke erst allmählich kürzer wurden, konnte man sich damit begnügen, nur den sichtbaren unteren Teil aus Seide oder Rayon zu stricken. Ein großer Erfolg war ein Modell, das aus zwei Drittel Seide im unteren Teil und einem Drittel Baumwolle im oberen Teil bestand. Damit konnte man die Preise soweit herunterschrauben, dass sie für die großen Kaufhäuser interessant wurden.[127]

Die jährliche Strumpfproduktion betrug 1922 12 Millionen Paar. Gustav Oberländer beschrieb 1926 die Gründe des besonderen Wachstums der Full-fashioned Hosiery Industry in den Nachkriegsjahren wie folgt: „The years 1923 and 1924 were exceptionally dull and noted particularly for tremendous competition caused by over-production. The conditions covered the entire industry. … 1925 was not only one of the largest years in regard to volume, but also a very profitable one. … The short skirts, along with shoe styles, made it almost imperative for a woman to wear the best hosiery she could possibly afford. Silk stockings, therefore, became more popular than ever before, and the finer and lighter weight, or shiffon[128] stockings, were used in much larger quantities. Naturally, because of their sheer quality, many more pairs were required. This is reflected in the volume of business done. Another interesting factor was the wide variation of colors."[129] (Die Jahre 1923 und 1924 waren außergewöhnlich schwer und besonders durch einen gewaltigen Wettbewerb, verursacht durch Überproduktion, gekennzeichnet. Das galt

127 Nach Holton 1993, S. 24

128 Chiffon ist ein durchsichtiges Gewebe aus stark gedrehter Seide oder Kunstseide.

129 Annual Report of the Silk Association of America, S. 69 zitiert nach Taylor 1929, S. 27.

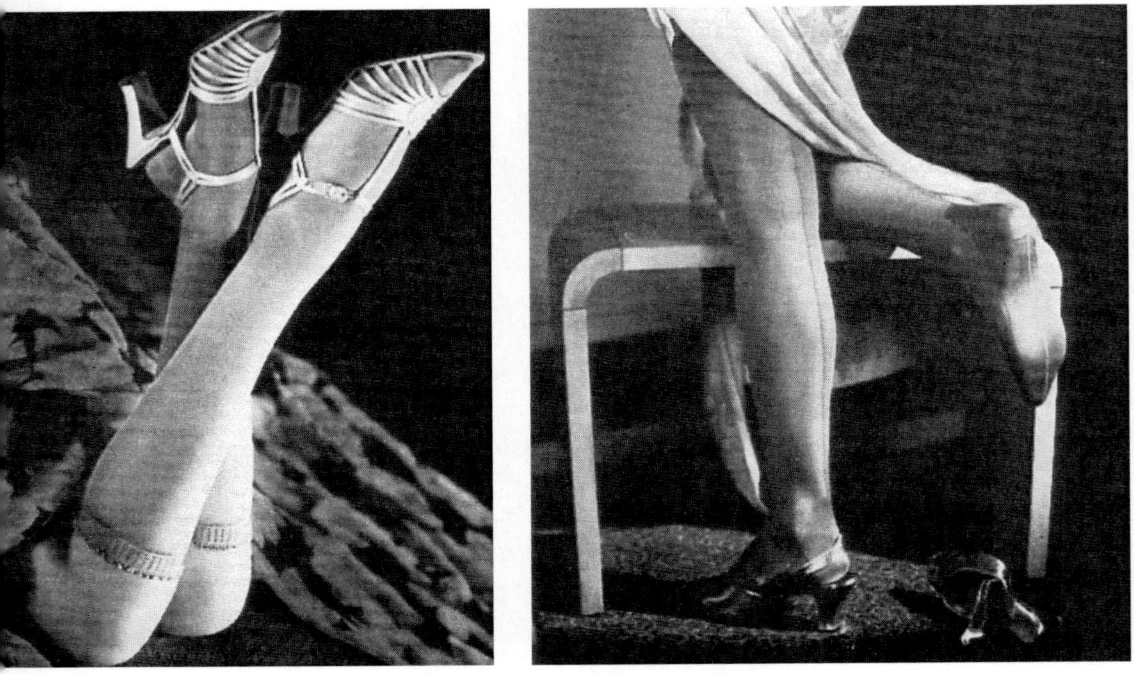

Strumpfwerbung 1935 und 1936. Repro aus: Partners 1936, S. 110

für die gesamte Industrie. … 1925 war nicht nur das beste Jahr in Bezug auf den Umsatz, sondern auch sehr profitabel. … Die kurzen Röcke, verbunden mit dem Stil der Schuhe, machte es für eine Frau fast zwingend, die besten Strümpfe zu tragen, die sie sich leisten konnte. Seidenstrümpfe wurden deshalb beliebter als je zuvor – je leichter und feiner um so besser. Auch Chiffon-Strümpfe wurden in sehr großen Mengen getragen. Schon aufgrund der feinen und empfindlichen Qualität wurden mehr Strümpfe notwendig. Das schlug sich im Umsatz der Unternehmen nieder. Ein anderer interessanter Faktor war das weite Spektrum der Farben.)

Die Strumpffabriken lagen im Trend der allgemeinen Wirtschaftsentwicklung. Die Nahtstrümpfe, die sich bis zum Kriegsbeginn nur eine kleine Käuferschicht leisten konnte, verloren ihre Exklusivität. Die USA wurden auch in diesem Bereich das „Pionierland des gehobenen Massenkonsums."[130]

130 Winkler 2011, S. 219.

Gustav Oberländer hatte zur Erklärung des Erfolgs der Berkshire-Strümpfe allerdings noch ein „Verzällchen“ parat. „Frauen sind eitel, auch in der Fußgröße. Wie die Schuhe, so werden auch die Strümpfe mindestens eine halbe Nummer zu klein genommen. Solche Strümpfe müssen zerreißen. Der aber ist ein gemachter Mann, der haltbare Strümpfe herstellt. Oberländer-Strümpfe sind haltbarer und zerreißen nicht, das musste ein Schlagwort für die Frauen werden. Und in der Tat: Oberländer Strümpfe hielten, weil … sie eine halbe Nummer größer waren, als sie ausgezeichnet wurden!“[131]

Die sich ständig ausweitende Produktion führte Ende der zwanziger Jahre zu einer tendenziellen Überproduktion, die in der Großen Depression endete. Saisonale Nachfragespitzen mussten wahrgenommen werden. Größere und schnellere Maschinen, Produktion in zwei oder drei Schichten, vor allem eine quantitative Vergrößerung der Produktionskapazitäten verstärkten den Wettbewerb und verwandelten den Verkäufer- allmählich in einen Käufermarkt.[132]

Die nachfolgenden Skizzen verdeutlichen das Wachstum der Wyomissing Industries, die zum größten Industriekomplex in Wyomissing heranwuchsen und auch ihrerseits zu dieser Entwicklung beitrugen. Viele Neubauten wurden nach den Vorgaben von Henry Janssen von Paul Hessemer aus Darmstadt[133] entworfen.

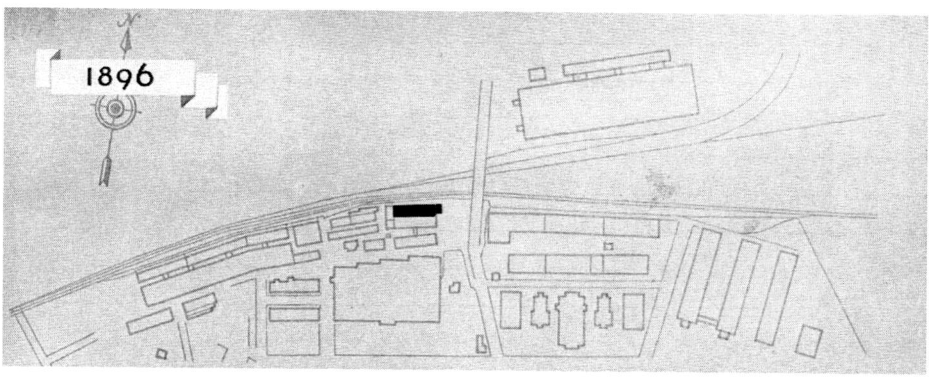

131 Frankfurter General-Anzeiger vom 4./5.6.1936.

132 Dazu detailliert Taylor 1929.

133 Paul Hessemer (1890–1964), geboren in Darmstadt. Hessemer wurde zunächst für sechs Monate auf Probe, dann fest als Hausarchitekt der Wyomissing Industries angestellt. Er entwarf auch Wohnhäuser für die „Delta Realty Corporation“. Er war Lehrer am „Wyomissing Polytechnical Institute“. Zu Hessemer·sh. Fabrik- und Wohlfahrtsbauten in Wyomissing. Architekt: Paul Hessemer Wyomissing, in: Westermanns Monatshefte für Baukunst und Städtebau, hg. von Werner Hegemann, 1928, S. 30–43.

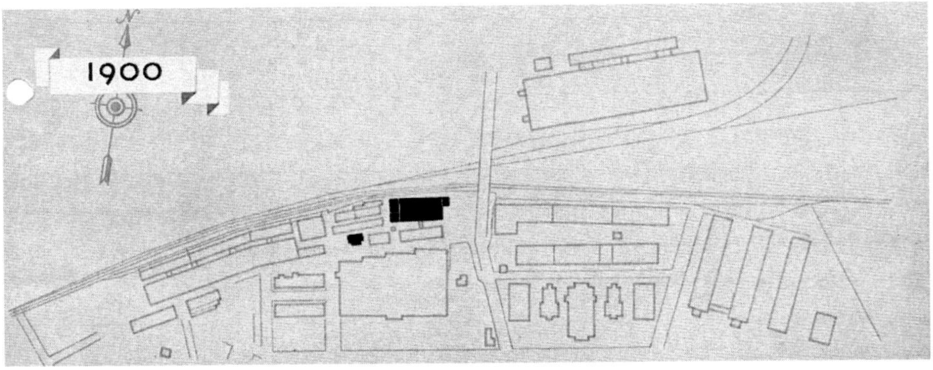
1900

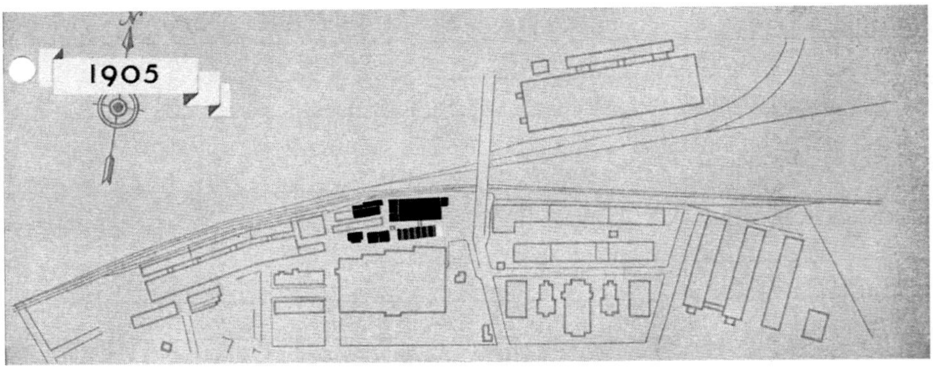
1905

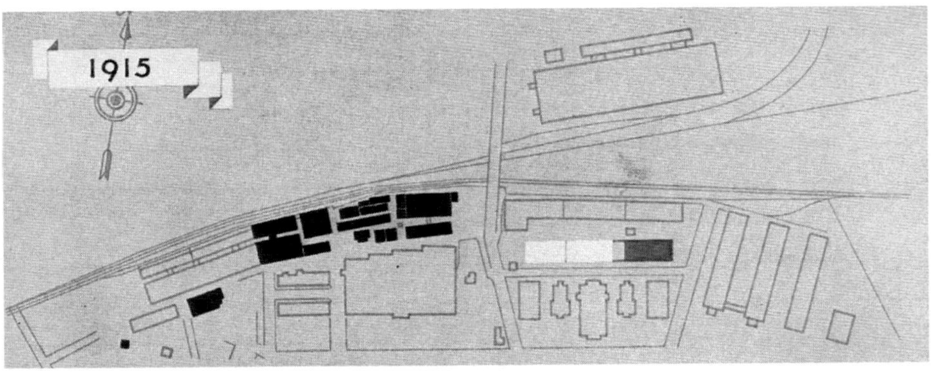
1915

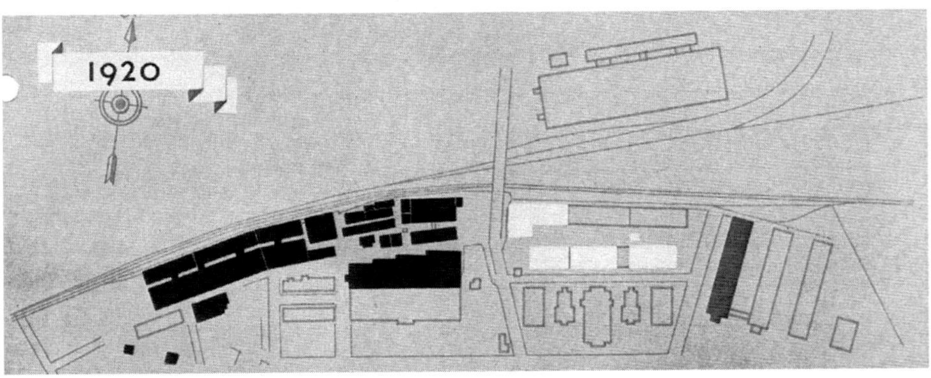
1920

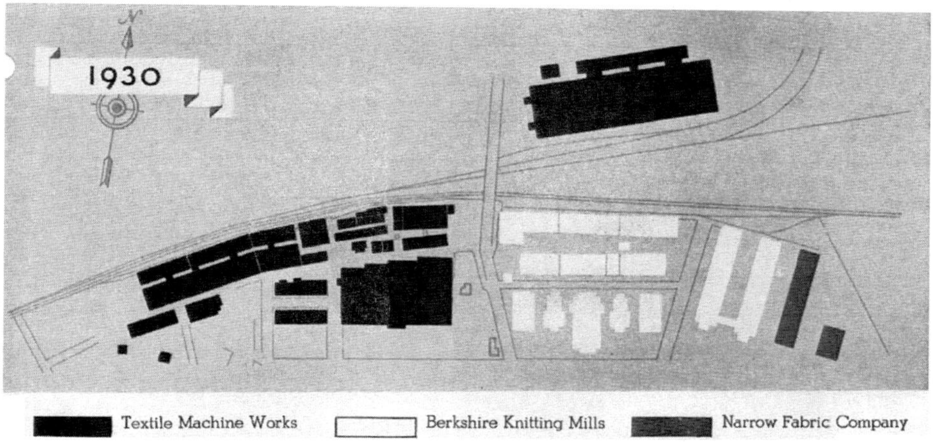

Das Wachsen der Wyomissing Industries innerhalb von 34 Jahren. Repro aus: Partners 1936, S. 122 f.

Der Hausarchitekt Paul Hessemer dürfte nach dem Ende des Ersten Weltkrieges nach Wyomissing gekommen sein. 1920 wurde der Neubau der „Narrow Fabric Co." in modernem Stil fertiggestellt. Das Gebäude wurde später von der Berkshire übernommen.

In den Jahren 1920 bis 1925 entstanden außerdem zahlreiche von Paul Hessemer entworfene „Wohlfahrtsbauten" (auxiliary buildings) der „Berkshire Knitting Mills" wie die Cafeteria (1920), die Garagen (1925), das Office Gebäude (1925) und die Dispensary. An einen Rückgang der Konjunktur dachte niemand. 1926 wurde auch das Haupteingangsgebäude mit der Zentrale für Fernsprecher und Feueralarm errichtet. Das große eiserne Schiebetor konnte auf Knopfdruck geöffnet und geschlossen werden. Das gesamte Firmengelände der „Berkshire Knitting Mills" war von einer „Gartenmauer" umgeben.

1926 wurden in den TMW 1000 Flachstrickmaschinen jährlich hergestellt.[134] Von den 1932 in den USA arbeitenden 16.400 Strickmaschinen kamen etwa 10.000 aus Reading. Das war nicht zuletzt den weiterhin hohen Schutzzöllen zu verdanken. Ein führender deutscher Hersteller, die Firma Karl Lieberknecht aus Oberlunkwitz in Sachsen, sah sich genötigt, in Rosedale einen Zweigbetrieb zu errichten, der eng mit Nolde & Horst zusammenarbeitete.[135]

---

134 Partners 1936, S. 57.
135 Holton 1993, S. 41.

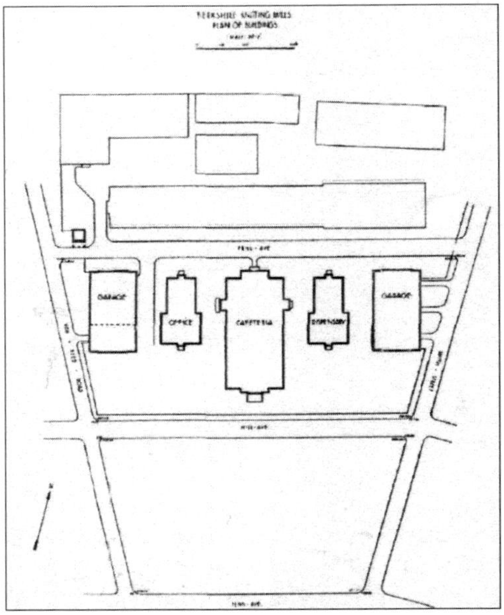

Die Lage der von Hessemer entworfenen Neubauten, rechts und links die Garagen, in der Mitte die Cafeteria, daneben Office und Dispensary. Das winzige Quadrat oben links ist das Gebäude des Haupteingangs. Repro aus: Westermanns Monatshefte 1928, S. 40

Der Haupteingang der „Berkshire Knitting Mills", gebaut 1926 nach einem Entwurf von Paul Hessemer. Hier erinnert heute eine kleine Ausstellung an die Wyomissing Industries und ihre Gründer. Foto: Klaus Vollmer

Mit dem Boom stiegen auch die Löhne. 100 $ die Woche und zusätzliche Bonuszahlungen waren keine Seltenheit. Manche Arbeiter erwarben neue, größere Häuser. Die Banken gewährten ihnen gern Kredite. Die Autohändler standen mit ihren neuen Produkten an den Zahltagen vor den Werksausgängen Schlange. Autos wurden grundsätzlich auf Abzahlung gekauft.

Natürlich kamen auch die Patrons nicht zu kurz. Eine Einkommensteuer war in den U.S. erst 1918 eingeführt worden. Bei Thun, Janssen und Oberländer begannen die philanthropischen Aktivitäten bis zum Beginn der Großen Depression größeren Umfang anzunehmen. Ferdie Thun, einer der Zwillingssöhne der Familie, formulierte kess: „Das Geld kam so schnell rein, dass mein Vater und Herr Janssen darüber nachdachten, wie ein Teil davon an die Gemeinde zurückgegeben werden könne."[136]

Der Strumpfmarkt war immer noch etwa zur Hälfte zwischen den fassonierten Nahtstrümpfen und den nahtlosen Strümpfen aufgeteilt. Die Nahtlosen waren erheblich billiger als die Nahtstrümpfe. Wollte man in diesen Markt weiter eindringen, war das nur mit erheblichen Preissenkungen für die fassonierten Strümpfe zu erreichen. Da die Lohnkosten in der Strumpffabrikation etwa 30% betrugen, musste man sich nach Gebieten mit niedrigeren Löhnen umsehen. Der

136 Holton 1993, S. 38.

Das Areal der „Berkshire Knitting Mills", im Vordergrund die Garage, das Officebuilding und lang gestreckt die Cafeteria. Repro aus: Westermanns Monatshefte 1928, S. 40.

Zug der Textilindustrie in den Süden mit schwachen Gewerkschaften, niedrigeren Löhnen und Steuern begann.

Bad Nauheim

In der Beziehungsgeschichte zwischen Henry Janssen, Gustav Oberländer und Deutschland nimmt Bad Nauheim so etwas wie die Rolle eines Hauptquartiers ein. Ferdinand Thun ging allerdings lieber in Bad Kissingen zur Kur.

Der Limesturm auf dem Gaulskopf. Repro aus Kaiser 1954, S. 378

Als die Zeit der Zaren und Fürsten vorüber war, musste Bad Nauheim um seine Zukunft kämpfen. Die weitere Entwicklung zu einem international bekannten Kurort für Herzkrankheiten war vor allem Isidor Groedel (1850–1921) und seinem Sohn Franz Maximilian Groedel (1881–1951) zu verdanken.

Da der Kurbetrieb in Nauheim nur von März bis Oktober dauerte, nutzte Franz M. Groedel die „freie" Zeit für Reisen nach Amerika und ins europäische Ausland, um dort medizinische Vorträge zu halten und für Bad Nauheim zu werben. Zu den prominenten Kurgästen gehörten

Randolph Hearst,[137] der damalige Zeitungskönig der USA, und die Familie des späteren Präsidenten Franklin D. Roosevelt. Die Familie Kerckhoff stiftete das Kerckhoff-Institut für die Erforschung von Herzkrankheiten und sorgte dafür, dass Franz Groedel dessen Direktor wurde.[138]

1922 besuchten die Familien Janssen und Oberländer Bad Nauheim und wohnten im Sanatorium Groedel, wo der herzkranke Oberländer Linderung und Heilung erfahren sollte.[139] Archäologisch stets interessiert, besuchte Oberländer einen Vortrag des Gymnasiallehrers und Denkmalschützers Paul Helmke zur vorgeschichtlichen und römischen Zeit der Wetterau, der darauf hinwies, dass auf dem Gaulskopf ein großer römischer Turm gewesen sei. Zur näheren Untersuchung fehle das Geld. Oberländer erklärte sich bereit, Geldmittel für eine solche Untersuchung zur Verfügung zu stellen. Nach dieser Erhebung entwickelte man den Plan, neben den Ruinen einen neuen Turm zu bauen. Oberländer half bei der Finanzierung der Planungsarbeiten. Im Jahre 1923 begann man mit dem Aufbau des neuen Turms. Die grassierende Inflation sorgte aber dafür, dass die Arbeiten eingestellt werden mussten, als die Mauern die halbe Bauhöhe erreicht hatten. Im Frühjahr 1926 war Oberländer wieder in Nauheim. Er stellte erneut Mittel (8000 Reichsmark) zur Verfügung. Das Hochbauamt Friedberg baute den Turm weiter.[140] Im Juli 1926, kurz vor seiner Abreise, konnte Oberländer das fast fertige Werk besichtigen. Der Turm wurde am 18. September 1926 eingeweiht. Er trägt eine Inschrift zur Erinnerung an den Stifter.

---

137 Hearst wurde 1934 von Hitler empfangen. Er stand dem Nationalsozialismus und seiner Judenpolitik positiv gegenüber, änderte jedoch seine Meinung nach dem Pogrom 1938.

138 Spranger, Britta, Ein „genialer Arzt" und „edler Mensch", in: Wetterauer Zeitung vom 10.4.1996, dieselbe, Erinnerungen an Franz Maximilian Groedel, in: Wetterauer Zeitung vom 24.5.1996. Aus dem Kerckhoff-Institut gingen das Max Plank-Institut für Herz- und Lungenforschung und die Kerckhoff-Klinik mit dem Franz Groedel-Institut hervor. Der Jude Franz Groedel war 1933 gezwungen, Deutschland zu verlassen. In den USA gründete er das American College of Cardiology. Die Deutsche Gesellschaft für Kardiologie-, Herz- und Kreislaufforschung vergibt jährlich den Franz Maximilian Groedel-Preis.

139 Aufgrund der Kurlisten. Frdl. Mitteilung von Brigitte Faatz, Stadtarchiv Bad Nauheim. Ob die Janssens schon bei ihrer ersten Europareise 1920 in Bad Nauheim waren, konnten wir nicht feststellen.

140 Richter 2006, S. 12f.

GUSTAVUS OBERLAENDER
NATIONE RHENUS CIVITATE AMERICANUS
BURGUM LIMITIS ROMANORUM
VETUSTATE COSUMPTUM
IMPENSA SUA RESTITUIT
PAULUS HELMKE GIESSENSIS FACIENDUM
ANNO P CHR N CURAVIT MCMXXIII

Gustav Oberländer
aus dem Rheinland stammend, amerikanischer Bürger,
hat den Turm am römischen Limes,
nachdem er aufgrund seines Alters zerfallen war,
mit eigenen Mitteln wieder aufgebaut.
Paul Helmke aus Giessen führte den Bau aus
im Jahre 1923.

Oberländer finanzierte nicht nur den Aufbau des Turms auf dem Gaulskopf. Er unterstützte auch die Arbeiten an der Saalburg, für die er 1930 3000 RM spendete.[141]

1936 war Oberländer mit seiner Frau zum letzten Mal in Deutschland. Seine deutschen Freunde verabschiedeten sich von ihm, darunter auch der Leiter des Deutschen Archäologischen Instituts in Athen, der zu diesem Zweck nach Bad Nauheim gekommen war. Vielleicht wollte er auch als Jude Oberländer um Hilfe bitten.

Die Hinreise hatten die Oberländers auf der Queen Mary unternommen, die Rückreise aber buchten sie auf dem legendären Zeppelin „Hindenburg".[142] Oberländer empfahl, auch hier spöttisch-witzig, allen leidenden Amerikanern eine Kur in Deutschland zu machen; denn das wichtigste der Erholung für den Amerikaner sei, dass man ihn telefonisch nicht erreichen könne.[143]

---

141 Richter 2006, S. 15.
142 Faatz, Brigitte, Gustav Oberländer (1867–1936), Magistrat der Stadt Bad Nauheim. http://www.bad-nauheim.de/stadtportrait/beruehmte-besucher/1858–1999/gustav-oberlaende-
143 Bad Nauheimer Zeitung vom 29.6.1936.

Toni Wolters „Turmatelier" Wyomissing. Foto: Privatbesitz

Toni Wolter, Wyomissing Industries 1925, Öl auf Leinwand, verschollen. Fotos: Privatbesitz

Ein Maler kommt

Henry Janssen suchte in den 1920er Jahren einen Maler für die Darstellung seiner Fabriken. Die Verbindung des Industriellen zu dem Godesberger Industriemaler Toni Wolter kam vermutlich über Franz Groedel in Bad Nauheim zustande. Wolter hatte bis zum Ende des Ersten Weltkrieges regelmäßig die Herzklinik der Groedels in Bad Nauheim besucht. Die erste Frau Wolters stammte aus der reichen jüdischen Industriellenfamilie Schlesinger. Sie starb 1918. Groedel hatte Wolter schon mehrfach Kontakte zu amerikanischen Interessenten für seine Bilder vermittelt.

Wolter reiste mit seiner zweiten Frau Mitte September 1925 nach Pennsylvanien.[144] New York erwies sich schon bei der Annäherung an den Hafen als Herausforderung für den Maler. Er erhielt anlässlich der Rückreise sogar von den Militärbehörden die Erlaubnis, die Skyline der Stadt von Governors Island aus zu

144 Wolter, M. 1925 (II), S. 1. Dazu ausführlicher Heidermann, Horst, „bis man eines Tages, und sei es nach meinem Tode, ein Blümlein entdeckt" – Auf den Spuren des Malers Toni Wolter (1875–1929), in: Godesberger Heimatblätter 37 1999, S. 5-59.

malen.[145] Über Reise und Aufenthalt in Amerika verfasste Marthe Wolter ein Tagebuch, dessen Reinschrift für die zuhause gebliebenen Kinder Wolter später mit allerlei kleinen, teils farbigen Bildchen versah.[146]

Am 30. September kamen die Reisenden in Reading an. Sie wurden von Henry Janssen empfangen und durch das Werk geführt. Der Firmenchef und seine Familie nahmen sich persönlich des Malers und seiner Frau an. Einladungen in die Villa und das Landhaus folgten ebenso wie ein Konzertbesuch mit einer Tochter des Hauses. In der Fabrik richtete man ein Atelier ein und auch ein akzeptables Zimmer wurde bald gefunden.[147] Am 1. Oktober konnte Wolter wieder arbeiten. Auf dem Fabrikgelände wurde eigens ein 25m hoher Turm errichtet, um ein besonders übersichtliches Gemälde der gesamten Fabrikanlage malen zu können. Am 27. des Monats konnte Janssen bereits vierzehn fertige Industriebilder besichtigen. Nebenher waren auch Skizzen und Gemälde der schönen Landschaft des Berkshire im Indian Summer entstanden.

Toni Wolter, Wyomissing Industries 1925, Öl auf Leinwand, verschollen. Fotos: Privatbesitz

Marthe Wolter berichtet, dass Wolter auch in den USA von einer Herzschwäche heimgesucht wurde, die ihn zwang, am 30. Oktober das Bett zu hüten. Der erste Schnee war gefallen. Nach einer Woche war Wolter zwar wieder auf den Beinen, auf Anraten des Arztes und des Drängens von Marthe Wolter entschloss man sich aber am 3. November zur Heimreise. So kamen einige weitere große Bilder, zu deren Vorbereitung Luftaufnahmen des ganzen Industriekomplexes in Wyomissing geplant waren, nicht mehr zustande.[148] Am 1. Dezember 1925 waren

145 Bescheinigung Headquarters Fort Jay, New York vom 10.11.1925, NL Toni Wolter.

146 Wolter, M. 1925 (I) und (II).

147 Wolter, M. 1925 (II), S. 23.

148 Wolter, M. 1925 (II), S. 54. Ursprünglich war vorgesehen, dass Marthe Wolter allein nach Godesberg zurückkehren sollte, während Toni die Arbeiten in Wyomissing vollendete.

die Wolters wieder in Deutschland. 1929 starb Toni Wolter in Bad Godesberg. Die Befürchtungen von Marthe Wolter hatten sich bestätigt.

Depression und Streik

Die Große Depression, die sich am 24. Oktober 1929 mit dem schwarzen Donnerstag (in Europa aufgrund der Zeitverschiebung schwarzer Freitag) an der New Yorker Börse ankündigte, machte vor Reading nicht halt. Produktionsrückgang und Arbeitslosigkeit in allen Branchen waren die Folgen und verstärkten wiederum den Trend nach unten. Der konservative Präsident Herbert C. Hoover versuchte, mit unzulänglichen Mitteln das Schlimmste abzuwenden und hoffte auf die Selbstheilungskräfte des Marktes. Bei den Wahlen im November 1930 erreichten aber die Demokraten die Mehrheit im Repräsentantenhaus. Aus den Präsidentschaftswahlen am 8. November 1932 ging der Kandidat der Demokraten, Franklin D. Roosevelt, als klarer Sieger hervor.[149] Die Zahl der Arbeitslosen stieg im Frühjahr 1933 nochmals auf 14 bis 15 Millionen, d.h. etwa ein Drittel der Berufstätigen war arbeitslos. Roosevelts Programm des „New Deal", die „Revolution Roosevelts", sollte die Wirtschaft wieder ankurbeln. Es brachte auch grundlegende Veränderungen im Verhältnis der Arbeitgeber zu den Arbeitnehmern.

Hugo Hemmerich, etwa 1935, Repro aus: American-German Review XVIII 2, S. 36

Die durch Roosevelt angestrebten Veränderungen, insbesondere durch den National Industrial Recovery Act (NIRA) vom 16. Juni 1933, stießen beim Big Business durchweg auf Ablehnung. Mindestlöhne, Begrenzung der Arbeitszeit auf 35 bis 40 Stunden, Recht der Arbeitnehmer sich gewerkschaftlich zu organisieren und Tarifverträge abzuschließen, waren die wichtigsten Punkte des neuen Gesetzes. Es bedarf keiner besonderen Phantasie sich vorzustellen, dass auch die beiden Bosse der Wyomissing Industries (Oberländer war 1926 ausgeschieden) und ihre leitenden Mitarbeiter diese Neuerungen für überflüssig und schädlich hielten.

149 Zur Vorgeschichte und zur Politik von Roosevelt sh. die luzide Zusammenfassung bei Winkler 2011, S. 534–550 und S. 643–667.

Bis dahin war es der Strumpfindustrie in Reading (und Wyomissing) gelungen, Gewerkschaften aus ihren Betrieben fernzuhalten. Die „Philadelphia Textile Manufacturers Association" unterstützte sie.[150] Die Großbetriebe, insbesondere die „Berkshire Knitting Mills", zeigten dementsprechend wenig Neigung, das neue Gesetz umzusetzen. Sprecher der Arbeitgeber war als Nachfolger Oberländers der aus Barmen stammende Hugo Hemmerich geworden.[151]

Die „American Federation of Hosiery Workers", die der als „radikal" geltenden CIO angehörte, versuchte im Juli 1933 mit einem eintägigen Streik (walk out) die neuen Rechte der Gewerkschaften zu erzwingen. 1200 Arbeiter der Berkshire Mills beteiligten sich an einer Kundgebung der Gewerkschaften und der Sozialistischen Partei, auf der der Vorsitzende der Sozialistischen Partei Norman Thomas sprach.[152] Die BKM hatte an diesem Tag die Produktion stillgelegt. Die Kundgebung löste einen Streik in der Strumpfindustrie aus. Am 10. August 1933 kam es zur Einigung unter Mitwirkung des „National Labor Board" (NLB), einem Vorgänger des „National Labor Relations Board" (NLRB), den Streik abzublasen und unter Kontrolle des Board shop-elections durchzuführen. In fast allen Betrieben siegten die Gewerkschaften. Auch in den „Berkshire Knitting Mills" stimmten dreiviertel der Belegschaft für die „American Federation of Hosiery Workers". Die Vereinbarung, die sogenannte „Reading Formula", sah allerdings auch vor, dass sich die Unternehmen verpflichteten, entlassene Arbeiter wieder einzustellen, mit den gewählten Vertretern der Arbeiter Tarifverträge über Löhne, Arbeitszeit und Arbeitsbedingungen abzuschließen und sich bei Nichteinigung an den NLB zu wenden. Viele Unternehmen hielten diese Punkte der Formel nicht ein, darun-

150 Das Unternehmen war bereits 1926 diesem Verband beigetreten. Er verfügte über ein Auskunftsbüro, das gegen eine geringe Gebühr Informationen über Arbeitnehmer, z. B. deren gewerkschaftliche oder politische Betätigung, erteilte. Er hatte zu diesem Zweck auch Spitzel in den einzelnen Betrieben. Schreiben des Generalsekretärs C. Martin Bell, Philadelphia Textile Manufacturers' Association an Gustav Oberländer vom 4.12.1926. http://history.mercyhurst.edu/files/docs/kammon/berkshire_kr

151 Reading Eagle vom 6.8.1933 "Local Leaders Await Action". Hugo Hemmerich (1887–1951) wurde in Barmen als Sohn von Hugo und Magdalena Hemmerich (luth.) am 11.11.1887 geboren. Er kam 1909 im Alter von 21 Jahren in die USA (Sh. Passagierliste, The Statue of Liberty – Ellis Island Foundation, Inc.) Im gleichen Jahr begann er seine Tätigkeit in den „Berkshire Knitting Mills", zuletzt Vizepräsident und Superintendent. Holton spricht im Blick auf den Streik vom „tough minded general manager Hugo Hemmerich"; Holton 1993, S. 60. Er war seit 1914 mit Elisabeth Dörrenberg (1888–1982) aus Elberfeld verheiratet. Hemmerich starb 1951 in Wyomissing; Reading Eagle vom 12.10.1951 "Funeral Conducted for Hugo Hemmerich", vom 22.10.1951 "Hemmerich Dies at 63" und American-German Review XVIII 5. Seine Asche wurde auf seinen Wunsch auf seiner geliebten Farm „Waldesruh" zerstreut. Hugo Hemmerich war auch Vice Chairman der „National Association of Hosiery Manufacturers". Die ebenfalls in den Wyomissing Industries tätigen Alfred Grebe Hemmerich (1891–1945) und Paul Hemmerich waren vermutlich Brüder oder Vettern.

152 Stetler 1974, S. 103.

ter auch die „Berkshire Knitting Mills". Es gab aber seitens des „National Labor Board" praktisch keine Sanktionsmöglichkeiten.

Der National Industrial Recovery Act (NIRA) wurde am 27. Mai 1935 vom Obersten Gerichtshof aus formalen Gründen einstimmig als verfassungswidrig erklärt. Anfang Juli 1935 trat zur Regelung der Arbeitsbeziehungen der National Labor Relations Act (Wagner Act) an seine Stelle, den der aus Deutschland stammende Senator Robert Wagner[153] schon lange vorbereitet hatte, dem Roosevelt aber bis dahin skeptisch gegenüberstand. Nun vollzog Roosevelt unter dem Eindruck der negativen Entscheidung des Verfassungsgerichts den Bruch mit dem „Big Business".[154] Es war die Zeit des „Zweiten New Deal".

Viele Betriebe gründeten „gelbe", d.h. arbeitgeberabhängige Gewerkschaften. Auch die „Berkshire Employees Association, Inc." erschien auf der Bildfläche.[155] Um die Auswirkungen der Depression auf das Unternehmen zu reduzieren, verordnete das Management der BKM eine Reihe von Maßnahmen zur Reduzierung der Herstellungskosten, die natürlich bei den Gewerkschaften nicht auf Gegenliebe stießen:

- Einführung einer dritten Schicht von 10 Uhr abends bis 6 Uhr morgens (Nachtschicht, die sogenannte Friedhofsschicht). Damit entfielen alle Überstunden.
- Keine Einstellungsgarantie für Lehrlinge nach Ende der vierjährigen Lehrzeit.
- Kürzung der Löhne um 11,11% bei Doppelschicht für Footers und Toppers (Stricker der Füße bzw. oberen Abschlüsse).
- Einführung des Zwei-Maschinen Systems, d.h. ein Arbeiter unterstützt von einem schlechter bezahlten „Helfer" bediente zwei Strickmaschinen. (Grundsätzlich galt „Ein Arbeiter – eine Maschine")

Die Gewerkschaften forderten, dass die Berkshire zu den Vereinbarungen von 1933 zurückkehre. Genau das wollte das Unternehmen natürlich nicht. Immer mehr Unternehmen der Strumpfindustrie wanderten ab in den „Süden", wo die Löhne und die Steuern niedriger waren und Gewerkschaften kaum existierten. Die

153 Robert F. Wagner (1877–1953), geboren in Nastätten im Taunus, damals Hessen-Nassau, heute Rheinland-Pfalz. Demokratischer Senator für den Staat New York. Seine Gesetzesinitiativen trugen wesentlich zur Entwicklung eines modernen Arbeitsrechts in den USA bei. Persönlicher Freund Roosevelts.

154 Winkler 2011, S. 661.

155 Reading Eagle vom 19.1.1936 "Berkshire Asks Dimissal of Labor Case".

Berkshire blieb in Wyomissing und versuchte, nicht nur mit den geschilderten innerbetrieblichen Maßnahmen Kosten zu senken, sondern ging auch im Vertrieb neue Wege. Sie hatte bis dahin nur fünf Eigenmarken. Der größte Teil der Produktion wurde unter 400 verschiedenen „Labels“ (Handelsmarken) an Kaufhäuser und Großhändler verkauft.[156] Die Mengen wurden den Abnehmern mehr oder weniger „zugeteilt“. Dieses System erwies sich als Bumerang, als die Konjunktur abflaute und die Berkshire in die Abhängigkeit der Großabnehmer geriet. Deshalb ging das Unternehmen 1934 mit erheblichem organisatorischem und werblichem Aufwand dazu über, alle Strümpfe unter der Marke „Berkshire“ selbst zu verkaufen, zu bewerben und eine eigene Verkaufsorganisation aufzubauen. Vielleicht haben auch die Versuche der Gewerkschaften, die Großabnehmer zum Boykott der Produkte der Berkshire zu bewegen, zu dieser Entscheidung beigetragen.[157]

Infolge dieser Maßnahmen konnten die „Berkshire Knitting Mills“ ihre Strümpfe günstiger anbieten und verdrängte Konkurrenten aus dem Geschäft.[158] Janssen soll gesagt haben „The business is shot. The manufacturers are loosing money and they can't possibly pay their workers constantly higher wages and stay in business during depression."[159] (Das Geschäft ist kaputt. Die Unternehmer verlieren Geld und sie können während der Depression ihren Arbeitern unmöglich ständig höhere Löhne zahlen und ihren Betrieb aufrecht erhalten.) Tatsächlich geriet die Berkshire an einem Wochenende in Zahlungsschwierigkeiten. Die Löhne konnten nicht ausgezahlt werden. Ein Bankkredit in Höhe von 300.000 $ half aus der Klemme und am nächsten Wochenende wurden die Löhne nachgezahlt.[160] Infolge der Reduzierung der Löhne und der Arbeitszeit kamen natürlich auch die Arbeiter mit ihren Krediten und Abzahlungsverpflichtungen in Schwierigkeiten. Das Management der von Thun und Janssen gegründeten „Peoples Trust Company“ wurde angewiesen, die Vollstreckung aus Baukrediten bei den Mitarbeitern der Wyomissing Industries nicht auszuführen.[161]

Die Mehrheit der Belegschaft der Berkshire war mit den Maßnahmen des Managements einverstanden; die Alternative hätte für viele den Weg in die Arbeitslosigkeit bedeutet. Eine Arbeitslosenversicherung gab es nicht. Als die konkurrierenden Un-

156 Edmonds 2006, S. 52.
157 Supreme Court 1940, S.II 5–7.
158 Reading Eagle vom 12.11.1937 "Notice Files to Berkshire".
159 Reading Eagle vom 12.11.1937 "Notice Filed at Berkshire".
160 Holton 1993, S. 55.
161 Holton 1993, S. 55.

ternehmen mit Hinweis auf die Kürzungen bei der Berkshire ebenfalls die Löhne senken wollten, kam es zu einer Protestbewegung der Arbeiter gegen die Berkshire. Die zu Tausenden angereisten Teilnehmer waren in der Mehrzahl keine Arbeiter der Berkshire. Die konkurrierenden Unternehmen hatten ihre Arbeiter für die Teilnahme freigestellt.

Der zweite Streik begann am 1. Oktober 1936, dauerte 13 Monate und führte bald zu gewaltsamen Auseinandersetzungen zwischen mehreren Tausend „Streikposten", die die Fabrik der Berkshire praktisch belagerten, und Arbeitswilligen sowie der von der Firmenleitung herbeigerufenen berittenen Staats-Polizei. 22 Personen mussten ins Readinger Krankenhaus gebracht werden. Der Arbeiter Earl Schlegel wurde von einem durch die Windschutzscheibe seines Autos geworfenen Ziegelstein getroffen und erlag seinen Verletzungen.[162] Nur etwa 500 von 6000 Arbeitern der Berkshire beteiligten sich am Streik.[163] Am 20. Oktober 1936 wurde der Streik wegen der Beerdigung von Frau Janssen unterbrochen.[164] Im November 1936 versuchten es die Gewerkschafter mit „gewaltlosem Widerstand". Sie legten sich in geschlossener Formation vor die Eingänge zur Berkshire und blockierten so den Zugang. Nachdem sie dem Tränengas nicht wichen, wurden 58 Personen aufgrund einer Verordnung der Gemeinde verhaftet und verurteilt, die das Herumlungern, Herumbummeln und Stehenbleiben auf den Bürgersteigen verbot, weil es den freien Durchgang für die Bürger und Touristen behindere.[165] Im Dezember 1936 flammte der Streik wieder auf. In der Auseinandersetzung zwischen Streikposten und den von der Polizei beschützten Arbeitswilligen gab es 14 Verletzte. Drei Streikposten wurden festgenommen. Die Polizei setzte Tränengas ein.[166] Der Streik dauerte bis zum Frühjahr 1937. Er blieb erfolglos.

1936 kamen etwa 20% der in den USA hergestellten fassonierten Strümpfe aus den BKM.[167] In der Fabrik waren 6000 Personen beschäftigt. Zur gleichen Zeit arbeiteten in der TMW 2500 und in der NFC 600 Personen.[168]

---

162 Reading Eagle vom 2.10.1936 "May Suspend Capt. Gearhart on Complaint", "State Police Quell Riots"; Reading Eagle vom 22.4.2010 "What event was labeled Berks County's Reign of Terror?"; Ammon, Kaitlin, Unions, Strikes and Politics. A Drive through Reading's Labor History, Mercyhurst College, Erie, PA 2008.

163 Supreme Court 1940, S. II 54.

164 Reading Eagle vom 29.10.1936.

165 Reading Eagle vom 1.12.1936 "Hosiery Pickets Get Jail Terms".

166 Reading Eagle vom 14.12.1936 "14 Are Injured In Hosiery Mill Strike".

167 The Morning Star, Wilmington vom 2.9.1936 "Why is the Big Business Big?"

168 Edmonds 2006, S. 49.

Am 1. Mai 1937 wurde wieder ein allgemeiner Streik zur Anerkennung der Gewerkschaftsrechte ausgerufen. Es kam zu Vereinbarungen in 23 Unternehmen. Nur das Management der „Berkshire Knitting Mills" änderte seine Position nicht.[169] Es wird berichtet, dass die gelbe Gewerkschaft nach diesem „Sieg" mit dem nationalsozialistischen „German-American Bund" zusammengearbeitet habe. Dem Bund wurde erlaubt, unter den Arbeitnehmern der Fabrik zu werben. Als Gegenleistung erwartete man Unterstützung bei der Bekämpfung von Streikenden.[170] Für diese Behauptung gibt es allerdings keinen Beleg. Die BKM benötigten keine auswärtigen Streikbrecher, da ja die überwiegende Zahl der Mitarbeiter sich am Streik nicht beteiligte.

Im Kampf gegen Streikbrecher 1936. Repro aus: Edmonds 2006, S. 61

Die „Aufarbeitung" der Streiks zog sich über Jahre hin. Der „National Labor Relations Board" (NLRB) stand dabei grundsätzlich auf der Seite der Streikenden. Nach einer Beschwerde (Charge) der „American Federation of Hosiery Workers" vom 26. Januar 1937 gegen die BKM forderte der Board die „Berkshire Knitting Mills" in einem Bescheid (Complaint) vom 6. November 1937 auf, die gelbe Gewerkschaft aufzulösen, die gewerkschaftlichen Aktivitäten der „Hosiery Workers Union, CIO" nicht weiter zu behindern und 303 entlassene Arbeiter wieder einzustellen.[171] Die Finanzierung des „Hosiery Examiner", der den Employees Associations nahe stand, sei einzustellen. Die Mills weigerten sich, dieser Beschwerde nachzu-

169 Stetler 1974, S. 106.

170 Jenkins 1997, S. 56. Soweit feststellbar wurde ein solcher Vorwurf auch vom NLRB nicht erhoben. Generell war in der Strumpfindustrie der Einsatz von Spionen, privaten Detektiven und professionellen Streikbrechern verbreitet. Die Strumpfindustrie galt als „Zitadelle des Anti-Unionismus"; Stetler 1974, S. 107.

171 Stetler 1974, S. 107 spricht von 800 Entlassenen. Die Verzögerung zwischen Charge und Complaint wegen „unfair labor practices" von mehreren Monaten erfolgte auf Wunsch der Gewerkschaft, die gleichzeitig einen Streik gegen die BKM durchführte, bei dem es aber hauptsächlich um Löhne, Arbeitszeiten und Arbeitsbedingungen „economic reasons" ging; dazu ausführlich Supreme Court 1940, S. II 56–58.

kommen. Nun musste der NLRB eine rechtlich verbindliche Entscheidung treffen. Ein Gang der BKM zum Appellationsgericht war zu erwarten. Die Folge war eine umständliche Prozedur mit aufwendigen Hearings, die zu protokollieren waren. Die Erhebungen mussten die Entscheidung des NLRB gerichtsfest machen, da das Appellationsgericht keine eigenen Ermittlungen in der Sache anstellte. 2 ½ Jahre nach dem Streik, am 28. April 1939, entschied der NLRB endgültig gegen die BKM. Die BKM wurde aufgefordert, die Employees Association nicht mehr zu unterstützen, das Recht auf Selbst-Organisation der Arbeiter anzuerkennen, den entlassenen 303 Arbeitern frei werdende Stellen zuerst anzubieten und alle auf eine Prioritätenliste zu setzen. Löhne seien nach einem genau bestimmten Verfahren nachzuzahlen.[172] Dagegen wurde von der BKM und der „Berkshire Knitting Mills Employees Association“ 1940 der Court of Appeals angerufen,[173] der am 7. April 1941 die Entscheidungen des NLRB bestätigte, wegen der möglichen Befangenheit eines Mitgliedes des Board, das Verfahren aber an den NLRB zurück überwies.[174] Die zweite Runde begann. Das NLRB eröffnete erneut ein Verfahren gegen die Berkshire, das am 12. Januar 1943 verabschiedet wurde. Wieder wurde das Appellationsgericht angerufen, das aber diesmal ein klares Urteil zugunsten des NLRB fällte. Der Versuch der Anwälte der „Berkshire Knitting Mills“, den Fall vor den Supreme Court zu bringen scheiterte, da der Supreme Court 1944 [!] die dazu

---

172 Reading Eagle vom 28. April 1939 "NLRB Rules That Berkshire Rehire Workers."

173 Reading Eagle vom 4.10.1940 "Writ Sought by Berkshire". Ob dieser Gang zum Appellationsgericht bezüglich der Anordnungen des NLRB aufschiebende Wirkung hatte oder nicht, war nicht festzustellen, ist aber anzunehmen.

174 Berkshire Employees Ass'n of Berkshire Knitting Mills v. National Labor Relations Board, United States Court of Appeals for the Third Circuit, June 19, 1941, 121 F. 2d. 235 (3d Cir 1941). Als befangen galt Edwin S. Smith (1891–1976), der von 1933 bis zum 27.8.1941 Mitglied des NLRB war. 1941/42 Executive Director der Oil Workers Organizing Campaign (CIO), 1941–1945 Executive Director des National Council of American-Soviet Friendship, 1952–1964 Inhaber der Am-Rus Literary and Music Agency und der Sovfoto and Eastfoto Agency. Den Verhandlungen ging ein langer juristischer Streit voraus. Die Berkshire Mills forderten vom Supreme Court ein writ of mandamus, d. h. das Recht, neu bekannt gewordene Fakten noch in das Appellationsverfahren einzubringen. Der Supreme Court lehnte zwar die Erteilung eines writ of mandamus ab, ließ aber zu, dass die neuen Erkenntnisse im Hauptverfahren des Appellationsgerichtes vorgetragen werden konnten und zu den Akten genommen wurden. Bei den neuen Erkenntnissen handelte es sich vor allem um die Vorwürfe gegen Edmund Smith, die während der Verhandlungen des sogenannten Smith-Committee (nach dem Vorsitzenden Howard W. Smith) im Repräsentantenhaus bekannt geworden waren; Supreme Court 1940, S. III 5. Zu Edwin Smith siehe auch Gross, James A. The Reshaping of the National Labour Relations Board, Albany 1981, S. 168–171.

erforderliche Genehmigung (writ of certiorari) nicht erteilte.[175] Ob diese Entscheidungen praktische Auswirkungen für die Arbeitnehmer in den „Berkshire Knitting Mills" hatten, ist fraglich. Seit Kriegsbeginn 1941 gab in den Arbeitsverhältnissen der „National War Labor Board" den Ton an.

Der guten Ordnung halber sei erwähnt, dass auch die Textile Machine Works 1947 bestreikt wurden, dass der NLRB unfaire Praktiken feststellte (u. a. Entlassung von Streikenden) und dass die Entscheidung des NLRB 1954 vom Appellationsgericht bestätigt wurde.

Im Zusammenhang mit den Streiks kam es zu Äußerungen von Henry Janssen und Gustav Oberländer, die weitgehende Empörung auslösten. Sie wurden im „Reading Eagle" vom 9. und 10. September 1934 veröffentlicht. Janssen und seine Frau hatten am 6. Juli 1934 in Berlin die Gelegenheit eines halbstündigen Gesprächs mit Hitler. Hitler habe über die Erfolge seiner Arbeit berichtet. Er habe sich darüber beklagt, dass er in Amerika missverstanden werde und versichert, dass Deutschland freundliche Beziehungen zu Amerika wünsche. „Germany has no strikes nor prospects of any strike today. When radicals try to start trouble of that sort, there the government gets after them right away and they are taken care of."[176] (Deutschland hat keine Streiks und auch keine Aussichten auf irgendeinen Streik. Wenn die Radikalen versuchen, Ärger zu machen, greift die Regierung sofort ein und nimmt sich ihrer an.) Das war natürlich eine Steilvorlage für die Gewerkschaften, die auch prompt reagierten. Sie verurteilten die Äußerung Janssens auf das Schärfste und beklagten die niedrigen Löhne und schlechten Arbeitsbedingungen in den „Berkshire Knitting Mills". Diese seien der Grund der Unruhen, nicht „radicals". Janssen solle lieber höhere Löhne zahlen, statt Reisen nach Nazi-Deutschland zu finanzieren.[177] Janssen lobte Hitlers Amtsführung. Das Land werde gut und weise regiert. Hitler habe das Vertrauen des Volkes und Zustimmung und Respekt der Massen. Er führe das Land durch eine schwierige wirtschaftliche Periode mit fester Hand und ausgezeichnetem Urteil. Die Wirtschaftsbedingun-

175 Berkshire Knitting Mills v. National Labor Relations Board, Supreme Court of the United States, 22. May 1944 (Reported below 139 F. 2nd 134): "Petition for writ of certiorari to the Circuit Court of Appeals is denied." Das in der späteren Literatur oft zitierte Urteil, das die „unfair labor practices" definierte und verurteilte, trägt die Bezeichung: Berkshire Knitting Mills, 46 NLRB 955 1001–3 (1943), enforced, Berkshire Knitting Mills v. NLRB 139 F. 2n 134 (3rd Cir. 1943), cert. denied 322 US 747, 64 S. Ct. 1153, 88 L. Ed. 1579 (1944).

176 Reading Eagle vom 9.9.1934 "Janssen Sees Hitler Doing Excellent Job" ; Heym, Stefan, Nazis in the USA, New York 1938, S. 22/23, (zitiert richtig, aber ohne Quellenangabe).

177 Jewish Telegraphic Agency 21.9.1934 "Labor Leaders Attack Janssen Nazi Champion".

gen in Deutschland seien weit entfernt davon, exzellent zu sein. Aber er habe ein gesundes Vertrauen in die Fähigkeit Hitlers, Deutschland zur Prosperität zurückzubringen. Zu Streiks werde es nicht kommen. Eine Lebensmittelknappheit gebe es im Übrigen in Deutschland nicht.[178] So sprach ein konservativer Unternehmer Mitte 1934 in einer für ihn schwierigen Lage.

Fast gleichzeitig mit Janssen waren auch Oberländer und seine Frau in Deutschland. Sie waren am 9. August 1934 von Hitler auf dem Obersalzberg empfangen worden.[179] Als Oberländer bei einem Essen im Wyomissing Club über seinen Besuch in Deutschland und sein Gespräch mit Hitler berichtete, kam die Judenfrage hoch. Oberländer erklärte, dass er dem Führer mitgeteilt habe, er sei mit seiner Judenpolitik nicht einverstanden. Wegen einiger „Radikaler" könne man nicht eine ganze Rasse bestrafen. Radikale gebe es auch in anderen Religionen (!).[180] Janssen wurde gefragt, ob er denn auch dieser Meinung sei. Janssen antwortete mit einem kräftigen „Ja" und fügte hinzu, dass auch er bei seiner Unterredung mit Hitler am 6. Juli 1934 in Berlin seine Kritik an der Judenpolitik in Deutschland vorgetragen habe. Seine besten Freunde in den USA und in Deutschland seien Juden. Thun wies auf die strikte politische Neutralität der „Carl Schurz Memorial Foundation" hin und fügte hinzu „Hitler kam und Hitler wird gehen, Deutschland wird weiterleben wie vorher."[181]

Die Streiks und die sie begleitenden Kommentare könnten Anlass gewesen sein, über die Arbeitsbedingungen in den Betrieben der Wyomissing Industries zu re-

178 Der Artikel befand sich auch in den Akten des Smith-Committees; Supreme Court 1940, S. II 42–44.

179 Reading Eagle vom 10.9.1934 "Hitler Lauded by Reading Man". Der Artikel befand sich ebenfalls in den Akten des Smith-Committees; Supreme Court 1940, S. II 46–48.

180 Dazu Schreiben der „Vereinigung Carl Schurz e.V." vom 2. August 1933 an Regierungsrat Dr. Willy Meerwald in der Reichskanzlei, der als „persönlicher Referent" des Reichskanzlers und des Staatssekretärs für Eingaben von Privatpersonen und Empfänge zuständig war und den Brief am 3. August dem Staatssekretär in der Reichskanzlei Hans Heinrich Lammers vorlegte Schon am 8.8.1933 fragt Staatssekretär Lammers (1879–1962) bei Rudolf Hess nach dem genauen Termin des Besuches und legt eine Aufzeichnung über Oberländer bei. Vergl. Akten der Parteikanzlei der NSDAP, Bd. 1, bearb. von Helmut Heiber, München 1983, Nr. W 101/25940/1 und 2 (Sammlung Vollmer). Der Besuch fand am 9.8.1933 auf dem Obersalzberg statt; Schreiben Lammers vom 8.8.1933 (Sammlung Vollmer). Die Jewish Telegraphic Agency berichtet am 18. 9.1934, dass Oberländer gegenüber Hitler erklärt habe, die Verfolgung der Juden sei ein Unrecht. Auch in Bad Nauheim hielten sich Berichte, nach denen Oberländer gegenüber Hitler den Fall des jüdischen Arztes und Herzspezialisten Groedel ansprechen wollte. Er konnte aber nichts ausrichten; Aufzeichnung von Heinrich Burk vom 26.2.1996, freundlicherweise zur Verfügung gestellt vom Stadtarchiv Bad Nauheim. Groedel war zwar jüdischer Abstammung, aber evangelischer Konfession.

181 Jewish Telegraphic Agency 18.9.1934 "Hitler scolded by Oberlaender on Race Stand". Sh auch Jewish Daily Bulletin, Vol. XI, Nr. 2950 vom 18.9.1934.

ferieren. Die wenigen Berichte dazu sind, wie nicht anders zu erwarten, widersprüchlich. Viele Arbeiter waren Pennsylvaniadeutsche. Janssen studierte die Passagierlisten in New York ankommender Schiffe aus Deutschland und wenn er einen geeigneten, d.h. ausgebildeten Fachmann aus Deutschland entdeckte, fing er ihn bei der Ankunft des Schiffes ab, interviewte ihn und heuerte ihn, falls er geeignet erschien, für die Wyomissing Industries an.[182] Die Höhe der Löhne ist schwer zu beurteilen, zumal es in guten Jahren hohe Prämien gab. Die Arbeitszeit betrug 1921 von montags bis freitags 10 ½ Stunden, samstags 5 Stunden.[183] Das Putzen und Ölen der Maschinen hatte in der Freizeit stattzufinden. Die Produktion war fordistisch organisiert, d.h. soweit möglich aufgeteilt in kleine, zeitlich genau festgelegte Arbeitsschritte. In den Abteilungen, in denen nur Männer beschäftigt waren, wurden diese aufgefordert, schon beim Gang zur Toilette die Hosen zu öffnen, um Zeit zu sparen.[184] Von Oberländer ist der Spruch überliefert „Ford Production, Rolls-Royce Quality".[185] Eine vierjährige Lehre nach dem dualen System wurde eingeführt. Die Lehrverträge zeichneten sich durch strenge disziplinarische Bestimmungen aus. Ein medizinischer Dienst stand im Rahmen des sogenannten „Cooperative Service" allen Firmen der Wyomissing Industries auf dem Fabrikgelände zur Verfügung. Die Arbeitnehmer waren kostenfrei gegen Lohnausfall bei Krankheit versichert.[186] Für alle Arbeitnehmer hatten die Unternehmen zusätzlich eine Lebensversicherung abgeschlossen. Ruhestandsbezüge gab es allerdings nur für eine bestimmte Anzahl von Betriebsangehörigen nach einem „informellen Pensionsplan".[187] Die Familien der Arbeitnehmer konnten sich in „Health benefit associations" zusammentun, die von den Firmen unterstützt wurden.[188] Was heute eher bescheiden anmutet, war damals und in den Vereinigten Staaten vorbild-

182 Edmonds 2006, S. 60.

183 Reading Eagle vom 5.9.1974 "Stalnecker-Berkies Official".

184 Edmonds 2006, S. 60.

185 Edmonds 2006, S. 97. Unter Fordismus versteht man das Streben, hochwertige Industrieprodukte so preisgünstig an den Markt zu bringen, dass dies zu einer anhaltenden Steigerung des Absatzes führt (Winkler 2009, S. 945). Rationalisierungserfolge werden in Form von Lohnerhöhungen und Arbeitszeitverkürzungen an die Arbeitnehmer weitergegeben. Betriebliche (gelbe) Gewerkschaften werden unterstützt. Nach dem Prinzip des „open shop" darf kein Mitglied der Belegschaft genötigt werden, einer Gewerkschaft beizutreten (Winkler 2011, S. 221).

186 Edmonds 2006, S. 58.

187 Partners 1936, S. 145.

188 Der Yarn Carrier vom Dezember 1945 (Vol. 15 No. 8–9) berichtet über die fünfte Generalversammlung einer solchen „Benefit Association", die demnach 1940 gegründet wurde. Etwa 2000 Beschäftigte waren Mitglied. Die Jahreseinnahmen betrugen rund 14.000 $, die Ausgaben beliefen sich auf etwa den gleichen Betrag. 358 Unterstützungsfälle wurden bearbeitet. Sie betrafen insgesamt 1000 Wochen Krankheit oder Arbeitsunfähigkeit infolge Unfalls und 647 Tage Krankenhausaufenthalt. Die durchschnittliche Länge der Krankheiten betrug bei den Männer 2,2 Wochen und bei den Frauen 3,4 Wochen. Die Zahlen entsprachen denen des Vorjahres.

lich. Während des Ersten Weltkrieges stellten die Unternehmen ihren Mitarbeitern Grundstücke für den Gemüseanbau zur Verfügung. Lebensmittel wurden im Großen eingekauft und verbilligt im Delta Store abgegeben.[189] Eine Cafeteria mit 1200 Plätzen wurde 1926 gebaut.

1936 wurden die beiden Patriarchen der Unternehmensgruppe Wyomissing Industries 70 Jahre alt. Aus der alltäglichen Leitung der Betriebe hatten sie sich zurückgezogen. Eine neue Generation hatte das Ruder übernommen. Die Schwiegersöhne von Henry Janssen, der Mediziner John E. Livingood M. D. und Richard C. Wetzel traten das Erbe Janssens an. Auch die beiden Zwillinge von Ferdinand Thun übernahmen Leitungsfunktionen. Die formale Übergabe erfolgte allerdings erst zum 1. Januar 1949. Ferdinand K. Thun jun. wurde Vorstandsvorsitzender der „Berkshire Knitting Mills", John E. Livingood stellvertretender Vorstandsvorsitzender und Treasurer, Hugo Hemmerich und der Sales Manager in New York Edward J. Quinlan wurden ebenfalls Vizevorsitzende. Helen Janssen Wetzel fungierte als Vorstandsmitglied (Secretary).

Richard C. Wetzel wurde als Nachfolger des verstorbenen Henry Janssen Vorstandsvorsitzender (Präsident) der „Textile Machine Works". Hier wurde Louis Thun Executive Vicepresident. Nachfolger Janssens als Präsident der „Narrow Fabric Corporation" wurde der mit Margarete Thun verheiratete Samuel R. Fry.

Wir haben gelernt, Anlass und Ursache von Ereignissen zu unterscheiden. Dies ist auch bei der Entscheidung der Familie Janssen zu empfehlen, die sich entschloss, eine Strumpffabrik „im Süden", konkret in West Virginia, zu eröffnen. Anlass dürften die Probleme gewesen sein, die wir geschildert haben. Die Ursache aber war der generelle Trend, arbeitsintensive Industrien in die Südstaaten zu verlagern.[190] Im Süden waren die Löhne niedriger, die staatlichen Steuern ebenfalls. Die Kommunalsteuern wurden den neu ansiedelnden Industrien für 5 Jahre gestundet. Der Organisationsgrad der Arbeiter war wesentlich niedriger als im „Norden". Obwohl es auch Gegenargumente gab, die natürlich der „Reading Eagle" besonders hervorhob, wie die wenig günstige Verkehrslage, die schlechten Lebensbedingungen der Arbeiter, die so nicht bleiben könnten, die zu erwartenden Lohnerhöhungen usw., entschlossen sich die Schwiegersöhne Janssens, sicher mit Zustimmung des alten Patrons, 1938 eine Knitting Mill in Whyteville, West-Virginia zu bauen. Die

189 Edmonds 2006, S. 58.

190 Dazu die Artikelserie von George Siever "Balance Agriculture with Industry is Southern Slogan in Drive for Mills" im Reading Eagle vom 28.2.1938 und 1.3.1938.

Baukosten sollen 150.000 $ betragen haben. Der Baugrund wurde käuflich erworben, was die Ernsthaftigkeit der Pläne unterstrich. Das Werk wurde mit neuesten Maschinen der TMW ausgerüstet. Die Firma „Whyteville Knitting Mills“ hatte ein Kapital von 200.000 $. 500 Arbeitsplätze waren vorgesehen. Präsident wurden Richard C. Wetzel, Vizepräsident und Treasurer Dr. John E. Livingood. Seine Frau Minnie Janssen Livingood war ebenfalls Vizepräsidentin und Helen Janssen Wetzel Secretary. Die Thuns waren an diesem Unternehmen, das ja eine Konkurrenz zu den Berkshire Mills darstellte, anscheinend nicht beteiligt, waren aber sicher informiert. Die Firma hatte ein Büro in Reading. Anscheinend wurde die Produktion 1959 eingestellt.[191] 1963 ist allerdings noch von einer Fabrik der „Narrow Fabric Corp.“ in Whyteville, VA die Rede.[192]

Monopoly

Als sich das Monopoly-Spiel erfolgreich entwickelte und gut verkaufte, gab es Streit um die Rechte. In den Auseinandersetzungen darüber, wer das Spiel „Monopoly“ erfunden habe, teilte Louis Thun mit, dass er schon 1925 mit seinen Studienfreunden am Williams College in Williamstown, Mass. Monopoly gespielt habe. Charles Muhlenberg, der Verlobte von Wilma Thun, habe sie 1923 in das Spiel eingeführt. Sie hätten das Spiel so verändert, dass es den tatsächlichen Bedingungen des Lebens entsprochen habe. Dazu hätten sie kleine Kärtchen gedruckt und Regeln formuliert. Diese Regeln begannen mit folgender grundsätzlichen Erklärung:

„Monopoly wurde entwickelt, um die Übel zu zeigen, die von der Institution des Privateigentums ausgehen. Am Beginn des Spiels hat jeder Spieler den gleichen Betrag Kapital und die gleiche Chance wie jeder andere Spieler. Das Spiel endet damit, dass eine Person das ganze Geld besitzt. Aus welchem Grund scheitern die anderen und durch welchen Faktor kann die ungleiche Verteilung des Reichtums in der Gemeinde erklärt werden? Die, die gewannen, werden sagen Geschicklichkeit. Die, die verloren, werden sagen Glück. Aber vielleicht gibt es auch einige, die zwar

191 Unemployment Compensation Commission of Virgina, Decision Nr. 3453–C vom 14. Januar 1960.
192 Reading Eagle vom 6.6.1963 "Narrow Fabric Expands Abroad".

die Elemente Geschicklichkeit und Glück anerkennen, aber mit Scott Nearing[193] das Privateigentum für schuldig erklären."[194]

Als die Gebrüder Thun 1931 das Monopoly-Spiel kommerzialisieren und für sich patentieren lassen wollten, stellte sich allerdings heraus, dass das Spiel schon 1904 von Lizzie Maggie unter dem Namen „The Landlord's Game" erfunden und patentiert worden war, also nicht mehr patentiert werden konnte. Andererseits gehörten die von ihnen erfundenen neuen Regeln den Gebrüdern Thun. Die Rechte am Monopoly landeten schließlich bei der Firma Parker Broth. Die Firma versuchte, angesichts aufkommender Konkurrenzprodukte (z.B. The Fascinating Game of Finance) ihren Anspruch und den des „Erfinders" Darrow zu sichern. So kam es auch zu Gesprächen mit den Brüdern Thun, die nachweislich schon vor der „Erfindung" durch Darrow das Spiel kannten und auf den Markt bringen wollten. Es folgte ein im Einzelnen nicht bekanntes Arrangement von Parker Brothers mit den Thuns. Louis Thun erklärte nur: „Ich sagte ihm, wir arbeiteten im Maschinenbau und Sie in der Spielzeugindustrie, dabei soll es bleiben."[195]

Steuern, Steuern!

Kein Unternehmer zahlt gern Steuern. Es gibt viele Möglichkeiten, die zu zahlenden Beträge zu reduzieren. Über den Weg, gemeinnützige Einrichtungen steuerbegünstigt zu fördern, werden wir noch ausführlich berichten. Es gibt aber auch die „Steueroasen". Eine solche Steueroase war das Städtchen Wilmington im Staat Delaware. Fast alle großen amerikanischen Unternehmen waren und sind dort vertreten.

Henry Janssen und Ferdinand Thun gehörten ebenfalls nicht zu den Unternehmern, die Steuern zahlen, wenn sich das vermeiden lässt. Sie gründeten mit Sitz in Wilmington zwei Gesellschaften, in denen sie ihre Unternehmen zusammenfass-

---

193 Scott Nearing (1883–1983) Pazifist, Sozialist und Vegetarier. Wegen seiner politischen Ansichten als Professor für Nationalökonomie an der University of Pennsylvania entlassen. Später rehabilitiert. Er soll eine Version des Monopoly-Spiels in seinen Vorlesungen verwendet haben.

194 Die Geschichte ist wesentlich komplizierter als hier verkürzt dargestellt. Von den zahlreichen Veröffentlichungen zum Thema der Entstehung von Monopoly sei genannt Wolfe, Burton H., The Monopolization of Monopoly. Louis & Fred Thun. The San Francisco Bay Guardian 1976. http://www.adena.com/adena/mo/mo15.htm

195 Adams III, Charles J., Monopoly. From Berks to Boardwalk, in: Historical Review of Berks County, Bd. 44, Nr. 1, 1978, Winter 1978/79. http://landlordsgame.info/articles/berks2boardwalk.html

ten, die „Henry Janssen Securities Corp." (später „Henry Janssen Corp.") und die „Thun Investment Corp." 1931 intervenierten beide Firmen beim „United States Board of Tax Appeals" mit dem Ziel, die Zahlung von ausstehenden Einkommensteuern zu vermeiden. Es waren bei der Janssen Securities für die Jahre 1927 und 1928 1.230.233 $ und bei der Thun Investment für das Jahr 1928 1.001.400 $. Beide Gesellschaften erklärten vor dem Board, sie seien keine Holding Companies, die nur gegründet wurden, um Steuern für ihre Aktionäre zu vermeiden. Die Thun Company sei eine Vermögensverwaltung von Mr. und Mrs. Thun und ihren sechs Kindern, der u. a. Strumpfstrickfabriken und Obstfarmen gehörten.[196]

Beide Gesellschaften hatten eigene Büros in Wilmington. Praktischer war es, diese Firmen von Wyomissing aus zu verwalten. So stellte denn auch die „Henry Janssen Corp." 1941 den Antrag, in Wyomissing ein Büro eröffnen zu dürfen. Dazu war anscheinend eine besondere Genehmigung erforderlich, weil man sonst Gefahr lief, die Steuervorteile Wilmingtons zu verlieren. Gegenstand der Gesellschaft sei, Investitionen zu verwalten, zu kaufen und zu verkaufen und Erträge einzuziehen.[197] In den 1960er und 1970er Jahren waren die Familienholdings noch aktiv. 1962 erwarb die „Henry Janssen Corp." vom Wilson School District ein Grundstück für 250.000 $.[198] 1978 baute die „Thun Investment Co." in Wyomissing ein zweistöckiges Bürogebäude mit dem Plan späterer Vermietung.[199]

Vom Ende einer Epoche

Der Zweite Weltkrieg bedeutete für die Wyomissing Industries eine Atempause im Wettkampf. NFC stellte Fallschirmleinen her, die TMW Munitionsteile, die Berkshire versorgte die Soldaten mit Socken und Handschuhen und die Soldatinnen mit Strümpfen aus Bembergseide.

Nach dem Krieg verstärkten sich die durch Überproduktion geschaffenen Probleme. 1947 gab es 77 zum Teil kleine Fabriken, die fassonierte Damenstrümpfe herstellten.[200] Die Industrie hatte sich seit Jahren immer mehr in die Südstaaten

196 Sunday Morning Star, Wilmington, Del. vom 17.3.1931 "Two Local Firms File Tax Appeals".
197 Reading Eagle vom 6.2.1941.
198 Reading Eagle vom 20.9.1962.
199 Reading Eagle vom 5.5.1978 "Thun Builds Office Building".
200 Historical Markers, Reading (Labor) Historical Marker. http://explorepahistory.com/hmarker.php?markerId=1-A-245

Die Wyomissing Industries 1948. Repro aus; Yarn Carrier Vol. 18, Nr. 12, S. 20

verlagert. 56,5 Prozent aller modernen Strumpfstrickmaschinen arbeiteten 1946 im Süden. Der Wettbewerb war vollständig und hart. Es gab kein marktbeherrschendes Unternehmen und keine Preisabsprachen. Die geringen Transportkosten für die Strümpfe führten zu einer fast weltweiten Konkurrenz.[201]

Die Nylon Bonanza

Hinzu kam ein Modewechsel. 1938 war von der Firma Dupont der Nylonfaden entwickelt worden. Die Berkshire war an der experimentellen Erprobung des Fadens beteiligt, stand aber dem neuen Werkstoff skeptisch gegenüber. Der Krieg verhinderte die private Nutzung. Nylonstrümpfe wurden, als der neue Kunstfaden nach dem Krieg frei zur Verfügung stand, der Renner. Sie konnten auch auf den traditionellen Flachstrickmaschinen der TMW hergestellt werden. Von 1945 bis

201 Kennedy 1948, S. 18f.

1950 sprach man von einer Nylon Bonanza.[202] In den BKM wurde das Zuteilungssystem der zwanziger Jahre wieder eingeführt. Aber auch diesmal wendete sich das Blatt. Wieder kam es zur Überproduktion. Großhändler lehnten die Zuteilungen ab, die sie nicht mehr benötigten.[203] Der Grund lag aber nicht beim Nylon, sondern an einem „Wiedergänger", den nahtlosen Strümpfen, diesmal allerdings aus Nylon. Ein rücksichtsloser Preiswettkampf setzte ein.

Der Sieg der Nahtlosen

Dieser Wandel war selbst von Branchenkennern nicht vorausgesehen worden. Das lag möglicherweise auch daran, dass man mit dem Begriff nahtloser Strümpfe immer noch die röhrenartigen Gebilde verband, die schon seit 1866 auf primitiven Rundstrickmaschinen hergestellt wurden. Die Nylonstrümpfe konnten aber ohne Naht fassoniert werden und das unangenehme Verrutschen der Naht war nicht mehr zu befürchten. Der Anteil der durch eine Naht fassonierten Strümpfe schrumpfte langsam aber sicher. Hinzu kam, dass die nahtlosen Nylonstrümpfe auf Rundmaschinen hergestellt werden konnten, die nur einen Bruchteil der großen Flachstrickmaschinen aus den TMW kosteten und in kürzester Zeit Strümpfe mit sehr dünnen Fäden herstellen konnten. Außerdem liefen sie fast ohne Unterbrechung. Die Folgen blieben nicht aus. 1952 wurde die Rosedale Knitting Mill in Laureldale geschlossen. Die Strumpffabrik Nolde & Horst, die zweitgrößte nach der Berkshire, verkaufte 1956 ihre Gebäude in Reading an einen kanadischen Investor.

Berkshire war gezwungen, nahtlose Nylonstrümpfe von anderen Herstellern einzukaufen, wenn es die Wünsche seiner Kunden erfüllen wollte. 1955 wurde die „Nomend" Laubach Hosiery Company in Philadelphia erworben, die nahtlose Nylons produzieren konnte. 1955 eröffneten auch die „Berkshire Knitting Mills" in Wyomissing endlich eine Abteilung für nahtlose Nylonstrümpfe im Untergeschoss der Cafeteria. Die dazu erforderlichen Rundstrickmaschinen konnten die „Textile Machine Works" aber noch nicht herstellen. Die Maschinenfabrik Scott-Williams aus New Hampshire produzierte zwar ein geeignetes Modell, hatte aber Lieferschwierigkeiten. Von 400 bestellten Maschinen konnte sie zunächst nur 75 liefern.[204] Die BKM mit ihrem Hauptsitz in Wyomissing und den verhältnismäßig hohen Herstellungskosten konnten trotz all dieser Bemühungen mit den Betrieben im Süden und ihren Preisen nicht erfolgreich konkurrieren. Der Absatz ging

202 Das in Deutschland bekanntere Perlon ist eine ähnliche, aber nicht identische Kunstfaser.
203 Holton 1993, S. 75.
204 Holton 1993, S. 77.

bei sinkenden Preisen immer weiter zurück. Ein Zweigbetrieb in Andrews, NC wurde eröffnet.[205] Das blieb aber eine unbefriedigende Teillösung.

Internationalisierung als Ausweg?

Die Berkshire versuchte einen anderen Weg. Um die ausländischen Märkte besser und kostengünstiger beliefern zu können, wurden ab 1948 Zweigbetriebe in Südafrika, Kolumbien, Griechenland, Japan, Kanada und Nordirland errichtet. In Deutschland entstand in Pforzheim die Firma „Berkshire Silkona GmbH". In diesen Ländern vollzog sich der Modewechsel zu den nahtlosen Strümpfen langsamer und die traditionellen Flachstrickmaschinen der TMW konnten noch eingesetzt werden. Die in Wyomissing überflüssigen Maschinen wurden exportiert und bildeten einen Teil der Kapitaleinlagen. Damit war das Problem des abnehmenden Interesses der Damenwelt an den Nahtstrümpfen allerdings nur vertagt, aber nicht gelöst.

Berkshire Silkona-Werbung in den 50er Jahren. Foto aus: Deutsches Strumpfmuseum www.deutsches-strumpfmuseum.de

Die Silkona-Werke gehörten zu der in den Jahren nach der Währungsreform in Westdeutschland sich wieder entwickelnden Feinstrumpfindustrie. Der Aufbau war zunächst dadurch erschwert, dass der Bezug von Strumpfstrickmaschinen aus Sachsen infolge der deutschen Teilung nicht mehr möglich war. Die dort noch betriebsbereiten Maschinen wurden als Reparationen in die Sowjetunion geschafft. Auch die neu produzierten Maschinen mussten überwiegend in die UdSSR geliefert werden.[206] Der letzte Leiter der deutsch-amerikanischen Handelskammer Dr. Robert Reiner wies die interessierten Unternehmer – zum großen Teil Flüchtlinge aus der Ostzone – darauf hin, dass man doch einmal versuchen könne, gebrauchte Maschinen aus Reading zu beziehen, wo sich die derzeit größte Cotton-Maschinenfabrik der Welt befinde. Die gebrauchten Maschinen seien überdies wesentlich billiger als neue Produkte, die damals an die 50.000 $ kosteten. Allein der Flüchtlingsbetrieb ARWA erwarb 30 Flachstrickmaschinen in den USA. Die Firma „Margaritoff & Schaffer" (Handelsmarke Opal) soll in Pennsylvanien für 200.000 DM eine ganze Strumpffabrik mit 20 Flachstrickmaschinen aufgekauft

205 Ob das schon 1938 durch die Familie Janssen in Whyteville, VA gegründete Unternehmen nur das Kostengefälle ausnutzte oder auch zur Produktion von nahtlosen Nylonstrümpfe überging, ist nicht bekannt.

206 Dazu http://www.nahtstrumpf.de. Aus der Geschichte der Strümpfe. Diese Website bietet viele interessante Informationen zu Nahtstrümpfen und Nahtlosen.

haben.[207] Stand hinter der Gründung der Berkshire-Silona der Druck, Maschinen los zu werden, so kam jetzt die Nachfrage nach Maschinen von potenziellen deutschen Strumpfhersteller hinzu. Die Namen Janssen, Thun und Lieberknecht kursierten in den interessierten Kreisen.[208] Auf den in Wyomissing frei gewordenen Produktionsflächen wurden Rundstrickmaschinen aufgebaut.

Der Betrieb in Nordirland entwickelte sich in Zusammenarbeit mit dem englischen Unternehmen Donaldson's (Donbros) ab 1947 zu dem bedeutendsten Auslandsbetrieb. Die Firma in den USA wurde in „Berkshire International Corporation" umbenannt und der Betrieb in Nordirland firmierte als „Berkshire International (UK) Ltd.". Der Nachkriegsboom täuschte zunächst darüber hinweg, dass die Zeiten der textilindustriellen Massenproduktion in allen hoch industrialisierten Ländern zu Ende gingen. Sie verlagerte sich in Billiglohnländer.

Die Thuns und Janssens steigen aus

Ferdie K. Thun war von 1932 bis 1946 Verkaufsleiter von Berkshire, dann wurde er Verwaltungsratsvorsitzender. 1965 ging er in den Ruhestand. Seine Anteile wurden wie die der anderen Mitglieder der Thun-Familie von der „Berkshire International Corporation" aufgekauft, die nunmehr zu 100% im Besitz der Familie Janssen war.[209] Es kam zu entsprechenden personellen Veränderungen. John W. Bowman, der mit einer Enkelin von Henry Janssen, Elsa W. Livingood, verheiratet und seit 1956 Präsident war, wurde Verwaltungsratsvorsitzender. Paul E. Guenther wurde Präsident. Alfred G. Hemmerich, seit 1958 Treasurer, übernahm als Senior Vicepresident Marketing und Sales. Paul Hemmerich blieb für die Auslandsgesellschaften zuständig. Das Unternehmen hatte sich auf nahtlose Strümpfe umgestellt und galt als einer der vier größten Produzenten dieser Strümpfe in den USA. Neben dem Werk in Wyomissing bestanden Fabriken in Lebanon und in Andrews, NC Die Zahl der Beschäftigten in den USA betrug etwa 2200.

1969 wurde die Strumpffabrik mit ihren internationalen Beteiligungen für 13.200.000 $ an Vanity Fair weiterverkauft. Die Gründerfamilien waren im Unternehmen nicht mehr vertreten. Edmonds, einer der besten Kenner der Szene,

---

207 Der Spiegel vom 15.8.1962 „Die letzte Masche".

208 Der Spiegel vom 3.3.1954 „Der Hans fängt wieder an".

209 Reading Eagle vom 14.4.1965 "Thun Sells Interest in Berkshire". Ferdie Thun war mit Marion Green verheiratet. Sie hatten eine geistig behinderte Tochter. Auf ihrem Anwesen in Wyomissing wurde die „Greater Reading Mental Health Alliance" gegründet. Marion Thun war lange Jahre Präsidentin dieser Gesellschaft, die von ihrer Familie gefördert wurde. http://www.grmha.org./walk.htm. Marion Thun starb am 4. September 2003 im Alter von 99 Jahren in Wyomissing.

hatte Schwierigkeiten, diesen Schritt zu verstehen.[210] Er erwähnt geringere Profitmargen, zunehmende Konkurrenz, Druck seitens der Gewerkschaften als mögliche Gründe. Die Komplexität der Verwandtschaftsbeziehungen in den beiden Familienstämmen könne hinzugekommen sein. Es war wohl auch die letzte Gelegenheit, die Unternehmen zu einem vernünftigen Preis zu verkaufen. Die Zukunft sei ungewiss gewesen, wäre noch eine ziemlich positive Einschätzung. Schließlich handelte es sich ja hier nicht um einen Einzelfall, sondern um den dicken Schlussstrich unter die Geschichte der Strumpfwirkerei in Pennsylvanien. Die Berkshire-Strümpfe büßten denn auch bald nach dem Verkauf ihre innerbetriebliche Bedeutung ein. Das Zeitalter der Jeans und der Freizeitkleidung begann. Die Produktion in Wyomissing wurde eingestellt. Ein zunächst kleiner, ständig wachsender Outlet Store von Vanity Fair wurde eröffnet. Damit gingen die „Berkshire Knitting Mills" den Weg fast aller Strumpffabriken in Reading. Reading galt viele Jahre als „The Outlet Capital of the World". Inzwischen sind alle Outlet Zentren bis auf das „Berkshire" wieder geschlossen worden. Das VF Outlet Village gehört zu den zehn größten Outlet-Zentren der USA.[211]

Die Berkshire als Outlet Center. Foto: Klaus Vollmer

Die Marke Berkshire wurde von Vanity Fair an den Familienbetrieb Mayer-Berkshire in New Jersey verkauft, der in Wayne, NJ eine Strumpffabrik und ein Geschäft für Damenbekleidung betreibt. Berkshire Strümpfe sind also auch heute noch in einschlägigen Geschäften in den USA zu kaufen.

Während die Strumpffabrik ihre Produktion definitiv einstellte, konnten die „Narrow Fabric Industries Comp." und die „Textil Machine Works Inc." unter neuen Eigentümern weiterarbeiten.

210 Edmonds 2006, S. 111.
211 Edmonds 2006, S. 114.

Die „Narrow Fabric Industries Corp."

Die „Narrow Fabric Industries Corp." – im Jahre 1900 gegründet – erweiterte nach dem Zweiten Weltkrieg ihre Produktionspalette um die Beschichtung von Papier und Pappe.[212] Präsident war Samuel R. Fry. Außerdem versuchte man – wie die „Berkshire Knitting Mills" – wegen der hohen Herstellungskosten im Nordosten der USA, die Produktion in die Zielregionen des Exports zu verlegen. 1957 wurde eine Produktionsstätte in Havanna für den lateinamerikanischen Markt eröffnet.[213] Angesichts der bald folgenden Revolution Fidel Castros wurde das kein Erfolg. Die Erfindung eines elastischen Kunststofffadens durch die Firma Dupont (Lycra) machte bedeutende Umstellungen der Produktion und Neuinvestitionen erforderlich. Diese waren zum großen Teil mit Bankkrediten finanziert worden. 1961 versuchte man, diese Kredite durch frisches Eigenkapital abzulösen. Die Anteile der Gesellschaft, die sich nun als Public Company „Wyomissing Corporation" nannte, wurden interessierten Anliegern angeboten. Gleichzeitig verkauften die Familie Fry 20% ihres Anteils und die „Henry Janssen Corp." ihren gesamten Besitz. Nach diesen Transaktionen besaß die Familie Fry noch 40% der „Vorzugsanteile".[214] 1963 wurden 50% des Kapitals eines Unternehmens in den Niederlanden erworben, um den europäischen Markt besser bedienen zu können.[215] Wahrscheinlich trennte sich die Familie Fry nach dem Unfalltod von Samuel Fry 1970 von ihren restlichen Anteilen an der „Wyomissing Corporation". 1976 wurde die Firma von den damaligen Inhabern der Mehrheit an die „Alco Standard Inc." verkauft.[216] Weitere Inhaber folgten. Im September 2009 war die 111 Jahre alte Tradition des Unternehmens zu Ende, der Betrieb wurde geschlossen. Die verbliebenen 100 Arbeiter verloren ihren Arbeitsplatz. [217]

Die „Textile"

1947 war die „Textile Machine Works Inc." das einzige amerikanische Unternehmen, das neben den verschiedensten Typen von Riementischen noch Flachstrickmaschinen herstellte.[218] Die Inhaber bemühten sich überdies darum, die

---

212 Gibbon, John A., Industrial Research Laboratories in the U.S., 1960 nennt eine „Paper Products Division" der Narrow Fabric Wyomissing, President Samuel R. Fry, in der Tuckerton Rd. in Reading.

213 Reading Eagle vom 24.2.1957 "Narrow Fabric Opens Havanna Plant". Das Unternehmen firmierte als "Textilera de Elasticos y Trenzados SA."

214 Security and Exchange Commission, News Digest vom 18.8.1961.

215 Reading Eagle vom 6.6.1963 "Narrow Fabric Expands Abroad".

216 Reading Eagle vom 26.6.1976 "Board Approves Alco Offer". 22 % der Vorzugsanteile befanden sich im Besitz des Estate of Howard L. Cowan, der Cowan Familie und der „Cowan Paper Group Inc.". Für die sonstigen 568633 Anteile der Wyomissing Corporation bot Alco 8,625 $ je Anteil.

217 Reading Eagle vom 1.1.2012 "Saying Goodby to Familiar Names".

218 Kennedy 1948, S. 18f.

Produktionspalette zu erweitern und kauften 1952 die Arrow Needle Company aus Manchester, New Hampshire, die chirurgische Instrumente produzierte. Die TMW versuchte, sich der Nachfrage anzupassen und auch Rundstrickmaschinen zu bauen. Mitte der 50er Jahre kamen die ersten Typen für Herrensocken auf den Markt. Aufgrund eines Lizenzabkommens mit der englischen Firma „W. E. Booten Company" wurden 1960 die ersten Rundstrickmaschinen für nahtlose Damenstrümpfe produziert, die nach einigen Verbesserungen als Reading Mark III verkauft wurden und nach Edmonds auch befriedigende Verkaufsresultate erzielten.[219] 1968 wurde das Unternehmen an den Konzern „Rockwell International" verkauft. Die Herstellung von Strickmaschinen wurde 1980 eingestellt. In den nächsten 20 Jahren wurden weiterhin Flechtmaschinen produziert.[220] Den Hauptteil der Produktion nahmen aber seit 1975 Rotationsdruckmaschinen ein. 1988 kauften Dr. David Thun, ein Enkel von Ferdinand Thun, und Paul Kotzloff von Rockwell die Sparte Braiding Machines und gründeten die Firma Magnatech. 2003 zog sich Thun zurück. Das Unternehmen arbeitete weiter im Bereich der Flechtmaschinen und Spiralwinder und hatte seinen Sitz in Robesonia, PA, nicht weit von Reading.[221] In einem Gebäude der ehemaligen „Textile Machine Works" in Wyomissing hat sich u. a. die Gast- und Spielstätte „The Works" etabliert.[222]

Der Verkauf der Unternehmen durch die Familien Janssen und Thun betraf nicht deren sonstigen Besitz. Dieser wurde von der Henry Janssen Corporation bzw. der Ferdinand Thun Investment Comp. verwaltet. Die Henry Janssen Corporation wurde 1986 im Zusammenhang mit der Erbauseinandersetzung des Nachlasses von Helen Janssen Wetzel zunächst durch drei Erbengemeinschaften abgelöst,[223] die Ferdinand Thun Investment Comp. wurde ebenfalls in eine Erbengemeinschaft umgewandelt, die von Ferdinand III Thun, dem letzten Präsidenten der Gesellschaft und Enkel von Ferdinand Thun, in langwierigen Verhandlungen aufgelöst wurde.[224]

219 Edmonds 2006, S. 110.

220 Edmonds 2006, S. 114. Das Archiv der Textile Machine Works, Wyomissing befindet sich im Hagley Museum and Library in Wilmington, Delaware.

221 www.magnatech-int.com/

222 Reading Eagle vom 9.8.2012 "Brief History of Wyomissing Band".

223 Schreiben von Eugene Stapleton, Tulpenhocken Ltd. Wyomissing an Dr. Spring, Wuppertal-Barmen vom 19.2.1986 (Thun-Janssen-Stiftung).

224 Lehigh University. Meet Our Donors. Names of Leadership Plaza, Bethlehem PA, 1956.

Unternehmen im Umfeld

Als stadtbeherrschende Unternehmen waren die „Wyomissing Industries" auch an der Gesamtentwicklung ihres Standortes und vor allem an ausreichenden Wohnungen für ihre Arbeiter nicht zu fern von den Betrieben interessiert. Sie zeigten auch hier ihre fürsorgliche, ebenso paternalistische wie geschäftstüchtige Einstellung.

1902 gründete Ferdinand Thun eine Gesellschaft zur Förderung des Wohnungsbaus, die „Wyomissing Suburban Building and Loan Association". Später kam aus rechtlichen Gründen die „Wyomissing Building and Savings Association" hinzu. In beiden Gesellschaften war Thun Finanzvorstand. Sie fusionierten zur „Wyomissing Federal Savings and Loan Association". Aus dieser Gesellschaft ging nach manchen Veränderungen, Übernahmen und Verschmelzungen die „Sovereign Bancorp" hervor, eine der größten Banken in den Nordoststaaten.[225] Die Bank wurde 2011 von der spanischen Santanderbank übernommen, der Firmensitz von Wyomissing nach Boston verlegt.

1924 wurde aufgrund der neuen gesetzlichen Vorschriften der Grundbesitz der „Wyomissing Suburban Building and Loan Association" von der „Textile Machine Works Inc." gekauft und 1925 in die „Delta Reality Corporation" überführt. Direktoren waren Janssen, Thun und Alfred Hemmerich. Die „Delta Reality Corporation" baute Hunderte von Häusern in Wyomissing, West-Reading und im 18th Ward in Reading. Wyomissing galt als die „Queen of Boroughs".

Die Stadtentwicklung sollte aber nicht wild wuchern, sondern einem urbanistischen Konzept folgen. Erste Ansätze waren bereits von John Nolen entwickelt worden, der 1909 im Auftrage des Reading Board of Trade einen Plan zur Revitalisierung der City Readings entworfen hatte. Thun (Präsident), Janssen (Vizepräsident), Oberländer (Secretary) gründeten 1913 die „Wyomissing Development Company". 1916 kam der Bauunternehmer Irvin F. Impink hinzu.[226] Etwa 1917 vergab die Gesellschaft für ein ihr gehörendes, etwa 200 Hektar großes Areal einen Planungsauftrag an den deutschen, zur damaligen Zeit in den USA lebenden Architekten Werner Hegemann (1881–1936) und seine Firma „Hegemann & Peets". Im Süden des Ortes sollte in einer Mischbebauung das neue Viertel „Wyomissing

225 Edmonds 2006, S. 26.

226 Irvin F. Impink (1882–1963) war Bauunternehmer und Bodenspekulant. Er baute u. a das Reading Hospital, das Reading Public Museum und etwa 500 Häuser in Wyomissing. Edmonds 2006, S. 70; sh. auch Sutton 2007.

Park" entstehen.[227] Die Planungen Hegemanns wurden teilweise realisiert. 1918 wurden die ersten Bauten fertiggestellt. Ein zweiter Schub kam dann Mitte der zwanziger Jahre. 1926 schied Oberländer auch aus diesem Unternehmen aus. Sein Nachfolger als Teilhaber (zu 1/3), Secretary und Treasurer wurde Irvin Impink. 1987 standen im „Wyomissing Park" 2079 Häuser mit 6550 Bewohnern. Von insgesamt 2488 acres waren 162 öffentliche Grünfläche. Infolge der Mischung von Reihenhäusern, Einzelhäusern und Villen wurde allen Ansprüchen Rechnung getragen. Die „Wyomissing Development Company" war auch Agent bei Grundstücksgeschäften von Impink und Thun. Dabei traten in der Großen Depression durch das Erliegen der Bautätigkeit erhebliche Verluste auf. Impink verließ die Gesellschaft 1935. Hauptgläubiger war die Textile mit über 500.000 $. Diese Forderungen wurden als uneinbringbar abgeschrieben. 1942 wurde die „Wyomissing Development Company" aufgelöst. Der Grundbesitz wurde auf die „Delta Reality Corporation" übertragen.[228]

Nicht unerwähnt soll bleiben, dass Thun und Janssen auch umfangreiche landwirtschaftliche Güter in der Region ihr Eigen nannten. Thun besaß zusammen mit John Rick die heute noch bestehende Obstplantage „Ontelaunee Orchards Inc.",[229] seinerzeit 2,5 Quadratkilometer groß, Janssen u.a. mehrere Farmen am Tulpehocken Creek, zusammen etwa vier Quadratkilometer groß.[230] Hier hatte er eine Scheune zum Sommerhaus ausgebaut, das er in seinen alten Tagen gern besuchte. Die Landwirtschaft arbeitete mit modernsten Traktoren und Erntemaschinen.[231]

---

227 Flick, Caroline, Walter Hegemann (1881–1936). Stadtplanung, Architektur, Politik. 2 Bde., München 2005, S. 419–425.

228 Edmonds 2006, S. 79f.

229 Die 614 Acres große Plantage war im Besitz der „Thun Investment Co.". Seit 1985 ist die Plantage im Besitz von Walter Pohl. Reading Eagle vom 29.11.1999 "Westward ho! Development Proceeds".

230 Auf dieser Farm wurde Milchwirtschaft betrieben. Sie war im Besitz der „Henry Janssen Corp.", später der Tulpehocken Ltd. Beim Verkauf der Farm wurde ein Teil des Geländes für eine landwirtschaftliche Schule zur Verfügung gestellt. Das übrige Gelände wurde an die Meridian Bank verkauft und wird weitestgehend für modernen Geschäftsbauten genutzt; Reading Eagle vom 29.11.1999 "Westward ho! Development Proceeds".

231 Edmonds 2006, S. 95.

Reichtum verpflichtet: Die internationalen Kulturstiftungen

Die Multimillionäre in Wyomissing erreichten Ende der zwanziger, Anfang der dreißiger Jahre ein Alter, in dem das Ende eines Lebensabschnittes, des aktiven unternehmerischen Handelns, abzusehen war. Die „Wyomissing Industries" gingen allmählich auf die männlichen Nachkommen und die Schwiegersöhne über. Wyomissing und Reading-West waren dank ihrer Unternehmen zu blühenden Gemeinden mit bemerkenswert vielen und guten Gemeinschaftseinrichtungen geworden. Wie vor ihnen Andrew Carnegie[232] kamen die drei Patriarchen zu dem Ergebnis, dass Reichtum nur zu treuen Händen gewährt und entsprechend einzusetzen sei.

Gustav Oberländer hatte schon 1926 seine Anteile an den Berkshire Mills verkauft und ab 1927 die Stiftung eines Teils seines Vermögens mit seiner persönlichen Begeisterung für die Archäologie und die deutsche Kultur verbunden. Ein gemeinsames Anliegen war den drei Männern die Verständigung zwischen ihrem Herkunftsland Deutschland und ihrer neuen Heimat Amerika. Die Verdammung und Verfolgung alles Deutschen in den Jahren des Ersten Weltkrieges sollte sich nicht wiederholen. So kam es zu Stiftungsaktivitäten, die die Verständigung zwischen Amerika und Deutschland auf ihre Fahnen schrieben. Im Quäkerland Pennsylvanien lag zudem die Kooperation mit Angehörigen dieser Gemeinschaft nahe.

Die Carl Schurz Memorial Foundation (CSMF)

Ein Vorläufer in Berlin – nicht ohne Problematik

Die „Vereinigung Carl Schurz" war von Anton Erkelenz aus Neuss, Vorsitzender der Hirsch-Dunckerschen Gewerkschaften und Reichstagabgeordneter der linksliberalen DDP, am 18. Mai 1926 gegründet worden.[233] Vorausgegangen war 1925 eine mehrmonatige Amerikareise, bei der Erkelenz wahrscheinlich auch Philadelphia besuchte. Die „Vereinigung" war in ihren Anfangsjahren eine überparteiliche Vereinigung, der auch Mitglieder der anderen im Reichstag vertretenen Parteien

232 Carnegie, Andrew, The Gospel of Wealth, New York 1901 (zuerst North American Review, 1898).
233 Vereinigung Carl Schurz 1926/1927.

(außer den Kommunisten) angehörten. Sie wurde vom Auswärtigen Amt finanziell unterstützt.[234] 1930 machte Walter Bloem das Auswärtige Amt darauf aufmerksam, dass Ferdinand Thun nach Berlin komme. Das Amt verwies an die „Vereinigung", die ein „Frühstück" für Thun veranstaltete.[235] Im Herbst 1931 kam eine größere Delegation: Gustav Oberländer mit Frau und Tochter wurde vom Schatzmeister der neuen „Carl Schurz Memorial Foundation" (CSMF) James Speyer begleitet. Diesmal gab die „Vereinigung Carl Schurz" nach Zustimmung des AA einen Tee-Empfang im Hofe der Reichkanzlei in der Friedrichstraße. Die Reichsregierung war durch Vizekanzler und Reichsfinanzminister Hermann Dietrich (DDP) vertreten, der nach einer Begrüßung durch Anton Erkelenz eine Ansprache hielt. Unter den zahlreichen Teilnehmern waren Dr. Elisabeth Lüders (DDP), Walter Bloem, Ministerialdirektor Dr. Hans-Heinrich Dieckhoff und der amerikanische Gesandte George S. Messersmith.[236] 1932 kam Wilbur K. Thomas, der Geschäftsführer der „Carl Schurz Memorial Foundation", aus Philadelphia nach Berlin. An einem Empfang der „Vereinigung" zu seinen Ehren nahm als Vertreter der Reichsregierung der Minister Gottfried Treviranus teil.[237] Auch andere Gäste aus dem Austauschprogramm des Oberländer-Trust wurden durch die Vereinigung in Berlin empfangen, so im November 1931 der Nobelpreisträger Professor Robert Andrews Millikan und im August 1932 Helen Appleton Read, die mit ihrem Vater Hanton L. Dorsey als Oberländer-Stipendiatin in Berlin weilte. Die „Wyomissing Foundation" unterstützte die Gründung der „Vereinigung" durch Zahlung von 2500 Mark in den Jahren 1932 und 1933 an Erkelenz. Im August 1932 bedankte sich Gustav Oberländer bei der „Vereinigung" für die gute Zusammenarbeit.[238]

Anton Erkelenz konnte sich später immer weniger gegen den wachsenden Einfluss der Nationalsozialisten in der Vereinigung durchsetzen. Er soll sogar vorgeschlagen haben, die Vereinigung mit der Carl Schurz Memorial Foundation zu verschmelzen, um diese Entwicklung zu verhindern. Wilbur K. Thomas habe diese Pläne aber wegen des halboffiziellen Status der Vereinigung abgelehnt.[239]

---

234 AA, Politisches Archiv, R 80327.

235 AA, Politisches Archiv, R 80327, Vermerk vom 28. Juli 1930.

236 AA, Politisches Archiv, R 80327.

237 Gottfried Treviranus gehörte bis 1929 der DNVP an. Er war mit dem zunehmenden Rechtskurs der Partei unter Hugenberg nicht einverstanden, trat aus der Partei aus und gründete mit anderen ehemaligen Mitgliedern der DNVP die „Konservative Vereinigung".

238 AA, Politisches Archiv R 80327.

239 Brantz 1989, S. 239, leider ohne zureichende Quellenangabe.

Im März 1933 trat der alte Vorstand der Vereinigung zurück. Eine neue „Vereinigung Carl Schurz e.V." wurde gegründet. Der Vertreter des CSMF in Berlin, Dr. Kartzke, war bis März 1933 als Co-Direktor des Büros für ausländische Studenten der Universität kooptiertes Mitglied des Vorstandes der Vereinigung. Dem neuen Vorstand gehörten er und die Abgeordneten der demokratischen Parteien des Reichstages nicht mehr an. Der Auslandspressechef der NSDAP Dr. Ernst (Putzi) Hanfstaengl und der nationalsozialistische Dramatiker Staatsrat Hanns Johst waren im neuen Vorstand. Mitglied des eingetragenen Vereins konnte man nur noch nach Aufforderung durch die Präsidenten werden.[240] Mit dieser „Gleichschaltung" fand die sich entwickelnde systematische Zusammenarbeit zwischen den beiden „Carl Schurz" ein schnelles Ende zumal die CSMF seit 1930 ein eigenes Büro in Berlin eröffnet hatte. Just im Monat der Gleichschaltung fragte die CSMF bei der „Vereinigung" an, was von den Berichten über Gräueltaten an Juden zu halten sei. Die Antwort lautete, der Vorgabe des Propagandaministeriums entsprechend, die Berichte seien übertrieben und unhaltbar. Es gebe keinen systematischen (!HH) Kampf gegen die Juden.[241]

Carl Schurz, Secretary of the Interior. Repro aus: Doll 1955

Es kam nach 1933 in den USA immer wieder zu Verwechslungen zwischen der Berliner und der amerikanischen Organisation, zumal die Vereinigung in den USA die Übersetzung „Foundation Carl Schurz" zu verwenden pflegte.

Die Gründung der „Carl Schurz Memorial Foundation"

Im Juni 1928 gab es in Pennsylvanien erste Überlegungen, eine Einrichtung zu gründen, die den kulturellen Austausch zwischen den deutschsprachigen Ländern und den USA mit dem Ziel eines besseren gegenseitigen Verstehens fördern sollte. Ferdinand Thun beriet diese Pläne mit Richard C. Scheidt,[242] einem Professor für Biologie am Franklin & Marshall College in Lancaster, PA und Quäker, dem Rea-

240 Vereinigung Carl Schurz e.V., Mitteilungen Nr. 1, 20. August 1934, S. 5 und Nr. 6, 17. April 1935, S. 7–18.

241 AA, Politisches Archiv, R 80327.

242 Ja, es ist der nämliche, der am 6.8.1918 in der New York Times als Unterstützer deutscher Schriften anklagend erwähnt wurde.

dinger Unternehmer Paul Heine und mit seinem Mitarbeiter Hanns Gramm, auch er ein Quäker, der uns noch öfter begegnen wird.[243] Als sich der einhundertste Geburtstag von Carl Schurz näherte, wurden diese Überlegungen konkreter.[244] 1929 verfasste Gramm ein Memorandum über mögliche Pläne und Ziele einer „Carl Schurz Memorial Foundation".[245] Das vorläufige Büro befand sich in den „Textile Maschine Works" in Reading.[246]

Ferdinand Thun gewann Henry Janssen und Gustav Oberländer für das Projekt. Eine Kampagne zur Einwerbung von Stiftungsmitteln wurde organisiert. Das Ziel war, jährlich 100.000 $ für die Zwecke der Stiftung zu sammeln und in fünf Jahren ein Stiftungskapital von 500.000 $ zu erreichen. Ferdinand Thun, Henry Janssen und Gustav Oberländer versprachen je 50.000 $. Paul und Felix Warburg sagten ebenfalls je 50.000 $ zu.[247] Eine Werbekampagne von Thun ergab für das erste Jahr 143 Zusagen von insgesamt 100.950 $. Ende 1930 war das Ziel erreicht, ja überschritten. Am 23. April 1930 wurde die „Carl Schurz Memorial Foundation" gegründet. Allerdings nahm in den folgenden Jahren die Weltwirtschaftskrise ihren Lauf, so dass nur ein Teil der Zusagen eingehalten werden konnte.[248] Die Gründung des Oberländer Trust mit einer sicheren Einlage von einer Million Dollar sicherte der Stiftung wahrscheinlich das Überleben.

---

243 Doll 1955, S. 4. Hanns Gramm (1886–1965), geboren in Greifenberg in der Uckermark (wohl nicht in Greiffenberg in Schlesien), verlebte seine Jugend in Potsdam. Nach dem Ersten Weltkrieg war er in der Quäkerspeisung für deutsche Kinder aktiv. 1926 kam er in die USA und arbeitete seit 1928 für Ferdinand Thun. 27 Jahre war er als Direktor für Industrial Relations für die Wyomissing Industries tätig. Er war in zahlreichen Gremien von Einrichtungen vertreten, die durch die Stiftungen von Thun, Janssen und Oberländer gegründet oder gefördert wurden. Gramm war Vorstandsmitglied des „American Friends Service Committee". Das „Franklin and Marshall College" in Lancaster, PA verlieh ihm die Ehrendoktorwürde. Gramms Aktivitäten waren nicht immer unumstritten. 1952 warnt Ernst Rieckmann seinen Freund Erwin Ahr in Wuppertal-Barmen vor Gramm. Dieser wolle Einfluss auf den Vorstand der Thun und Janssen Stiftungen nehmen. Vermutlich habe er eigene Verwandte oder Dr. Luther (!) als Nachfolger für Vertreter der Bank Ahr, Krath & Co. im Auge. Vertrauliches Schreiben von Ernst Rieckmann an Erwin Ahr vom 23.10.1952 (Thun-Janssen-Stiftung). Er starb am 18.11.1965 im Alter von fast 79 Jahren in Wyomissing. Sh. auch American-German Review XXXII 2.

244 Zu Carl Schurz (1829–1906) siehe Maas 1949, Geiger 2007 und mit vielen Abbildungen und einem guten Literaturverzeichnis, Keßler, Walter. Carl Schurz, Köln 2006.

245 In Zukunft auch CSMF.

246 Carl Schurz Memorial Foundation. A Preliminary Outline of the Plans and Purposes, Freies Deutsches Hochstift, Hausarchiv. Die Akten der Stiftung befinden sich heute bei der Historical Society of Pennsylvania (The Balch Institute for Ethnic Studies).

247 Jewish Telegraphic Agency vom 14.7.1930 "Warburgs and Rosenwald Back Carl Schurz Memorial Group".

248 CSMF Tenth Annual Report May 1, 1939–April 30, 1940, S. 3f.

Die Stiftung wurde in New York gegründet, aber bald nach Philadelphia verlegt. Zu den ideellen Förderern gehörten Diplomaten wie der ehemalige US-Botschafter in Berlin Jacob Gould Schurmann (Ehrenpräsident), der prominente Republikaner Charles Nagel aus St. Louis,[249] die Frau des 1931 gestorbenen und aus Barmen stammenden Rudolf Erbslöh,[250] der Senator und Botschafter a. D. Frederic M. Sackett[251] und Botschafter a. D. und Unternehmer Alanson B. Houghton[252] (Ehren-Vizepräsidenten), ferner Erzieher wie Stephen Duggan[253] und Bankiers wie James Speyer[254] und Paul Warburg[255] Präsident der Stiftung wurde Ferdinand Thun, Vizepräsidenten waren Henry Janssen, Gustav Oberländer und Stephen Duggan. Geschäftsführer (Executive Secretary) der Stiftung wurde der Quäker Wilbur K. (Kelsey) Thomas, seine Stellvertreter wurden Hanns Gramm und der Germanist Chandler Lazenby. Schatzmeister war zunächst Paul Warburg und nach dessen Tod der Bankier James Speyer, später Stephen Paul. Als weiteres Vorstandsmitglied sei noch Victor F. Ridder genannt.[256] Die Zusammensetzung der Gremien

---

249 Charles Nagel (1849–1940) studierte in Berlin, war Rechtsanwalt und unter dem republikanischen Präsidenten Taft Secretary of Commerce and Labor.

250 Rudolf Erbslöh (1858–1931) war Repräsentant der Firma Schering & Glatz, Inc. in Brooklyn, NY., einer Tochter der Schering AG Berlin. Seine Eltern waren Carl August Erbslöh und Wilhelmine Adeline Caron aus Barmen. Er war mit Maria Fanny Erhart verheiratet. Rudolf Erbslöh war ein Vetter von Carl Hugo Erbslöh, der die Lehrfirma von Gustav Oberländer in Düsseldorf gegründet hatte.

251 Frederic M. Sackett (1868–1941) war republikanischer Senator 1925–1930, anschließend US-Botschafter in Berlin bis 1933. In der Stiftungsarbeit habe er keine aktive Rolle gespielt, berichtete die American-German Review VIII 1.

252 Alanson B. Houghton (1863–1941) studierte in Göttingen und Berlin, war republikanischer Abgeordneter im Congress 1919–1922, US-Botschafter in Berlin 1922–1925, Inhaber der Corning Glass Works. Sh. auch American-German Review VII 1.

253 Stephen Duggan (1870–1950) war Direktor des Institute of International Education, New York. Das Institut erhielt eine jährliche Zuwendung der CSMF in Höhe von 10.000 $ für den deutsch-amerikanischen Studentenaustausch. 1935 eingestellt.

254 James Speyer (1861–1941), Bankier deutsch-jüdischer Herkunft, wurde in Frankfurt am Main erzogen und leitete später die Filialen der Bank in Deutschland, England und Frankreich. Die Bank war im 14. Jahrhundert in Speyer gegründet worden und war eine der ältesten Banken Europas. In den USA arbeitet sie eng mit der Deutschen Bank zusammen. (Krobach 2008, S. 213f.). Während des Ersten Weltkrieges hatte die Bank wegen ihrer Deutschfreundlichkeit Schwierigkeiten. Als 1921 zur ersten Sammlung für das Goethemuseum in Frankfurt aufgerufen wurde, war „James Speyer & Co." die Spendensammelstelle für die USA. Insgesamt kamen fast 179.000 Mark zusammen (Seng 2009, S. 262). James Speyer sprach sich 1933 gegen das Austauschprogramm der CSMF mit Deutschland aus und verlangte, man solle sich auf die Unterstützung der Verfolgten konzentrieren. Im Oktober 1933 verließ er die Stiftung (Kupsky 2010, S. 205). 1938 zog sich Speyer aus der Bank zurück, die 1939 geschlossen wurde. Der Nachfolger Speyers als Treasurer Stephen Paul war Mitarbeiter der New Yorker Brokerfirma A. M. Kidder & Co.; CSMF Fourth Annual Report May 1, 1933–April 30, 1934, S. 25.

255 Paul M. Warburg (1868–1932), geboren in Hamburg als Mitglied der bedeutenden deutsch-jüdischen Familie, Bankier, seit 1910 amerikanischer Staatsbürger. Erster Treasurer der CSMF.

256 Victor F. Ridder (1886–1963) war Mitinhaber der New Yorker Staats-Zeitung. Organisator der katholischen Boyscouts Bewegung.

änderte sich im Laufe der Jahre. Wir können sie hier nicht im Einzelnen verfolgen. Erwähnt sei George McAneny,[257] der ab 1935 zum Vorstand gehörte.

1935 wurde die Carl-Schurz-Medal gestiftet, deren Entwurf und Herstellung Henry Janssen finanziert hatte. Als Erste wurden 1936 Jacob G. Schurman und Dr. Hugo Eckener, Ehrenmitglied der „Vereinigung Carl Schurz e. V." in Berlin, ausgezeichnet.[258] Die Verleihung an Eckener erfolgte durch George McAneny bei einem Essen der Deutsch-Amerikanischen Handelskammer im Hotel Waldorf-Astoria.[259] Eckener war in die Verhandlungen um die Lieferung des nicht brennbaren Gases Helium eingeschaltet, das der Zeppelin dringend benötigte. Da die amerikanische Seite aber den Versicherungen, das Gas werde nicht für militärische Zwecke, sondern ausschließlich für den Zeppelin verwendet, keinen Glauben schenkte, blieb es beim Lieferstopp. Weitere Medaillen wurden zunächst nicht verliehen. Auch die „Vereinigung Carl Schurz e.V." in Berlin verlieh eine Carl Schurz-Plakette.[260] Das könnte die Zurückhaltung erklären. Erst nach dem Zweiten Weltkrieg griff Generalsekretär Howard Elkinton die Idee wieder auf. 1956 wurden Anna Thun Scheffey und Leo Niessen geehrt. Anna Thun Scheffey war eine Tochter von Ferdinand Thun. Sie war Präsidentin der Wyomissing Foundation und Vorstandsmitglied der CSMF. Leo Niessen (1877–1969), geboren in Mönchengladbach, wurde während des Zweiten Weltkrieges wegen seiner engen Beziehungen zu Deutschland überwacht. Er war im „Committee for Central European Relief" für die Hilfe im zerstörten Deutschland zuständig.[261] Ihm wurde in den 50er Jahren das Bundesverdienstkreuz am Bande verliehen. 1961 erhielt der lutherische Pastor Fritz O. Evers (1886–1963) die Carl-Schurz-Medaille.[262]

Anfang der 30er Jahre wuchs die Spannung zwischen den USA und Hitler-Deutschland. Manche Sponsoren der CSMF zogen sich zurück, weil sie eine Identifikation mit dem Nationalsozialismus fürchteten. Fast alle unsere jüdischen Freunde haben uns verlassen, konstatierte Wilbur K. Thomas. Schon 1937 stand

257 George McAneny (1869–1953), New Yorker Politiker und Verwaltungsmann, Demokrat, 1916–1921 Executive Manager der New York Times, bedeutender Denkmalschützer, Vorsitzender der Kommission zur Vorbereitung der Weltausstellung in New York 1935/36.

258 CSMF Seventh Annual Report May 1, 1936–April 30, 1937, S. 16.

259 American-German Review II 4.

260 Vereinigung Carl Schurz e.V., Mitteilungen Nr. 26, Juli 1940.

261 American-German Review XXII 5.

262 American-German Review XXVII 6 und XXX 1. Fritz Otto Evers war zunächst Pastor der lutherischen Kirche in Philadelphia. Er organisierte 1925–1928 ein Hilfswerk für die Kinder in den von Deutschland und Österreich verlorenen Ostprovinzen. Ab 1928 Pastor der Zionskirche in Baltimore. Er war ein entschiedener Vertreter des „Deutschamerikanertums".

nur noch die Hälfte der ursprünglichen Mittel zur Verfügung. 1938 hatte sich die Finanzlage der Stiftung weiter verschlechtert. Am 1. Januar 1938 waren 39 der ursprünglichen Stifter bereits gestorben. Sieben erfüllten ihre Zusagen nur teilweise und antworteten auf Ermahnungen nicht. Fünf Stifter hielten ihre Zusagen nicht ein.[263] Die enge Zusammenarbeit mit dem Oberländer Trust half. Wilbur K. Thomas war von 1931 bis Mai 1946 auch Secretary-Treasurer des Oberländer Trust. Allerdings wies er in einem Gespräch mit Botschafter Luther darauf hin, dass ein Teil der Mittel des Trust bei der Mendelssohn-Bank in Berlin festliege und nicht mehr in Dollar transferiert werden könne.[264]

Old Customs House, etwa 1950. Repro aus: American-German Review XV 2, S. 41

Trotz dieser Gesamtlage griff die Stiftung zu, als sich 1939 die Möglichkeit bot, in ein repräsentatives Gebäude umzuziehen. Es handelte sich um den ehemaligen Sitz der „Second Bank of America“ in Philadelphia, genannt Old Customs House. Das Gebäude war 1823 errichtet und mit öffentlichen Mitteln und einer Spende von Ferdinand Thun (30.000 $) renoviert worden.[265] Die Stiftung brauchte keine Miete zu zahlen, musste sich aber verpflichten, für die Erhaltung des Gebäudes und die notwendigen Renovierungen aufzukommen. Die Höhe dieser Aufwendungen belief sich bis 1943 auf rund 72.000 $.[266] Am 22. Mai 1941[267] siedelte die CSMF in das alte Zollhaus über. Die Einrichtungen des Hauses sollten auch anderen Institutionen zur Verfügung gestellt werden. Bis 1961, als die Stiftung das Zollhaus vertragsgemäß räumen musste, fanden in der großen Eingangshalle zahlreiche Veranstaltungen statt. Dafür war

---

263 American-German Review IV 3.
264 Bundesarchiv Koblenz, NL 1009 Dr. Hans Luther, Ordner 189, Notiz von Luther vom 7.11.35.
265 Doll 1955, S. 13.
266 Kupsky 2010, S. 214.
267 Brief von Wilbur K. Thomas an Aldo Leopold vom 8.1.1942; University of Wisconsin, The Aldo Leopold Archives, Oberländer Trust, S. 8–10; CSMF Twelfth Annual Report Mai 1, 1941–April 30, 1942, S. 3.

ein Ausstellungskomitee zuständig, dem auch der Schwiegersohn von Ferdinand Thun, der Architekt Charles R. Muhlenberg angehörte.[268]

Schurman zog sich 1940 von der „Carl Schurz Memorial Foundation“, deren Ehrenpräsident er seit der Gründung war, zurück. Der formale Grund: Die Stiftung hatte bei einer Werbekampagne mit einer Broschüre „A Fifth of a Nation“ von „American-Germans“ gesprochen. Schurmann erklärte, diese Formel versuche, die Amerikaner deutscher Abstammung als substanziell Deutsche und nur akzidentiell als Amerikaner zu kennzeichnen. Die Amerikaner „mit Migrationshintergrund“ würden durch diese Formulierung in die Nähe der „Volksdeutschen“ (Sudentendeutschen, Baltendeutschen) gerückt, so könnte man Schurmans Begründung übersetzen.[269] Schurmans Argumente waren nicht sehr überzeugend, man sprach von Haarspalterei und Überempfindlichkeit. Ferdinand Thun konnte nachweisen, dass in der zitierten Broschüre sowohl die inkriminierte Version als auch die Formulierung German-Americans verwendet worden war. Aller Wahrscheinlichkeit nach handelte es sich beim Rücktritt Schurmans angesichts der Entwicklung in Europa um den Versuch, von einer Organisation Deutschstämmiger Abstand zu gewinnen.[270]

Diesen Rücktritt des Ehrenpräsidenten nahm Innenminister Harold Ickes, sen. zum Anlass, die Kritik des Journalisten Oswald Garrison Villard aus dem Jahr 1935 an der „Carl Schurz Foundation“ wieder aufzugreifen und die Überlassung des Old Custom House wegen nationalsozialistischer Propaganda infrage zu stellen. Er ließ Wilbur Thomas kommen und teilte ihm mit, dass er die CSMF untersuchen werde. Und wenn man nur ein „grain of Nazism“ finde, würde er das verdammte Haus schließen und die Stiftung zur Hölle schicken. Er fordert schließlich eine öffentliche Missbilligung des Nationalsozialismus durch die Stiftung, wenn sie in dem Haus bleiben wolle. Ferdinand Thun schrieb, dass die CSMF eine rein amerikanische Einrichtung sei. Das genügte Ickes aber nicht. Die Stiftung wies auf ihre Leistungen für Displaced Persons hin. Villard bestätigte, dass die Stiftung nach seiner Kritik sich inzwischen reformiert habe und heute wirklich amerikanisch sei. Ickes war damit aber nicht zufrieden und setzte ein Ultimatum bis zum 16. September 1940. Empört beschloss das Exekutivkomitee der Stiftung, keinen Brief mehr zu schreiben. Am 17. September wurde jedoch die später oft zitierte Pres-

268 CSMF Reports 1945–52, S. 5–7; 1952–54, S. 10f.; 1954–1957, S. 4f.

269 Jewish Telegraphic Agency 23.5.1940 "Schurman Quits Schurz Foundation over Use oft American-german".

270 Kupsky 2010, S. 218.

semitteilung herausgegeben, in der die „Carl Schurz Memorial Foundation“ den Nationalsozialimus als totalitär verdammte.[271] Ickes zog seine Drohung zurück. Es gab allerdings auch negative Reaktionen. Victor Ridder schrieb, er habe sich mit seinem Bruder gegen die Versuche gewehrt, die Tendenz der New Yorker Staats-Zeitung im Sinne Hitlers zu beeinflussen. Er wolle sich aber auch nicht dem Diktat des Herrn Ickes beugen und trete deshalb von seinen Funktionen in der CSMF zurück.[272]

1943 drohte neues Unheil: Der Stiftung wurde am 15. Dezember 1943 vom „Internal Revenue Service“ (IRS) die Gemeinnützigkeit entzogen.[273] Das bedeutete, dass die Stiftung nun Einkommensteuer zahlen musste und die Spender ihre Zuwendungen nicht mehr von der Steuer abziehen konnten. Die Entziehung der Gemeinnützigkeit konnte jederzeit bei Abweichung von dem erklärten Stiftungszweck erfolgen. Natürlich protestierte der Stiftungsvorstand sofort. Der IRS verwies auf die „massenhaften“ Austritte in den frühen dreißiger Jahren und erklärte, dass das Austauschprogramm dazu gedient habe, nationalsozialistische Propaganda zu verbreiten. Die Mitarbeiter der Stiftung mussten viel Zeit aufwenden, um die tödliche Bedrohung wieder abzuwenden. Anwälte wurden eingeschaltet. Alte, entlastende Schriftstücke wurden vorgelegt. Die eigentliche Stiftungsarbeit kam weitgehend zum Erliegen. Gleichzeitig mit der Steuerbehörde versuchte das Finanzministerium das Vermögen der Stiftung einzufrieren. Die Begründung: Der Studentenaustausch habe der NS-Propaganda gedient. Die CSMF wies auf ihre guten Beziehungen zum State Department hin, die sie in den letzten Jahren entwickelt hatte. Dieses wurde um Information gebeten und fand keine gravierenden Verfehlungen. Adolf Berle, damals Assistant Secretary of State, schrieb, dass das Kulturprogramm ohne Zweifel zur Zusammenarbeit mit deutschen Propagandisten gezwungen habe. Wenn man das aber zur Begründung heranziehe, dann müsse man bei etwa der Hälfte aller kulturellen und wirtschaftlichen Organisationen genauso verfahren. Die Finanzbehörde gab nach. Als Thomas aus gesundheitlichen Gründen im Mai 1946 sein Amt als Generalsekretär aufgab, stellte das IRS rückwirkend ab Januar 1946 die Gemeinnützigkeit wieder her.[274]

---

271 Jenkins 1997, S. 160; Philadelphia Inquirer vom 9.17.1940 "Nazis Assailed by Carl Schurz Memorial Group"; Jewish Telegraphic Agency vom 19.9.1940 "Schurz Foundation Hits Nazism; Cites Aid to Refugees"; Kupsky 2010, S. 219, 220.

272 Kupsky 2010, S. 222.

273 Doll 1955, S. 17.

274 Diese Details sind in den offiziellen Veröffentlichungen der Stiftung nicht erwähnt. Gregory Kupsky hat sie nach den Stiftungsakten rekonstruiert. Kupsky 2010, S. 224–228.

Wilbur K. Thomas

Wilbur K. Thomas (1887–1953) wurde in Amboy, Indiana geboren. Nach der Grundschule besuchte er – gegen den Willen seines Vaters – die Friends University in Wichita, Kansas. Danach besuchte er die Brown- und die Yale-Universität und erhielt 1907 den Bachelor Degree. An der Boston University wurde er 1914 mit dem Thema „The Social Service of Quakerism" zum Ph.D. promoviert. 1932 erhielt Thomas die Goethe-Medaille des Deutschen Reiches für Kunst und Wissenschaft. Sie wurde ihm in Philadelphia durch den deutschen Konsul Arno P. Mowitz überreicht.[275] 1939 erhielt er den Ehrendoktor der Friends University.

Wilbur K. Thomas. Repro aus: American-German Review XVIIII, 5, S. 21

Thomas war ein entschiedener und grundsätzlicher Kriegsgegner und schon 1910 wurde seine Schrift „Die biblische Grundlage der Kriegsgegnerschaft der Freunde" in Leipzig in deutscher Sprache veröffentlicht. Am 30. April 1917 gründeten zwölf Quäker in Philadelphia das „American Friends Service Committee" (AFSC), vor allem um Kriegsdienstverweigerer aus Gewissensgründen zu unterstützen. Das Komitee organisierte soziale Dienste, die bei Kriegsdienstverweigerern „aus Gewissensgründen" als Ersatzdienst anerkannt wurden. Wilbur K. Thomas war von 1918 bis 1929 Sekretär dieses Komitees. Das AFSC war streng pazifistisch ausgerichtet und betrachtete die soziale Arbeit als die beste Methode, Frieden zu stiften (peace-making). Es war Wilbur K. Thomas, der in diesem Sinne die Hilfe für Deutschland als die spezifische Form des amerikanischen Engagements in Europa propagierte, als Alternative zum Völkerbund und zum Internationalen Gerichtshof.[276] Bei der Quäkerspeisung arbeitete das AFSC eng mit der American Relief Administration zusammen. Die Hilfe für unterernährte Kinder sei wichtig, wichtiger aber sei, die spirituelle Blockade zu überwinden.

275 AA, Politisches Archiv, R 80327.

276 Otori, Yukako, Faith-Based Relief and Postwar U.S. Foreign Policy: Quäkerspeisung as a Case Study, Tokyo 2012 (Online).

Nach den Erlebnissen der Gründerväter der CSMF während des Ersten Weltkrieges war die Berufung von Wilbur K Thomas eine klare Entscheidung für die Ideen des Friedens und der Völkerverständigung. Der religiöse Hintergrund des Friedenskämpfers erklärt die manchmal schwer verständliche Beharrlichkeit von Thomas, wenn es um die Projekte der Stiftung im nationalsozialistischen Deutschland ging. Ganz unpolitisch auch im engeren Sinne war dieses Engagement wohl doch nicht. Thomas schrieb am 10. Juli 1935 lobend an Dr. Hans-Heinrich Dieckhoff im Auswärtigen Amt: „On the other hand here is a growing recognition of the good things that are coming to Germany through the efforts of the new administration".[277] (Andererseits werden hier die guten Dinge für Deutschland, die ihm durch die Anstrengungen der neuen Regierung zukommen, zunehmend anerkannt.)

Thomas' Engagement bei der Integration der deutschen und österreichischen Hitlerflüchtlinge in den USA war vorbildlich. Er kann geradezu als „die Seele" des Programms – weit über den Rahmen der CSMF hinaus – bezeichnet werden. Thomas war verheiratet und hatte zwei Kinder.

Als der deutsche Botschafter Dr. Hans Luther abgelöst und in den vorläufigen Ruhestand versetzt wurde, erhielt er viele Dankesbriefe. Der Brief von Wilbur K. Thomas vom 30. März 1937 lässt aufhorchen, wenn er schreibt: „You have (also) been so kind and thoroughful and helped to me personally. ...I greatly regret this change for my own sake and for the sake of the work, which is mine to do."[278] (Sie waren auch so freundlich und besorgt und halfen mir persönlich ... Ich bedaure diesen Wechsel sehr, ebenso wegen meines persönlichen Schicksals, wie auch wegen der Aufgabe, die mir aufgetragen ist.")

Nach dem Zweiten Weltkrieg

Präsident der Stiftung wurde nach dem Tod von Ferdinand Thun im März 1949 George McAneny. Nach dessen Rücktritt 1950 folgte Hugo Hemmerich als dritter Präsident der Stiftung. Er starb allerdings bereits im Oktober 1951. Dr. Alonzo Grace wurde vierter Präsident von 1951 bis 1956. Er hatte als letzter Leiter der Erziehungsabteilung der amerikanischen Militärverwaltung (OMGUS) unter General Lucius Clay in der dramatischen Zeit der Berliner Luftbrücke gearbeitet.[279]

277 AA, Politisches Archiv, R 80328 Brief Thomas an Dieckhoff vom 10. Juli 1935.
278 Bundesarchiv Koblenz, NL 1009 Dr. Hans Luther, Ordner 406, Nr. 72.
279 Doll 1955, S. 18.

Bundeskanzler Dr. Konrad Adenauer überreicht 1953 den Vertretern der „Carl Schurz Memorial Foundation" ein Schreibheft von Carl Schurz als Geschenk. Von links nach rechts Adenauer, Elkinton, Pfund und Geschäftsträger Dr. Krekeler. Repro aus: American-German Review XVIIII, 5, S. 40a

In Bayern wandte er sich gegen die bisherige amerikanische Praxis, das Schulsystem nach amerikanischem Vorbild zu reorganisieren. Stattdessen setzte er auf Austauschprogramme. An der Einrichtung der Freien Universität Berlin hatte er wesentlichen Anteil.

1953 besuchte Bundeskanzler Konrad Adenauer die „Carl Schurz Memorial Foundation" und überreichte als Geschenk ein Aufsatzheft von Carl Schurz aus dessen Zeit als Schüler am Kölner Gymnasium.[280]

Harry Pfund war von 1956 bis 1962 der fünfte und letzte Präsident der CSMF und bis 1971 der „National Carl Schurz Association". Von 1945 bis 1949 war er Mitglied des Exekutivkomitees, von 1949 bis 1956 Vizepräsident gewesen. Auch Pfund war Quäker. Er war ebenfalls Mitglied des Vorstandes der „German Society of Pennsylvania", Vorsitzender des Bibliothek-Komitees dieser Gesellschaft und schließlich Vizepräsident. 1964 verfasste er eine „History of The German Society of Pennsylvania".[281] Pfund war bis 1967 Professor für Deutsch am hoch angesehenen Quäker-College von Haverford.[282]

Secretary der CSMF als Nachfolger von Wilbur K. Thomas wurde 1946 Howard West Elkinton,[283] der ebenfalls aus der Quäker-Bewegung kam. Elkinton gelang

280 CSMF Reports 1952–1954, S. 14.

281 Kritisch zur Tätigkeit von Pfund in der German Society of Pennsylvania Pfleger, Beate, Ethnicity Matters. A History of the German Society of Pennsylvania, Washington 2006, S. 86, 93.

282 Genieser, Renate, Teaching and Serving. Prof. Dr. Harry W. Pfund, in: Neuer Pennsylvanischer Staatsbote, Spring 2012. www.germansociety.org

283 Howard West Elkinton (1892–1955), bis 1936 Einkäufer für das Familienunternehmen „Philadelphia Quartz Comp." Dann hauptamtliche Arbeit für das „American Friends Service Committee". 1938/39 und 1941 in Berlin. Berichtete über das Schicksal der Juden und versuchte, bei Ausreise bzw. Einreise in die USA zu helfen. Er war 1938 Leiter des deutschen Zentrums der Quäker, als die legendäre Delegation von drei führenden Quäkern bei der Gestapo vorsprach, um sich für die Juden einzusetzen; sh. Rufus M. Jones, Our Day in the German Gestapo, Reprint von The American Friend, 10. Juli 1947. Rufus M. Jones war Professor am Quäker-College Haverford. Elkinton kam 1944 zur Stiftung und war in der Redaktion der „American-German Review" tätig. Sh. auch den Nachruf in der „American-German Review" XXI 6.

es, die Stiftung mit Hilfe auch der angestellten Mitarbeiter allmählich wieder arbeitsfähig zu machen und ihr ramponiertes Ansehen zu stärken.

Howard Elkinton starb 1955 im Alter von 62 Jahren. Für ein Jahr übernahm der Theologe Ralph Charles Wood das Sekretariat. Sein Nachfolger wurde im Mai 1957 der bisherige Treasurer Georg Hanstein.[284] Hanstein trat 1961 zurück und als sein Nachfolger wurde Hans Werner Deeken gewählt, der bis 1977 im Amt blieb. Ab 1968 war Deeken auch Vorsitzender der „American Association of Teachers of German". Die Gründerfamilien waren Ende der 50er Jahre in der CSMF durch den Gynäkologen Lewis C. Thun Scheffey. M.D. als Vizepräsident und seine Frau Anna geborene Thun als Mitglied des Direktoriums vertreten.

1962 wurde die Stiftung in „National Carl Schurz Association" umbenannt. Sie war von einer unabhängigen philanthropischen Gesellschaft zu einer Mitgliederorganisation geworden, die ihren 9000 Mitgliedern Dienstleistungen bei Unterrichts- und Forschungsvorhaben bot. Das Old Customs House musste 1961 geräumt werden, da der Vertrag ausgelaufen war und die Verwaltung des „Independence National Historical Park" das Haus in Anspruch nahm. Heute ist in der Halle des Old Customs Hause eine Porträtgalerie zu finden, die Büros werden von öffentlichen Einrichtungen genutzt. Die Carl Schurz Gesellschaft wurde in einem Neubau mit historischer Fassade in der Walnut Street untergebracht, der zum „Independence National Historical Park" gehörte.[285]

Der Oberländer Trust

Kurz nach der Gründung der „Carl Schurz Memorial Foundation" wurde im Rahmen der Schurz-Stiftung der Oberländer Trust (Treuhandvermögen) eingerichtet. Oberländer stellte mit Zustimmung von Thun und Janssen eine Million Dollar zur Verfügung, die ursprünglich für die „Wyomissing Foundation" bestimmt waren (Kaufkraft 2010 etwa 13,1 Millionen $). Der Oberländer Trust war rechtlich gesehen ein Teil der „Carl Schurz Memorial Foundation". Die Leistungen des Trust

284 CSMF Reports 1954–1956, S. 10. Georg Hanstein (1898–1996) wanderte 1926 in die USA aus. Vorher war er beim Bankhaus Von der Heydt, Kersten & Söhne in Wuppertal tätig. Seit 1940 übernahm er verschiedene Funktionen in der CSMF. Er erhielt 1961 für seine Verdienste um die deutsch-amerikanische Verständigung das Bundesverdienstkreuz.

285 Zur weiteren Geschichte sh. MSS 167 National Carl Schurz Association Records, Historical Society of Pennsylvania and the Balch Institute for Ethnic Studies.

und der Schurz-Stiftung werden vielfach in den Berichten über Zuwendungen nicht deutlich getrennt, so dass eine Zuwendung einmal als von der Schurz-Stiftung kommend, ein andermal als Hilfe vom Oberländer Trust erscheinen kann. Intern erfolgte die Abstimmung reibungslos, da beide Einrichtungen die gleiche Verwaltung am gleichen Ort hatten.

Gustav Oberländer gehörte dem Vorstand der Wyomissing Foundation, dem Vorstand der CSMF und dem Board of Trustees des Oberländer Trust an. Weitere Mitglieder in diesem Organ waren Carl Ackermann (bis 1941),[286] New York, Haven Emerson,[287] New York, Henry Allen Moe,[288] New York und Wilbur K. Thomas, der Geschäftsführer des CSMF. Thun und Janssen waren Ehrenmitglieder des Gremiums. Oberländer behielt sich die Entscheidung über die Finanzanlage der Mittel vor und aufgrund seiner Erfahrungen und der Zusammenarbeit mit der „New York Trust Company" gelang es Oberländer, den ursprünglichen Betrag trotz der umfangreichen Förderprogramme auf 1.469.000 $ zu erhöhen. Oberländer ließ den Treuhändern alle Freiheit, im Rahmen der allgemeinen Ziele des Trust zu entscheiden. Er forderte aber, dass die Aktivitäten ohne Rücksicht auf Rasse, Glauben, Farbe oder Geschlecht und frei von politischer oder sozialer Diskriminierung ausgeführt würden.[289] Die ausgewählten Treuhänder waren hoch angesehene Fachleute. Nach dem Tod von Oberländer wurden 1937 Alfred G. Scattergood, ein bedeutender Quäker und Manager in Philadelphia, als Trustee und Oberländers Schwiegersohn Harold M. Leinbach als Honorary Trustee und Mitglied des Finanzkomitees bestimmt. Nach dem Ausscheiden von Carl Ackermann wurde Leinbach Trustee.[290]

Zur Abwicklung der Studienprogramme in den deutschsprachigen Ländern wurde ein Büro in Berlin Am Kupfergraben 4a eingerichtet, dessen Leiter Oberlehrer

---

286 Carl Ackermann war Dean der Columbia University Graduate School of Journalism.

287 Haven Emerson war Professor für Gesundheitsverwaltung an der Columbia Universität, er war Treuhänder der Kellogg Foundation.

288 Henry Allen Moe war Generalsekretär der J. S. Guggenheim Memorial Foundation in New York, Treuhänder der Rockefeller Stiftung und bedeutender Kulturstätten wie z. B. des Museum of Modern Art in New York.

289 Gramm 1956, S. 39–48.

290 CSMF Seventh Annual Report May 1, 1936–April 30, 1937, S. 25.

Dr. Georg Kartzke,[291] der Co-Direktor des „Deutschen Instituts für Ausländer" der Universität Berlin, wurde. Zeitweilig war auch Dr. h.c. Karl von Lewinski im Büro tätig.[292] Das Hegel-Haus am Kupfergraben war Eigentum der Universität. Die Finanzen des Trust wurden über die größte Privatbank Berlins, die Bank „Mendelssohn & Co." in der Jägerstr. 51, abgewickelt.[293]

Die Programme

Studentenaustausch

Die CSMF unterstützte das „Institut for International Education" in New York mit jährlich 10.000 $. Leiter dieses Instituts war Stephan Duggan, Professor für Geschichte der Diplomatie. Mit den Zuwendungen wurden die Reisen deutscher Studenten in die USA und amerikanischer Studenten nach Deutschland unterstützt. Das Programm wurde in Deutschland vom „Studenten-Austausch-Dienst" in Berlin, wahrscheinlich ist der „Deutsche Akademische Austauschdienst gemeint, abgewickelt. 1935 wurde die Förderung durch die CSMF eingestellt.[294] Wilbur Thomas kritisierte gegenüber Botschafter Dr. Luther, dass der Zuschuss vor allem für Verwaltungskosten und das Gehalt von Duggan verwendet werde.[295]

Förderung des deutschen Sprachunterrichts

Die Förderung der Kenntnisse der deutschen Sprache in den USA stand von Beginn an auf der Prioritätenliste der „Carl Schurz Memorial Foundation". Das „Franklin & Marshall College" in Lancaster, PA erhielt eine Spende von 75.000 $

---

291 Dr. Georg Kartzke promovierte 1908 in Berlin mit „Die Reimsprache des Mirror for Magistrates (1587)", schrieb u. a. 1927 ein Buch über das amerikanische Schulwesen und wurde nach 1945 Professor für Amerikanistik an der Humboldt-Universität, Berlin. Das Hegel-Haus Am Kupfergraben 4 wurde nach Teilzerstörung, Wiederaufbau und Restauration unter Denkmalschutz gestellt und ist heute Sitz des Musikwissenschaftlichen Instituts der Humboldt-Universität.

292 Dr. h. c. Karl von Lewinski war bis 1930 deutscher Generalkonsul in New York. Er quittierte den Dienst nach Beendigung seiner Tätigkeit in der „Deutsch-Amerikanischen Gemischten Kommission" zum Ausgleich gegenseitiger finanzieller Forderungen; Vereinigung Carl Schurz, Tätigkeitsbericht 1930, S. 35. Er beendete (vermutlich 1933) seine Tätigkeit beim Berliner Büro der CSMF und wurde „Schriftwart" des neuen Vereins „Vereinigung Carl Schurz e.V." Diesem Verein gehörten Georg Kartzke und die früheren Reichstagsabgeordneten der demokratischen Parteien seit März 1933 nicht mehr an.

293 Gramm 1956, S. 49/50. Die Mendelssohn-Bank wurde 1939 liquidiert. Die Geschäfte wurden unter maßgeblicher Beteiligung von Hermann Josef Abs auf die Deutsche Bank übertragen. Das Haus Jägerstraße 51 dient heute als Bürohaus. In der Remise (ehemalige Schalterhalle der Bank) im Hof befindet sich eine Ausstellung des Geschichtsforums Jägerstraße, die an die „Mendelssohns in der Jägerstraße" erinnert.

294 Kupsky 2010, S. 200.

295 Bundesarchiv Koblenz, NL 1009 Dr. Hans Luther, Ordner 410, Gespräch Thomas-Luther am 11.3.1936.

zur Einrichtung einer deutschen Abteilung. Weitere 75.000 $ stiftete die Wyomissing Foundation.[296] Das College wurde 1787 mit einer Zuwendung von Benjamin Franklin gegründet und ist eine der ältesten höheren Schulen in den USA. Der Unterricht fand in englischer und deutscher Sprache statt. 1853 wurde das Franklin College mit dem 1836 in Mercersburg gegründeten Marshall College verschmolzen. Die ursprünglich evangelisch-reformierte Trägerschaft wurde 1969 beendet. Heute ist das German Department eine der führenden Einrichtungen zum Erlernen und zur Pflege der deutschen Sprache. Das „Phillips Museum of Art" gehört zum College. Es besitzt aus dem Nachlass von Ferdinand Thun das Bild von Heinrich Christoph Kolbe „Goethe als Minister".

Literatur und Kunst

Ein Schwerpunkt der Arbeit der Stiftung und des Trust war die Vorstellung deutscher Literatur und Kunst in den Vereinigten Staaten.

Der Rezitator Max Montor wurde 1933/1934 eingeladen, aus deutscher Dichtung zu rezitieren. Lessing, Goethe, Schiller, Gerhart Hauptmann und Arthur Schnitzler waren in 94 Lesungen gefragt, darunter auch mehrere Radio-Übertragungen.[297] Im Oktober 1935 wurden die Vorträge durch Paul Dietz, meist in Zusammenarbeit mit Colleges und Universitäten, fortgesetzt.[298] Die Dichterliste war jetzt bunter geworden, Georg Herwegh und Richard Demel, Heinrich Heine und Paul Heyse, Hans Friedrich Blunck und Hans Carossa fehlten nicht.

Der Literaturaustausch zwischen amerikanischen und deutschen Bibliotheken war ein wichtiger Teil des Programms der CSMF. 1936 wurden dank einer Spende von Ferdinand Thun in Höhe von 20.000 RM sechzig amerikanische Bibliotheken mit deutscher Literatur versorgt. Andererseits wurden zehn deutsche Bibliotheken mit amerikanischer wissenschaftlicher und schöngeistiger Literatur ausgestattet, darunter die Warburg Bibliothek und die Bibliothek für amerikanisches Recht in Hamburg. Diese Aktion wurde von den Deutschen Maizena Werken unterstützt.[299]

---

296 Reading Eagle vom 1.2.1931; Kupsky 2012, Anm. 32.

297 CSMF Third Annual Report May 1, 1932–April 30, 1933, S. 13–15.

298 CSMF Sixth Annual Report May 1, 1935–April 30, 1036, S. 25f.

299 CSMF Seventh Annual Report May 1, 1936–April 30, 1937, S. 4f. Die Deutschen Maizena Werke AG hatten zunächst beim Auswärtigen Amt angefragt, wem eine von ihnen geplante Spende zur Förderung der deutsch-amerikanischen Beziehungen zugewendet werden könne. Die Antwort kam spät und verwies auf den DAAD. Die Spender folgten diesem Rat nicht, sondern bedachten mit Hilfe der CSMF zwei Hamburger Bibliotheken. AA, Politsches Archiv, R 61131. Briefwechsel zwischen Fred S. Baumann, Deutsche Maizena Werke AG und dem AA.

Immer wieder erreichten umfangreiche Buchgeschenke des Frankfurter Goethehauses die CSMF. Sie wurden als Preise an amerikanische Studenten für gute literaturwissenschaftliche Arbeiten vergeben. Zu diesen Preisen gehörten 150 Exemplare der Goethe-Gesamtausgabe (Volksausgabe), Werke von Adalbert Stifter, Heinrich von Kleist und Rudolf G. Binding. Die Weltlage erlaubte es ab 1939 nicht, diese Sendungen fortzusetzen.[300]

1932/33 bis 1937 organisierte die CSMF eine Wanderausstellung mit deutscher grafischer Kunst, die von Ludwig Gutbier, Inhaber der bekannten Kunstgalerie Ernst Arnold in Dresden, leihweise zur Verfügung gestellt worden war.[301] Die 150 Exponate wurden in vielen Städten, u. a. auch in Wyomissing gezeigt. Vielfach gastierte die Ausstellung in Universitäten und Colleges. Sie wurde von Vorträgen der Betreuerin Yvonne Johnson begleitet. Zu sehen waren Werke von Liebermann, Corinth, Slevogt, Kollwitz, Pechstein, Hofer, Heckel, Barlach und Kandinsky.[302] Nach sieben Jahren musste die Ausstellung wegen erheblicher Abnutzungserscheinungen aus dem Verkehr gezogen werden. Die CSMF erwarb den verbliebenen Rest und verlieh danach einzelne Stücke zur Erweiterung anderer Ausstellungen.[303] 1936 wurde Gutbier als Vertreter der modernen Kunst zur Aufgabe von Geschäft und Haus in Dresden gezwungen und zog sich nach München zurück.

Trotzdem kam eine repräsentative Ausstellung deutscher Malerei und Grafik 1936/37 zustande. Die positive Entscheidung war bei einem Gespräch von Helen Appleton Read mit dem Minister für Volksaufklärung und Propaganda Joseph Goebbels gefallen.[304] Es war die erste größere Ausstellung deutscher Malerei in den USA. Die Mitwirkung der großen deutschen Museen war erforderlich. So kam die CSMF an einer engen Zusammenarbeit mit offiziellen Stellen der Reichsregierung und Kulturfunktionären der NSDAP nicht vorbei. Der Zeitrahmen für die zu präsentierenden Werke wurde so gewählt, dass Diskussionen und Fragen nach „entarteter Kunst“ erst gar nicht auftauchen konnten. Sieht man von dieser zensurbedingten Einschränkung des Zeitraumes ab, muss man der Ausstellung und dem

300 CSMF Tenth Annual Report May 1, 1939–April 30, 1940, S. 6f.
301 CSMF Third Annual Report May 1, 1932–April 30, 1933, S. 12.
302 Reading Eagle vom 11.6.1933 "German Graphic Arts Exhibition in Reading".
303 Doll 1955, S. 8/9.
304 Bundesarchiv Koblenz, NL 1009 Dr. Hans Luther, Ordner 189, Gespräch Thomas-Luther am 7.11.1935.

Katalog hohes Lob sowohl für die Bildauswahl, wie auch für die kunsthistorische Präsentation zollen.[305]

Hauptfinanzier war der Oberländer Trust. Er unterstützte 1935 das Unternehmen mit 10.000 $. Die Ausstellung umfasste 69 Gemälde und 169 Grafiken. In Berlin war ein Vorbereitungsausschuss unter Vorsitz des Leiters der Nationalgalerie Eberhard Hanfstaengl[306] gebildet worden. Sein Kollege Dr. Alfred Hentzen[307] unterstützte ihn. Weitere Mitglieder des Ausschusses waren Dr. Ernst Buchner, ab 1931 Leiter der Bayerischen Staatsgemäldesammlungen, und Dr. Friedrich Winkler, Leiter des Kupferstichkabinetts in Berlin. Als Berater wirkte Dr. Hans Werner von Oppen[308] vom Reichsministerium für Erziehung, Wissenschaft und Volksbildung mit. Federführend auf der deutschen Seite war Dr. Kurt Biebrach[309] vom Reichspropagandaministerium. Er besuchte mit Hanfstaengl und Hentzen im Zusammenhang mit der Ausstellung die USA.[310] Helen Appleton Read[311] reiste nach Berlin, um bei der Vorbereitung zu helfen. Ein Katalog, von Helen A. Read verantwortet, umfasste 248 Seiten.[312] Die Ausstellung wurde in Philadelphia, Cleveland, Chicago, Brooklyn, Boston und Pittsburgh gezeigt. In Philadelphia wurde sie von 25.000 Personen besucht.[313] Das Metropolitan Museum hatte abgelehnt. Eine Präsentation in Washington kam aus Zeitgründen nicht zustande.[314]

---

305 German Art 1936. Das mir über die Fernleihe aus der Universität Eichstädt zugekommene Exemplar trägt den Besitzvermerk von Edgar Hanfstaengl (jun.), dem Inhaber des Kunstverlages Franz Hanfstaengl. Er war ein Bruder von Ernst (Putzi) Hanfstaengl.

306 Dr. Eberhard Hanfstaengl (1886–1973), 1937 als Direktor der Nationalgalerie entlassen. Vetter von Ernst (Putzi) Hanfstaengl.

307 Alfred Hentzen (1903–1985) geboren in Lennep, war ein enger Mitarbeiter von Eberhard Hanfstaengl. Wesentlich am Aufbau der Sammlung moderner Kunst der Nationalgalerie im Kronprinzenpalais beteiligt. 1936 wurde sein Werk „Deutsche Bildhauer der Gegenwart" aus dem Verkehr gezogen. Die moderne Abteilung der Nationalgalerie wurde 1936 geschlossen. 1955–1969 Leiter der Hamburger Kunsthalle.

308 Werner von Oppen kam aus dem Amt des Reichskunstwartes. Mit Eberhard Hanfstaengl befreundet, unterstützte dessen Bemühen, die Moderne weiter in der Nationalgalerie auszustellen.

309 Langjähriger Mitarbeiter des Reichskunstwartes Edwin Redslob, im 3. Reich steile Karriere im Propagandaministerium. Vorsitzender des Komitees für die Vorbereitung der Olympischen Kunstausstellung 1936. Dazu auch den Bericht von Helen Appleton Read in: American-German Review II 3.

310 CSMF Seventh Annual Report May 1, 1936–April 30, 1937, S. 19f.

311 Helen Appleton Read war Kunstkritikerin des Brooklyn Daily Eagle (1922–1938), Associate Art Editor für Vogue (1925–1930), reiste 1932 mit einem Stipendium des Oberländer Trust nach Deutschland, danach Mitarbeiterin der CSMF. 1943 und von 1957 bis 1973 Präsidentin der Galerie „Portraits Inc." in New York.

312 German Art from the Fifteenth to the Twentieth Century, Philadelphia 1936.

313 Gramm 1956, S. 52.

314 Bundesarchiv Koblenz, NL 1009 Dr. Hans Luther, Ordner 148, Gespräch Thomas-Luther am 11.3.1936.

Eine Zeitschrift – für wen?

Die CSMF gab mit Unterstützung des Oberländer Trust von September 1934 bis 1969 die zunächst vierteljährlich, ab September 1938 zweimonatlich erscheinende „American-German Review“ heraus. Nach der Berufung Hitlers zum Reichskanzler, der Gründung des Reichsministeriums für Volksaufklärung und Propaganda unter Josef Goebbels und der Abschiebung des Reichsbankpräsidenten Dr. Hans Luther auf die Position des deutschen Botschafters in Washington gab es in Berlin an verschiedenen Stellen Überlegungen zur Verbesserung der Öffentlichkeitsarbeit in den Vereinigten Staaten. Zu diesen Überlegungen gehörte die Veröffentlichung eines Buches „The New Germany“, in dem alle Großen des Reiches (außer Hitler) mit Beiträgen vertreten sein sollten, und die Herausgabe eines Periodikums „Germany today“.[315] Der Verleger des Buches S. Houston vom Verlag „Doubleday, Page & Co.“ dachte auch bei der Zeitschrift wohl eher an ein normales Verlagsobjekt, zu dem z.B. auch das Propagandaministerium die Texte liefern sollte. Ein anderer Vorschlag kam von der „Carl Schurz Memorial Foundation“. Es ist anzunehmen, dass sie zu einem Exposé aufgefordert worden war. Auch sie verwendet den Titel „Germany today“.

Wilbur K. Thomas hätte sich jedenfalls kaum ohne jeden „Vorlauf“ an den neuen deutschen Botschafter und an das General-Konsulat gewandt und einen Plan über eine zu gründende Zeitschrift vorgelegt.[316] Botschafter Luther erhielt die Vorschläge mit einem Begleitbrief Thomas' vom 30. 6. 1933 über die deutsche Botschaft nach Essen übermittelt. Er war mit diesen Vorschlägen sehr einverstanden und leitete sie zuständigkeitshalber an Ministerialrat Hermann Demann, Leiter der Abteilung VII Ausland, genannt „Lügenabwehr“, im Propagandaministerium weiter. Er betonte in seinem Schreiben, dass er diese Vorschläge befürworte und ersuchte um eine Vollmacht, in den US darüber zu verhandeln.[317] Luther war Diplomat, kein Ideologe. Ein relativ unabhängiges Blatt war ihm auf jeden Fall lieber als ein vom Propagandaministerium gesteuertes Produkt.

---

315 Bundesarchiv Koblenz, NL 1009 Dr. Hans Luther, Ordner 392, Aufzeichnung Luthers vom 17.3 1934.

316 Thomas hatte das Exposé auch an das Generalkonsulat in New York gesandt. Das reichte es am 18.7.1933 mit dem Bemerken „Eine neue Denkschrift des Sekretärs der „Carl Schurz Memorial Foundation" über die Durchführung des Houstenschen Vorschlages zur Schaffung einer hiesigen Zeitschrift „Germany today" an das Auswärtige Amt weiter. Aus zahlreichen Vermerken ergibt sich, dass die Beilage im AA nie gefunden wurde.

317 AA, Politisches Archiv, R 80307, K 269177; Hermann Demann wurde schon Ende 1934 durch den Exportkaufmann Franz Hasenöhrl, den ehemaligen Leiter der NSDAP Auslandsorganisation in China ersetzt.

Das Memorandum von Thomas[318] schlug die Herausgabe eines Periodikums „Germany today – An American Magazine of Goodwill“ vor. Das Abonnement der Zeitschrift solle (nach dem Vorbild der National Geographic Society) mit einer Mitgliedschaft in der CSMF verbunden werden und 10 $ jährlich kosten, davon 3 $ für die Zeitschrift und 7 $ für die Stiftung. Verantwortlich sollten ein amerikanischer Chefredakteur (Thomas) und zwei stellvertretende Redakteure sein. Ein weiterer stellvertretender Redakteur solle seinen Sitz in Deutschland haben und für die Tourismuswerbung verantwortlich sein. Thomas dachte an Dr. Karl Kiesel vom Terramare Verlag in Berlin, der bereits seit 1918 durch zahlreiche touristische Veröffentlichungen hervorgetreten war. Die entsprechende Beilage solle in Deutschland gedruckt und dann dem amerikanischen Teil beigebunden werden. Die Kosten des Projektes wurden auf 20.000 $ jährlich veranschlagt, von denen 10.000 $ aus der amerikanischen und 10.000 $ aus der deutschen Wirtschaft kommen sollten. Es war zunächst auf drei Jahre angelegt. Die Kosten würden sich um die Abonnementseinnahmen und evtl. Einsparungen reduzieren.

Die angenehme „Nebenwirkung“ einer Finanzspritze für die „Carl Schurz Memorial Foundation“ sollte den Ausfall von Zuwendungen der großen jüdischen Sponsoren mildern, konnte ihn aber wohl kaum ersetzen. Andererseits war der hohe Preis natürlich dem Absatz nicht förderlich.

Luther kannte die Abneigung des amerikanischen Publikums gegen Propaganda aus Deutschland und sah in dieser etwas umständlichen und wahrscheinlich illusorischen Konstruktion wohl einen Weg, wichtige Botschaften im Sinne der deutsch-amerikanischen Freundschaft zu vermitteln. Eine Antwort aus dem Propagandaministerium ist nicht überliefert. Im September 1934 lag sie jedenfalls noch nicht vor.[319] Demann, dessen Versetzung bereits Ende November 1934 bekannt war, konnte wohl nicht helfen. Die Finanzierung einer zwar deutschfreundlichen, aber doch relativ unabhängigen Zeitschrift dürfte auch kaum in das Propaganda-Konzept des Ministeriums gepasst haben.

318 AA, Politisches Archiv, R 80307, K 269182.

319 Thomas war ein erfindungsreicher Manager. In den Privatakten von Botschafter Luther befindet sich ein Non-Paper, das die Gründung eines Henry Janssen-Trust vorschlägt. Das Programm gleicht dem des Oberlaender Trust. Allerdings fallen Formulierungen über das neue Magazin auf. Das neue Magazin werde ein integraler Teil des Henry Janssen-Trust sein und deutlich gekennzeichnet als „Sponsered by the Henry Janssen-Trust". Dieses Papier wurde Luther am 20. September 1934 persönlich (vermutlich von Thomas) in Philadelphia übergeben.

Schließlich kam es zur Gründung der „American-German Review", die sich zweifellos der Zustimmung der deutschen Botschaft erfreute, aber keine allgemeinen Finanzzuschüsse erhielt. Hauptfinanzierer war der Oberländer-Trust. Wilbur K. Thomas fungierte als Chefredakteur.[320] 1939 hatte die Review 1726 Bezieher und 3245 Bezieher in Jahre 1944.[321] Erst bei 5000 Abonnenten hätte sie kostendeckend arbeiten können. Diese Zahl wurde aber bis 1945 nie erreicht. Ein grandioser Flop!

Der Hauptgrund des mangelnden Absatzes war wohl, dass die Gründer der Zeitschrift sich nie Gedanken über die Zielgruppen der Veröffentlichung gemacht hatten. Man publizierte in missionarischer Weise Schönes und Gutes über Deutschland in einer Zeit, in der politisch wache Bürger der Vereinigten Staaten, auch die Deutschamerikaner, an Fragen wie Judenverfolgung, deutsche Aufrüstung, Rheinlandbefreiung, Rolle der NSDAP, Stellung der Kirchen, Situation der modernen Kunst usw. interessiert waren. So blieben als Hauptabonnenten Bibliotheken an Schulen und Universitäten mit deutschen Abteilungen in den Vereinigten Staaten und entsprechende Einrichtungen mit englisch/amerikanischen Abteilungen in Deutschland.

Das erste Heft wurde im Herbst 1934 mit großer Geste vorgestellt. Die Botschafter Dr. Hans Luther (in Washington) und William Dodd (in Berlin) schrieben Grußworte. Jacob G. Schurman war mit dem Leitartikel „ Cultural Inspiration from Germany" vertreten. Helen Appelton Read berichtete über das Werk von Wilhelm Lehmbruck und Georg Kolbe. Selbst George Grosz (Now living in the USA) war mit der Zeichnung einer alten Frau vertreten.

Helen Appleton Read betreute in der neuen „American-German Revue" die bildende Kunst und Henry Pfund die Literatur. Die Zeitschrift war, wie die Stiftung, ein Non Profit-Unternehmen. Wilbur Thomas gab in Leitartikeln die Linie vor. Er schrieb: „Leave the mistakes and foolish ideas of people in other lands alone, look for their better qualities. We have enough of evils in our own land."[322] (Kümmert

---

320 Zu den Finanzierungsfragen sh. auch Alton Freye, Nazi Germany and the American Hemisphere, New Haven und London 1967, S. 35. Kipphan 1971 erwähnt die engen Beziehungen zwischen Wilbur K. Thomas und Botschafter Luther und zitiert den Brief vom 30. Juni 1933 von Thomas an Luther, fügt aber hinzu, dass es zu dieser Zusammenarbeit nicht gekommen sei. Ähnlich äußert sich auch Kupsky 2010 , S. 205. Im Gegensatz dazu konstatierte Sander Diamond auf der gleichen dokumentarischen Grundlage, dass Luther Funds zum Start der Zeitschrift gegeben habe, Diamond 1974, S. 110.

321 Retterath 2000, S. 80; Brief von Wilbur K. Thomas an Aldo Leopold vom 8.1.1942, University of Wisconsin, The Aldo Leopold Archives, Oberländer Trust, S. 8–10.

322 Wilbur K Thomas, A positive position, in: American-German Review II 4.

euch nicht um die Fehler und dummen Ideen von Völkern in anderen Ländern, sucht nach ihren besseren Eigenschaften. Wir haben genug Übelstände in unserem Land.) Betrachtet man die einzelnen Hefte und ihren Inhalt im Überblick so fällt die Deutschlandwerbung ins Auge, die – reich bebildert – von einem Touristenbüro kaum besser gemacht werden konnte. Das Material stellte das New Yorker Büro der German Railroads zur Verfügung. Von deutschen Schriftstellern wurden Kurzbeiträge gedruckt. Hans Grimm erfreute sich besonderer Beliebtheit. Daneben nahm die Kunstberichterstattung reichen Raum ein. Berichte über moderne und klassische Architektur kamen hinzu. Gleichzeitig wurde die Review so etwas wie eine Hauszeitschrift der CSMF und des Oberländer Trust, über deren Aktivitäten laufend berichtet wurde. Personen aus dem Umfeld der Stifter wurden bei sich bietender Gelegenheit vorgestellt oder gewürdigt. Ferdinand Thun finanzierte Dutzende Abonnements der Zeitschrift für den Versand nach Deutschland. 1935 wurde den „Mitteilungen" der „Vereinigung Carl Schurz e.V." in Berlin ein Faltblatt beigelegt, das zum Abonnement der Review aufforderte. Der Jahrespreis betrug 10 RM.[323] Ferdinand Thun hoffte, die Auflage auf 10.000 Exemplare steigern zu können.[324]

Die Frage, ob die Zeitschrift von der deutschen Botschaft finanziert wurde, ist negativ zu beantworten. Dennoch wurde sie in weiten Teilen so geschrieben, als ob eine Mitfinanzierung stattgefunden hätte.[325] Retterath formuliert: „Sie [die Review] suggerierte ihren Lesern eine nicht vorhandene Normalität der reichsdeut-

---

323 Vereinigung Carl Schurz e. V., Mitteilungen Nr. 8, 4.7.1935, S. 6.

324 Bundesarchiv Koblenz, NL 1009 Dr. Hans Luther, Ordner 148, Aufzeichnung Luther vom 11.3.1936.

325 Die Redakteurin Helen Appleton Read stellt 1935 in dem Artikel „The Olympic Idea in Germany" (II 3) den Säulen des Heräons in Olympia die Säulen „of the Reich's Olympic Stadium" gegenüber. 1937 (IV 2) berichtet sie, natürlich positiv, über die Ausstellung „Schaffendes Volk" in Düsseldorf. Otto Reismann, ein Mitarbeiter von Fritz Todt, darf in der gleichen Nummer über die deutschen Autobahnen schreiben. 1938 informiert die Germanistin Jane F. Goodloe unkritisch lobend über „deutsche Dichter zuhause" (IV 4). Den nationalsozialistischen Rassisten Will Vesper, geboren in Barmen, NSDAP-Mitglied seit 1931 und Festredner bei der Bücherverbrennung 1933 in Dresden, den nationalkonservativen Kolonialschriftsteller Hans Grimm, und den christlich-konservativen August Winnig hat sie besucht. Auf dem Lippoldsberg bei Hans Grimm trifft sie dann noch Hans Carossa, Rudolf Binding, Paul Alverdes, Edwin Erich Dwinger, Friedrich Bischoff, Rudolf Alexander Schröder, Heinrich Zillich und Hermann Claudius. Goodloe hatte 1936 Vespers „Sam in Schnabelweide" in deutscher Sprache in den USA herausgegeben. In II 2 der Review wurde das Werk von Hans Grimm positiv gewürdigt. Kipphan zitiert als Beispiel offener nationalsozialistischer Propaganda den Aufsatz von Professor Dr. Matthias Schmitz „The Present German Theatre", American-German Review IV 4 vom Juni 1938. Schmitz wurde 1939 Leiter der deutschen Informationsbibliothek mit 25 Mitarbeitern, die ausschließlich vom Auswärtigen Amt finanziert wurde; Kipphan 1971, S. 144. Dr. Matthias Schmitz war ab 1939 gleichzeitig Leiter der Geschäftsstelle der Vereinigung Carl Schurz e.V., Berlin in den USA; Vereinigung Carl Schurz e. V., Mitteilungen Nr. 26, Juli 1940

schen Lage und konterkarierte ihr selbst gesetztes Gebot der Vermeidung jeglicher Politik".[326]

Ein Institut

Mit dem Umzug in das Old Customs House waren auch die räumlichen Vorbedingungen für ein deutsch-amerikanisches „Institut" geschaffen. Schon 1936 hatte die Stiftung den Mitarbeiter im „Deutschen Auslandsinstitut" Stuttgart Dr. Heinz Kloss mit einem zwölfmonatigen Stipendium bedacht und ihm die Aufgabe gestellt, einen Bericht über die Forschungsschwerpunkte eines solchen Instituts zu erstellen.[327] Mit Kloss hatte man zweifellos einen hervorragenden Experten der Geschichte und aktuellen Situation des Deutschamerikanertums engagiert. In der „American-German Review" gab Kloss einen kurzen Überblick über das von ihm vorgeschlagene Forschungsprogramm.[328] Wichtig sei, dass die Deutschamerikaner ihre eigene Geschichte und Bedeutung kennenlernten. Das würde ihnen ihren Stolz zurückgeben, den viele in der Zeit der Unterdrückung während des Ersten Weltkrieges verloren hätten. Die Deutschamerikaner hätten es nicht nötig, ihr Deutschtum zu leugnen, um zu zeigen, dass sie gute Amerikaner seien.[329]

Das „Institut", wurde formal nie eingerichtet, den Bericht von Kloss, der eine mit buchhalterischer Akribie dargestellte Forschungslage, aber kein Forschungskonzept bot, legte Wilbur Thomas zu den Akten. Man werde ihn als eine Arbeitsba-

---

326 Retterath 2000, S. 80. Das State Department abonnierte nach der deutschen Niederlage 143 Exemplare, die in den Westzonen verteilt wurden. Die US-Armee erhielt über 250 Kopien für 33 Informationszentren und andere Einrichtungen. 200 Abonnements in Deutschland wurden durch Privatpersonen finanziert. Schließlich trat auch das Bundespresseamt in Erscheinung und kaufte 250, später 600 Exemplare. Die Zeitschrift wurde von der Carl Schurz Association von 1971 bis 1978 als „Rundschau: an American-German Review" fortgesetzt.

327 Die Bedeutung der Arbeit von Heinz Kloss für die CSMF wird oft überschätzt. Heinz Kloss (1904–1987), Sohn eines Richters, 1926 Diplom-Volkswirt (Halle), 1939 Dr. phil. (Linguistik in Innsbruck), seit 1927 Mitarbeiter im Deutschen Auslands-Institut in Stuttgart. 1932 SPD, 1931/32 erste Amerikareise, danach Leiter der Bibliothek und Abteilungsleiter. Das Deutsche Auslandsinstitut wurde im März 1933 gleichgeschaltet. Vorsitzender des Vereins wurde der NS Oberbürgermeister Stuttgarts Karl Strölin, Generalsekretär des Instituts Richard Csaki aus Hermannstadt. 1936/37 erhielt Kloss das Stipendium der CSMF, danach Leiter der Publikationsstelle Hamburg/Stuttgart der Volksdeutschen Forschungsgemeinschaften, 1941 Entzug der Venia Legendi an der Universität Tübingen, seit 1941 „Parteianwärter" (nach anderen Veröffentlichungen Mitglied). Zahlreiche Veröffentlichungen zur „Volkstumsforschung" im Sinne und Geist des Nationalsozialismus. Da Kloss kein Mitglied der NSDAP geworden war, konnte er seine Arbeit auch nach dem Kriege im Auslandsinstitut in Stuttgart fortsetzen. Sh. dazu Wilhelm 1998, S. 303, Fahlbusch 1999, besonders S. 446/447, Wilhelm 2002 und zusammenfassend Gesche, Katja, Kultur als Instrument der Außenpolitik totalitärer Staaten. Das Deutsche Auslandsinstitut 1933–1945, Köln, Weimar, Wien 2006, S. 310–312.

328 American-German Review V 1.

329 Fahlbusch 1999, S. 731–737.

sis verwenden „as soon as funds are available".[330] Im Klartext: Der Bericht war zur Veröffentlichung nicht geeignet. Eine Publikation dieser internen, detaillierten aber perspektivlosen Aufzeichnungen hätte nur Irritationen verschiedenster Art hervorgerufen und niemandem genützt.[331] Thomas war wohl auch deshalb so vorsichtig, weil er in den Jahren der finanziellen Krise Ende 1935 für die CSMF mit dem Schlimmsten rechnete. Er wollte unabhängig von der Entwicklung in der Stiftung einen Plan B vorbereiten. Ein „German-American-Institute" solle zwar in Verbindung mit der CSMF stehen, aber ganz selbstständig sein. Das Institut solle seinen Sitz nicht in Philadelphia, sondern in Washington oder New York haben. Er hoffe, etwa 1 Million Dollar dafür einwerben zu können. Als Thomas diese natürlich völlig illusorischen Pläne Botschafter Luther vortrug, widersprach dieser heftig den Befürchtungen in Bezug auf die CSMF.[332]

Tatsächlich wurde die Stiftung aber ein bedeutendes Clearing-House über Art und Ort von Quellen zu den deutschen Einwanderern in den USA. Eine Forschungsbibliothek und eine Sammlung von Broschüren, Zeitungen und Zeitschriften wurden mit Hilfe von Adolf E. Zucker und Dr. Felix Reichmann und in Zusammenarbeit mit der Library of Congress aufgebaut. Das wichtigste Vorhaben war der Union Catalogue of Americana Germanica. Dieser verzettelte Index erwies sich als unentbehrliche Quelle für das Studium der Geschichte der Deutschamerikaner und der amerikanischen Geschichte. Auf den Vorarbeiten von Kloss konnte man hier teilweise aufbauen. Ab 1941 wurde jährlich in der „American-German Review" eine Bibliografie der Americana Germanica veröffentlicht, die von Adolph Eduard Zucker und von dem Emigranten Dieter Cunz bearbeitet wurde.[333] Zahlreiche Buchspenden gingen ein. Spezialbibliografien, z.B. über Christopher Sower 1694–1758, den Drucker in Germantown (Felix Reichmann), die Muhlberg Family (Felix Reichmann), das deutschsprachige Theater in den USA oder

330 CSMF Annual Report Mai 1, 1927–April 30, 1928, S. 4f. Erst 1980 wurde die Zusammenstellung von Kloss in Hamburg veröffentlicht.

331 Kloss hatte in seinem Schlusswort eine Veröffentlichung vorgeschlagen. Dass es sich um einen Survey und nicht um ein Programm handele, betrachtete er als Vorteil, da die Stiftung nun selbst auswählen könne, was sie für wichtig und prioritär halte.

332 Der Hinweis auf den Widerspruch findet sich nicht in der offiziellen Gesprächsnotiz, sondern nur in der Aufzeichnung des Lutherschen Tagebuchs; Bundesarchiv Koblenz, NL 1009 Dr. Hans Luther, Ordner 189, Notizen Luther vom 7.11.1935, Tagebuch vom 7.11.1935.

333 Hugue 1955, S. 337. Adolf E. Zucker gehörte nach dem Zweiten Weltkrieg zu den amerikanischen Offizieren, mit denen Ernst Beutler eng zusammenarbeitete; Seng 2009, S. 489.

das Ephrata Kloster[334] wurden veröffentlicht. Neben dem Research Director Zucker und dem stellvertretenden Kurator des „Landis Valley Museums" Dr. Felix Reichmann (an drei Tagen der Woche) arbeiteten drei Bibliothekarinnen im Old Customs House.[335]

Studienprogramm Forstwirtschaft

Einen hohen Stellenwert hatte das Programm zur Förderung der Forstwirtschaft durch Besuche in den deutschsprechenden Ländern. Schon Carl Schurz hatte erfolglos gegen das rücksichtslose Abholzen der Wälder in den USA gekämpft.[336] Eine Studiengruppe wurde 1932 eingesetzt und legte den Trustees den Plan für ein Studienprojekt vor. Hochrangige Fachleute wurden zu teils mehrmonatigen Studienreisen nach Europa eingeladen. Im Zentrum des Austausches stand das „Reichsinstitut für ausländische und koloniale Forstwirtschaft" in Tharandt, das von dem Forstwirt Dr. Heske[337] geleitet wurde. Heske wurde 1934 zu Vorträgen in den USA eingeladen. Sein Hauptwerk wurde ins Englische übersetzt und veröffentlicht. 1939 wurde das Buch des Hitlergegners Karl Dannecker „The Forest Manager" mit Unterstützung des Trust veröffentlicht. Zu einer 1937 nach Deutschland entsandten Gruppe von Fachleuten gehörte auch ein Vertreter des US War Department. Zwei Gruppen deutscher Experten wurden 1937 und 1938 in die Vereinigten Staaten eingeladen. Zwischen dem „Kaiser Wilhelm Institut für Züchtungsforschung" und dem „US Forest Service" wurden Samen und Setzlinge ausgetauscht.

Erst 1942, d.h. Jahre nach der Einstellung des Programms, legte der Forstwirt Egon Glesinger eine Studie vor, in der er die deutschen Bestrebungen nach einem „World Wood Trust" schilderte und dabei nicht vergaß, auf die Hilfestellung hin-

334 Das Kloster wurde 1732 von einer deutschen radikal pazifistischen religiösen Gruppe gegründet. Es entwickelte sich zu einem Zentrum für handwerkliche und landwirtschaftliche Techniken. Seit 1941 Eigentum des Staates Pennsylvania, heute Museum.

335 CSMF Thirteenth Annual Report May 1, 1942–April 30, 1943, S. 8–11.

336 Geiger 2007, S. 280/281.

337 Prof. Dr. ing. Franz Heske (1892–1963) war wahrscheinlich kein Mitglied der NSDAP, unterschrieb aber 1933 das „Bekenntnis der Professoren an deutschen Universitäten und Hochschulen zu Adolf Hitler". Bis 1956 war Heske Leiter der Bundesforschungsanstalt für Forst- und Holzwirtschaft (BFH) in Hamburg.

zuweisen, die die CSMF durch ihr Studienprogramm geleistet habe.[338] Er nahm die Stiftung in Haftung für die Konzepte Heskes, der eine weltweite Raumordnung aus Blut und Boden anstrebte und eine aktive Kolonialpolitik zur Sicherung der afrikanischen Holzreserven für Deutschland befürwortete. Andererseits verschwieg Glesinger nicht, dass einer der letzten „Oberlaender Fellows", Dr. Wilson Compton, Generalsekretär der „National Lumber Manufacturers' Association of America", durch die NS-Propaganda nicht beeindruckt worden war und 1938 das „Comité International du Bois" in Brüssel gegen die Zumutungen der NS-Planer unterstützte.[339]

Studienprogramm Gesundheitswesen

Wie beim Forstprogramm das „Reichsinstitut für ausländische und koloniale Forstwirtschaft" in Tharandt stand bei dem Programm für das öffentliche Gesundheitswesen das „Deutsche Hygiene Museum" in Dresden im Zentrum der Austauschprogramme. Zunächst wurden individuelle Stipendien für Besuche in den deutschsprachigen Ländern an über ein Dutzend Fachleute vergeben. Sie betrafen Themen wie Krankenversicherung für Arbeitnehmer, Beziehungen zwischen Krankenhaus und Gemeinde, Kontrolle ansteckender Krankheiten, Mutter und Kind Hygiene usw. Wichtigstes Ergebnis dieser Studien war der Plan des Oberländer Trust, in verschiedenen Städten Gesundheitsmuseen nach Dresdener Vorbild einzurichten. Zunächst wurden zwei große Sammlungen von Kopien aus dem Dresdener Museum bestellt. Die erste dieser Sammlungen umfasst über 70 Exponate und wurde für ein Jahr im Sommer 1937 als „The Exhibit of Man" im New York Museum of Science and Industry ausgestellt. Sie wurde monatlich von etwa 34.000 Personen besucht. Während der New Yorker Weltausstellung 1939 wurde das Material in der „Hall of Man" ausgestellt. Die Vorbereitung dieser Ausstellung übernahm Bruno Gebhard,[340] der vom Deutschen Hygiene Museum aus politischen Gründen entlassen worden war. Er wurde anschließend Direktor des neuen Gesundheitsmuseums von Cleveland. Die Exponate gingen dann an das „New

338 Glesinger, Egon, Nazis in the Woodpile, Indianapolis/New York 1942. Dr. Egon Glesinger stammte wie Heske aus Böhmen. Seine jüdische Familie hatte großen Forstbesitz, den er zusammen mit seinem Vater verwaltete. Seit 1932 war er Sekretär des „Comité International du Bois" mit Sitz in Wien, später in Brüssel. Nach dem Zweiten Weltkrieg war Glesinger stellvertretender Direktor der FAO. In seinem sachlich geschriebenen Buch vermeidet er allerdings gelegentliche Tiefschläge nicht. So bezeichnet er Heske als begabten Sohn eines tschechischen Försters des Fürsten Schwarzenberg, der erst durch Schwarzenbergs Förderung die deutsche Sprache erlernt habe.

339 Glesinger 1942, S. 154. Siehe auch Gramm 1956, S. 103.

340 Bruno Gebhard war von 1927 bis 1935 Kurator des Deutschen Hygiene Museums, 1935 als „politisch unzuverlässig" entlassen, 1937 mit Frau und Kindern Emigration in die USA. 1940–1965 Leiter des Gesundheitsmuseums von Cleveland.

York Museum of Science and Industry" mit der Maßgabe, sie interessierten Museen in anderen Städten zur Verfügung zu stellen. Eine Sammlung von 13 Modellen wurde dem „Museum of Science and Industry" in Chicago übergeben.[341]

Kommunale Verwaltung und Stadtplanung

Thun und Janssen waren beide in der Gemeindevertretung von Wyomissing aktiv, Thun als Ortsvorsteher, Janssen als Mitglied des Gemeinderates. Auch die Stadtplanung der aufblühenden Ortschaft gehörte zu ihren Interessengebieten. Schon 1931 erhielt der bekannte Stadtplaner John Nolen ein Stipendium, um die Stadtplanung in Deutschland zu studieren. Vermutlich waren hier wie auch in der Forstwirtschaft deutsche Erfahrungen als Vorbilder durchaus empfehlenswert. Hinzu kam, dass mit dem New Deal zusätzliche Aufgaben auf die Gemeinden zukamen, auf die sie nicht vorbereitet waren und in denen sie keine Erfahrungen hatten. Eine Delegation unter Leitung von Hanns Gramm sollte speziell das kommunale Versorgungswesen studieren. Die 18 Teilnehmer, darunter außer Gramm zwei weitere aus Reading, reisten aufgrund der Vorbereitungen des Deutschen Städtetages u. a. nach Berlin, Wuppertal und zum Schluss auch Bad Nauheim. In Berlin besuchten sie ein großes Konzert in einem Stadion und drei Mitglieder der Gruppe mit Gramm als Dolmetscher konnten an einer zehnminütigen Audienz des Führers teilnehmen. In Wuppertal sahen sie die Schwebebahn und alte Freunde von Thun und Janssen. In Bad Nauheim wurden sie von Herrn und Frau Janssen zum Dinner eingeladen.[342] Die zweite Besuchergruppe fuhr 1935 nach Deutschland. Ein Mitglied der Berliner Stadtverwaltung wurde zu Vorträgen in den Vereinigten Staaten eingeladen.

Außer den Studienprogrammen im Forstwesen, im Gesundheitswesen und im kommunalen Bereich wurden auch Reisestipendien in den Bereichen Journalismus und Erziehungswesen vergeben.

Die Studienprogramme in der Kritik

Schon 1934 und 1935 hatte es Kritik an den Reisen ins nationalsozialistische Deutschland gegeben. James Speyer zog sich wegen dieses Programms im Oktober 1933 aus der Stiftungsarbeit zurück. Im November 1934 lehnte es der Emeritus der Columbia Universität, Edwin R. A. Seligman, ab, einer Einladung der Stiftung zu folgen. Er habe Schurz noch persönlich gekannt. Was heute in Deutschland

341 Darstellung nach Gramm 1956, S. 60–62.
342 Reading Eagle vom 6.8.1933 "O'Reilly and Strohecker Return from Germany".

geschehe, sei das Gegenteil von dem, was Carl Schurz gewollt habe.[343] Der Herausgeber der „Nation“ Oswald Garrison Villard[344] fand 1935 mit seiner Kritik ein breites publizistisches Echo.[345] Ein deutsches Exilblatt in Paris, die von dem linksliberalen ehemaligen Chefredakteur der „Vossischen Zeitung“ Georg Bernhard herausgegebene Zeitung „Pariser Tageblatt“, nahm sich der Studienreisen an. Die Eingeladenen seien gutgläubig und würden von der deutschen NS-Propaganda instrumentalisiert. So erklärten sie nach ihrer Rückkehr, von einer Verfolgung der Juden nichts gemerkt zu haben. Die Behauptung des Tageblattes, die Programme würden von deutscher Seite mitfinanziert, lässt sich allerdings nicht beweisen.[346]

In einem Geheimbericht an das US-Außenministerium vom 17. Juni 1935 referierte der amerikanische Botschafter in Wien George S. Messersmith, der vorher Gesandter in Berlin gewesen war, über die Deutschland-Programme des Oberländer Trust. Nach der Machtübernahme Hitlers sei Oberländer unschlüssig gewesen, ob er das Projekt weiterführen solle. Oberländer sei aufgrund seiner vielen Reisen nach Deutschland mit den Zielen der Nationalsozialisten durchaus vertraut gewesen. Er habe ihn, Messersmith, in Berlin besucht und seine Meinung geäußert, das Programm nicht fortzusetzen, wenn die Nazis an der Macht blieben. Die nach Deutschland entsandten amerikanischen Fachleute würden kein korrektes Bild von Deutschland erhalten. Die von den Nationalsozialisten verfolgten Ziele seien gefährlich für Deutschland und die Welt. Der Trust dürfe kein Instrument der nationalsozialistischen Propaganda werden. Die neue Regierung zerstöre die deutsche Kultur. Diese Fragen hätten Oberländer so sehr bewegt, dass er Tränen in den Augen hatte. Messersmith gab den Rat, das Projekt nicht abrupt einzustellen, aber weniger Personen für eine längere Zeit zu schicken, die zu einer objektiven Beurteilung der Situation in der Lage seien. Oberländer erklärte, dass er diesem Weg folgen werde, aber mehr dazu neige, das Programm einzustellen. Messersmith schildert nun Gustav Oberländer als einen erfolgreichen Unternehmer, der allerdings nicht besonders intelligent und extrem eitel sei, was sich besonders im Alter bemerkbar mache. Die Absicht Oberländers, die Aktivitäten seines Trust in Deutschland zu beenden, sei einigen deutschen Persönlichkeiten bekannt geworden. Um dies zu verhindern, hätten sie eine Audienz bei Hitler arrangiert. Der Besuch wurde von der „Vereinigung Carl Schurz e.V.“ in Berlin auf Wunsch Ober-

---

343 Jewish Telegraphic Agency 22.11.1934 "Nazi Policy Bar to Schurz-Aid from Seligman".

344 Sohn des 1848ers Henry Villard (ursprünglich Heinrich Hilgardt) und der Pazifistin und Frauenrechtlerin Fanny Garrison.

345 AA, Politisches Archiv, R 80329 Januar 1935; Kupsky 2010, S. 206.

346 Jewish Telegraphic Agency 2.10.1934 "Nazis Subsidize Carl Schurz Foundation, Paris Paper Says".

länders vorgeschlagen. Die Zusammenkunft mit Hitler habe Oberländers Eitelkeit so sehr geschmeichelt, dass das Programm fortgesetzt worden sei. Oberländer habe sich nach der Audienz anlässlich eines Essens für bedeutende Unternehmer im Wyomissing Club deutlich für Hitler ausgesprochen. Obwohl das nicht seine wirkliche Meinung sei, sei er doch als Protagonist und Verteidiger der Ideologie des Nazi-Deutschland aufgetreten.[347] Der Diplomat Messersmith hatte von der höchst wahrscheinlich zutreffenden Tatsache, dass Oberländer bei der Unterredung mit Hitler auch die Judenfrage angesprochen hatte, offenbar keine Kenntnis.

1936 wandte sich auch der Board of Education von New York gegen das Programm. Er gewährte seinem Assistent Direktor Theodor Huebner keinen Urlaub für einen zweimonatigen Aufenthalt in Deutschland auf Einladung der Carl Schurz Memorial Foundation. Der Vizepräsident des Board James Marshall erklärte, das Nazi Regime interveniere auch in die kirchlichen Schulen und jüdische Kinder seien vom Besuch der öffentlichen Schulen ausgeschlossen, die Freimaurer seien verboten, Gewerkschaften seien nicht mehr zugelassen und der Sport werde in den Olympischen Spielen zur Propaganda genutzt.[348]

Wahrscheinlich war bei den Gruppenreisen die Möglichkeit der Steuerung und Beeinflussung durch die NS-Propaganda einfacher als bei einzeln reisenden Fachleuten, die in der Festlegung ihrer Reiseroute und der Wahl ihrer Gesprächspartner freier waren.

Einzelstipendien

1933 erhielt die Journalistin und internationale Sekretärin der „American Association of University Women“ Esther Caukin Brunauer (1901–1959) ein einjähriges Stipendium des Oberländer Trust zum Studium der Situation in Deutschland. In ihrem Buch „Germany. The National-Socialist State“ schilderte sie 1934 die beginnende Durchdringung aller Zweige des öffentlichen und privaten Lebens durch den Nationalsozialismus, den sie als eine Bedrohung Amerikas charakterisierte. 1944 wurde sie als Expertin in das State Department übernommen. 1950 von Senator McCarthy beschuldigt, eine Kommunistin zu sein, wurde sie 1951 beurlaubt

347 MSS 109, Bericht von George S. Messersmith an das State Department vom 17. June 1925, George S. Messersmith Papers.

348 Jewish Telegraphic Agency 15.5.1936 "Board of Education Bars Instructor's Trip to Study Nazi Methods".

und 1952 entlassen.[349] Bis zu ihrem Tod arbeitete sie kurzfristig für die Library of Congress und später im Verlagswesen in Chicago.

Auch die Feministin und Nobelpreisträgerin Jane Addams[350] und 1936 der afroamerikanische Soziologe und Professor an der Atlanta-Universität W. E. D. Dubois erhielten Stipendien.[351] Dubois sollte die Beziehungen der Erziehung zur Industrie in Deutschland und Österreich untersuchen. Dass er sich hauptsächlich mit der „Rassenfrage" befassen würde, war den Verantwortlichen der CSMF sicher nicht unbekannt.[352]

W.E.D. Dubois. Foto: wikipedia

1935 durfte der Germanist und Goethekenner Prof. C. F. Schreiber von Yale die Feiern zum 50jährigen Bestehen der Goethe-Gesellschaft in Weimar besuchen. 1938 fuhr der Architekt und Direktor des Philadelphia Museum of Art Fiske Kimball nach Deutschland, um deutsche Museen kennenzulernen.[353] 1939 ermöglichte der Oberländer Trust Prof. J. A. Walt von Harvard, an dem damals allerdings schon nationalsozialistisch ausgerichteten „Weimar-Jena Summer College" in Weimar teilzunehmen. Viele Einzelstipendien wurden bis 1939 im Rahmen des Forstprogramms vergeben.[354]

---

349 Gramm 1956, S. 100. Siehe auch Sichermann, Barbara und Carol Hurd Green (Hg.), Notable American Women: the Modern Period. A Biographical Dictionary, Bd. 4, Cambridge, Mass. 1980, S. 115.

350 Da Jane Addams aus Krankheitsgründen die Reise mit der Ärztin und ersten Professorin an der Harvard University Alice Hamilton (1869–1970), deren Mutter eine Deutsche war, nicht antreten konnte, trat an ihre Stelle Clara Landsberg (1873–1966), eine deutsch sprechende Jüdin, Tochter eines deutsch-amerikanischen Rabbiners. Neun Wochen reisten sie durch Deutschland. Ihre kritischen Reaktionen äußerten sie in ihren Briefen; siehe Sklar, Kathryn Kish, Anja Schüller und Susan Strasser (Hg.), Social Justice Feminist in the United States and Germany: A Dialogue in Documents 1885–1933, Ithaca, NY 1998, S. 68.

351 Dubois hatte 1892–1894 an der Berliner Universität studiert und war ein Freund Deutschlands und der Deutschen geworden. 1909 war er führend an der Gründung der „National Association for the Advancement of Colored People" beteiligt. Er kam als Stipendiat vor, während und nach den Olympischen Spielen nach Hitler-Deutschland. Seine ungewöhnlich klaren, differenzierenden und weitsichtigen Analysen brachten ihm in den USA die völlig unsinnige Kritik ein, ein Anhänger des Nationalsozialismus zu sein. Dubois berichtete nach seiner Rückkehr ausführlich und kritisch in der Presse; vergl. dazu Oppel, Christina, W. E. D. Du Bois, Nazi Germany and the Black Atlantic, GHI Bulletin Supplement 5 (2008), S. 99–122.

352 Dubois hatte ursprünglich einen entsprechenden Antrag an die Stiftung gestellt, der aber abgelehnt wurde. Zum Aufenthalt von Dubois in Deutschland sh. auch die ausgewogene Darstellung bei Kalbus, Steven Mark, Transatlantic Negociations or „Hell"?, Dissertation Mainz 2009.

353 Gramm 1956, S. 91.

354 Gramm 1956, S. 102–106.

Im Februar 1933 hielt der Mediziner Dr. Funk in der City Hall von Reading vor 600 Zuhörern einen Vortrag über seinen fünfmonatigen Aufenthalt in Deutschland. Seine Ausführungen waren äußerst kritisch. Die Furcht gehe um in Europa, weil Hitler das Land vergrößern wolle und aufrüste. Hitler sei kein intelligenter Politiker und ein schlechter Diplomat.[355]

Der Leitartikler Virginius Dabney vom „Richmond Times-Dispatch" aus Richmond, Virginia berichtete in einem Oral-History Interview, dass er 1934 auf Einladung des Oberländer Trust in Deutschland gewesen sei, um „periodische Literatur" zu studieren. In Wirklichkeit habe er die Nazis studiert. Er habe die Ermordungen anlässlich des „Röhm-Putsches" (Dabney spricht vom Blood Purge) und die Ermordung des österreichischen Kanzlers Dollfuß erlebt. Das Ausmaß der Judenverfolgung sei schwer feststellbar gewesen. Er erinnere sich aber an das Schild „Jews not wanted. City Council of Dinkelsbühl".[356]

Stipendien an deutsche Wissenschaftler und Publizisten zu Reisen in die USA wurden ebenfalls gewährt. Bei der Auswahl der Einzuladenden war natürlich auf deren Sprachkenntnisse zu achten und ein Einfühlungsvermögen in die amerikanische Mentalität erwünscht. Ein Redner, der schon einmal in den USA gewesen war oder gelehrt hatte, war eine Idealbesetzung. So kam 1931 auch Eugen Kühnemann, der bereits in Harvard und Madison gelehrt hatte, zu einer Einladung. Eugen Kühnemann, damals in Harvard, hatte auch auf der großen Carl Schurz-Gedenkveranstaltung am 22. November 1906 in der Carnegie Hall in New York gesprochen. In seiner Rede hatte er den deutschen Idealismus als Hintergrund von Schurz' Handeln hervorgehoben.[357] Er war ein Germanist aus Breslau, der politisch zum rechten Flügel des DNVP gehörte. Anlass seiner Einladung war das Goethejahr. Küh-

355 Reading Eagle vom 1.2.1933 "Dr. Funk Says Hitler's Rise Will Spread Wave of Fear through Nations in Europe".

356 Dabney, Virginius, Editorializing Hitler's rise to Power. Oral History Interview with Virginius Dabney, June 10–13, 1975, Southern Oral History Program Collection (#4007). http://docsouth.unc.edu/sohp/A–0311–1/excerpts/excerpt_9545.html

357 Geiger 2007, S. 364. Kühnemann trat auch mehrfach als Redner bei der Berliner „Vereinigung Carl Schurz" auf, z. B. am 19.10.1930 auf einer Festveranstaltung zum Steuben-Jahr im Plenarsaal des Reichstages. Er gehörte dem „Beirat" der Vereinigung und ab 1934 dem Vorstand der „Vereinigung Carl Schurz e.V." an; Vereinigung Carl Schurz, Tätigkeitsbericht 1930, S. 9, S. 38; Vereinigung Carl Schurz e.V., Mitteilungen Nr. 1. 20. August 1934, S. 2.

nemann sprach auf insgesamt 91 Veranstaltungen.[358] Er nutzte seine Vorträge „auf Anfrage“ 1931/32 auch zu nationalsozialistischer Propaganda.[359]

Das Programm kam 1932 auch Albert Einstein zugute. Der Nobelpreisträger für Physik (1923) Robert Andrews Millikan hatte die Vermittlung übernommen. Einstein kam zunächst auf Kosten des Oberländer Trust zu einem Gespräch mit Millikan in die USA, ging dann noch einmal nach Deutschland zurück und erhielt im nächsten Jahr, wiederum mit Unterstützung der CSMF, eine Forschungsprofessur an der Princeton University.[360] Eine Displaced Person im strengen Sinne war Einstein nicht, wenngleich er in Berlin immer wieder Angriffen der Nazis ausgesetzt war. Reichskanzler a. D. Heinrich Brüning fand dank der Finanzierung durch den Trust 1934 ebenfalls eine Professur in den USA.[361]

Oft nutzte die Stiftung die Möglichkeit, bereits in den USA anwesende Personen zu Vorträgen einzuladen. Dazu gehörten 1932/33 Margarethe Bach, Tochter des Rabbi Julius Bach aus Wien, der Jurist und Politikwissenschaftler Professor Albrecht Mendelssohn Bartholdy (1874–1936), der von Hamburg nach London emigrierte,[362] die Hamburger liberale Oberschulrätin Emmy Beckmann, der nationalliberale ehemalige Außenminister Julius Curtius und der evangelische Theologe und Friedenskämpfer Friedrich Siegmund-Schultze.[363]

Wir können die Liste der Eingeladenen weiter fortsetzen mit der Krankenschwester Erna von Abendroth, die 1932 Deutschland verließ und auf Vortragsreisen ging oder mit der Bergsteigerin Hettie Dyhrenfurth, die mit einem „Nichtarier“ verheiratet war.

Gustav Pauli, der 1933 aus politischen Gründen abgesetzte Direktor der Hamburger Kunsthalle, hielt 24 Vorträge. Der Parapsychologe Max Dessoir, der von den

358 CSMF Second Annual Report May 1, 1931–April 30, 1932, S.13 und Third Annual Report May 1, 1932–April 30, 1933, S. 9. Weitere Veranstaltungen zum Goethejahr waren ein Essay Wettbewerb für Undergraduates und die Vorführung eines Goethefilms (66 Mal in 26 Staaten), den der Reichskunstwart Edwin Redslob hatte herstellen lassen.

359 Kühnemann, Eugen, Mit unbefangener Stirn, Heilbronn 1937, S. 305f.

360 Edmonds 2006, S. 103.

361 Volkmann, Peer Oliver, Heinrich Brüning im Exil: Reisen in den Vereinigten Staaten 1935–1938/39, in: Historisch-Politische Mitteilungen, hg. von der Konrad Adenauer-Stiftung, 12. Jg., 2006.

362 American-German Review I 4. Albrecht Mendelssohn Bartholdy war ein direkter Nachfahre von Abraham Mendelssohn und Felix Mendelssohn Bartholdy. Vor seiner Emigration war er Vorsitzender der „Gesellschaft der Freunde der Vereinigten Staaten" in Hamburg.

363 CSMF Third Annual Report May 1, 1932–April 30, 1933, S. 9f.

Nazis Lehrverbot erhalten hatte, trug seine Thesen 26 Mal vor.[364] Hans Neisser, Dezernent am Institut für Weltwirtschaft in Kiel, verlor aus „rassischen" Gründen seinen Arbeitsplatz. Er erhielt eine Professur an der University of Pennsylvania in Philadelphia. Von 1943 bis 1965 lehrte er an der New School of Social Research in New York. In den USA machte er als Erster die Werke von John M. Keynes bekannt. Der sächsische Ministerialrat und Sozialdemokrat Robert Ulich, der mit Elsa Brändström verheiratet war, verließ 1933 Deutschland. Die CSMF half bei der Integration in Harvard. Seine weltbekannte Frau spielte in der Emigration in der Frauenbewegung eine bedeutende Rolle.[365] Auch der Berliner Verwaltungsjurist Gotthilf Bronisch, der 1935 mit seiner jüdischen Ehefrau in die USA emigrierte, hielt Vorträge. In einem Gespräch mit dem deutschen Botschafter Hans Luther berichtete Wilbur K. Thomas, dass das Programm störungsfrei verlaufe. Lediglich bei den Vorträgen von Bronisch habe es in Springfield, Ohio und in Baltimore Proteste jüdischer Kreise gegeben. Da Bronisch in seinen Vorträgen für ein energischeres Auftreten der USA gegen Hitler eintrat, könnte sich dieser Protest wohl weniger gegen ihn als Person als gegen den Veranstalter CSMF gerichtet haben. Bronisch war mit dem Kreis um Goerdeler verbunden.[366]

1936/37 wird bereits von „Germans Placed in American Institutions" gesprochen. Wir nennen für 1936/37 nur den „nichtarischen" Gerhart Husserl, den Sozialisten und Widerständler Julius Lips, Edith Lenel, die letzte Schülerin von Hans Rothfels und den jüdischen Dirigenten Willi Fiedler aus Essen.[367] 1938 wurde auch Alfons Paquet, Pazifist und Quäker, Mitglied der Redaktion der „Frankfurter Zeitung" zu einer Vortragsreise eingeladen.[368] 1925 hatte er einen Gedichtband über Amerika veröffentlicht, 1927 ein Schauspiel über William Penn geschrieben. Bei näherem Hinsehen kann man große Teile dieses Einladungsprogramms als Vorläufer des Bemühens der Stiftung ansehen, in Deutschland politisch und/oder rassisch Verfolgte zu unterstützen.

---

364 CSMF Fifth Annual Report May 1, 1934–April 30, 1935, S. 20f. Er ging nach Deutschland zurück und wurde im KZ ermordet.

365 Quack, Sibylle, Zuflucht Amerika. Zur Sozialgeschichte der Emigration deutsch-jüdischer Frauen in die USA 1933–1945, Bonn 1995, S. 140–148.

366 Bundesarchiv Koblenz, NL 1009 Dr. Hans Luther, Ordner 189, Notizen vom 7.11.1935.

367 CSMF Seventh Annual Report May 1, 1936–April 30, 1937, S. 24; CSMF Eighth Annual Report May 1, 1937–April 30, 1938, S. 20.

368 CSMF Eighth Annual Report May 1, 1937–April 30, 1938, S. 19.

Unterstützung von deutschen Flüchtlingen

Ab 1938 wurde das Programm der Unterstützung von Flüchtlingen zum wichtigsten Teil der Arbeit des Oberländer Trust. Die Finanzmittel wurden jetzt nicht mehr als Stipendien an die Person ausgezahlt, sondern an Institutionen, die bereit waren, die Flüchtlinge zu beschäftigen, um sie so dauerhaft in die US-amerikanische Gesellschaft zu integrieren. So sollte das Programm nicht nur den Flüchtlingen helfen, sondern auch dem amerikanischen kulturellen und wissenschaftlichen Leben neue Impulse geben. Dieses Programm war mit 371.000 $ das finanziell bedeutendste des Trust und kam mehr als 300 Personen zugute.[369]

Helene Stöcker (Elberfeld 1869–1943 New York). Foto aus: nrw 2000.de; Oskar Maria Graf (Berg am Starnberger See 1894–1967 New York) (Umschlag zu der Veröffentlichung seiner Briefe an den Inhaber des Greiffen-Verlages in Rudolstadt/Thüringen Karl Dietz, P. Kirchheim-Verlag, München 1994) und Alfons Paquet (Wiesbaden 1881-1844 Frankfurt/Main) seit 1933 Quäker (Umschlag seines 1925 in Leipzig erschienenen Buches, unten)

Dr. Julius Lips (Saarbrücken 1895–1950 Leipzig), seit 1929 Direktor des „Rautenstrauch-Joest Museums" in Köln gehörte zu den ersten, die ihre Heimat verließen. Er weigerte sich, die Anthropologie in den Dienst der NS-Ideologie zu stellen. Von 1933 bis 1948 fand der Anthropologe und Spezialist indianischer Ethnien Aufnahme in den USA. Nach einer befristeten Lehrtätigkeit an der Columbia Universität wurde von 1937 bis 1938 seine Arbeit an der „schwarzen" Howard University in Washington, D.C. durch den Oberländer Trust unterstützt. Danach forschte und lehrte er an der „New School of Social Research". 1948 kehrte er nach Deutschland zurück und wurde Professor an der Universität Leipzig.

Die Film Library des „Museum of Modern Art" nahm Siegfried Kracauer (Frankfurt/Main 1898–1966 New York) auf. Später arbeitete er mit Unterstützung der Rockefeller- und der Guggenheim-Stiftung an seinem Hauptwerk „From Caligari to Hitler". Er kehrte nicht nach Deutschland zurück.

Sieben Mitarbeiter der 1919 gegründeten „New School of Social Research", zu der die „University in Exile" gehörte, wurden unterstützt. Zu ihnen gehörten der bereits erwähn-

369 Gramm 1956, S. 65.

te Nationalökonom Hans Neisser (Breslau 1895–1975 Berkeley CAL) und der Philosoph Leo Strauss (Kirchhain, Hessen 1899–1973 Annapolis, MAR). Auf Vorschlag von Thomas Mann hatte die „University in Exile“ das Motto „Dem lebendigen Geiste“ als Leitspruch übernommen, das am Hörsaalgebäude der Universität Heidelberg von den Nazis entfernt worden war. Fünf Mitarbeiter des „Institut of Social Research“, des nach New York verlagerten Frankfurter „Instituts für Sozialforschung“, darunter Ossip K. Flechtheim (Nikolajew, Russ. 1906–1996 Berlin), der Philosoph und Kommunist Ernst Bloch (Ludwigshafen 1885–1977 Tübingen) und der Nationalökonom Otto Kirchheimer (Heilbronn 1905–1965 New York), erhielten Eingliederungshilfe.

Weitere Zuwendungen halfen Ruth Fischer (Leipzig 1895–1961 Paris),[370] Helene Stöcker (Elberfeld 1869–1943 New York)), dem Komponisten Paul Hindemith (Hanau 1895–1963 Frankfurt/Main), dem späteren SPD-Bundestagsabgeordneten und Diplomaten Ernst Wilhelm Meyer (Leobschütz, Schlesien 1892–1969 Berlin), den Schriftstellern Joachim Maas (Hamburg 1901–1972 New York), der im Exil ein Buch über Carl Schurz schrieb, Heinrich Mann (Lübeck 1871–1950 Santa Monica, CA), Oskar Maria Graf (Berg a. Starnberg See 1894–1967 New York), Kurt Pinthus (Erfurt 1889–1975 Marbach a. Neckar),[371] und dem Neuropsychologen Otto Loewenstein (Osnabrück 1889–1965 New York).[372] Der His-

v.l.n.r.: Elsa Ulich-Brändström (St. Petersburg 1888-1848 Cambridge, Mass.). Foto aus: de.Wikipedia.org; Georg Karo (Venedig 1872–1963 Freiburg i. Br.) Archäologe, Freund Oberländers. Foto aus: Catalogus-professorum-hallensis.de; Felix Reichmann (Wien 1899-1987 Ithaca, NY) Buchhändler in Wien, Mitarbeiter der CSMF. Foto aus: Wiener Kunstgeschichte gesichtet

370 CSMF Fourteenth Annual Report May 1, 1943–April 30, 1944.
371 CSMF Thirteenth Annual Report May 1, 1942–April 30, 1943.
372 Kupsky 2010, S. 197.

toriker und Schriftsteller Dieter Cunz (Höchstenbach, Westerwald 1910–1969 Columbus, Ohio) musste als Homosexueller aus Deutschland fliehen. Auch der linkssozialistische Historiker Arthur Rosenberg (Berlin 1898–1943 New York) wurde bei seiner Integration in den USA vom Oberländer Trust abgesichert.[373] Insgesamt erhielten über 300 Personen Unterstützung. Veröffentlichungen von Arkadij Gurland (Moskau 1904–1979 Darmstadt), der wie Max Horkheimer (Zuffenhausen 1895–1973 Nürnberg) am „Institut of Social Research" gearbeitet hatte, und Ernst Wilhelm Meyer wurden gefördert.[374]

Die Treuhänder des Oberländer Trust beschlossen im Frühjahr 1947 eine empirische Untersuchung darüber durchführen zu lassen, in welchem Maße die Integration der unterstützten Intellektuellen (Professionals) gelungen war. Diese Studie wurde von der Rockefeller Foundation unterstützt.[375] Die wissenschaftliche Leitung übernahm Edward P. Hutchinson von der University of Pennsylvania. Ab Frühjahr 1948 führte der Doktorand Donald Petersen Kent das Unternehmen durch. Es war ein Beispiel angewandter empirischer Sozialforschung, das allen methodischen und inhaltlichen Kriterien dieser noch neuen Richtung der Soziologie gerecht wurde. Die Ergebnisse der sehr differenzierten Studie können hier nicht im Einzelnen vorgestellt werden. Sie schwanken sehr zwischen 92% erfolgreicher Integration bei den Erziehern und 16% bei den Juristen. An der Spitze liegen die 66 Mediziner mit 98%.[376]

Insgesamt emigrierten in den Fiskaljahren 1933 bis 1941 (Kriegseintritt der USA) 104.098 Personen aus Deutschland und Österreich in die USA. Etwa 75–80% waren „nicht arisch" nach den Kriterien der Nürnberger Gesetze. 7622 der Flüchtlinge gehörten zur Gruppe der Professionals.[377] Die Integration dieser Gruppe wurde hauptsächlich von vier Organisationen unterstützt, dem „Emergency Committee in Aid of Displaced Foreign Scholars", der „Rockefeller Foundation", dem „Oberländer Trust" und der „New School of Social Research". Das Emergency Committee konnte 288 Akademiker und weitere 47 durch den Rosenwald-Plan an amerikanischen Colleges und Universitäten platzieren. Das Committee gewährte normalerweise einen einmaligen Zuschuss von 2000 $, der aber oft für die Finan-

373 Kessler, Mario, Arthur Rosenberg (1898–1943) History and Politics between Berlin and New York, in: Socialism and Democracy online, New York 15 2001, Nr. 2, S. 129–150, Anm. 53.

374 Listen bei Gramm 1956 und in den Jahresberichten der CSMF.

375 Kent 1953.

376 Kent 1953, S. 300.

377 Kent 1953, S. 12.

zierung einer Arbeitsstelle nicht ausreichte. In solchen Fällen half der Oberländer Trust durch Aufstockung der Mittel. Man musste bei diesen Vermittlungen darauf bedacht sein, dass durch die Aufnahme der Flüchtlinge keine Arbeitsplätze für US-Bürger verloren gingen. Amerika befand sich in seiner bislang schwersten Wirtschaftskrise. Die größte Hilfsorganisation war die Rockefeller Foundation, die durch ihre Unterstützungen die Arbeit des „Emergency Committee“ und der „New School of Social Research“ überhaupt erst ermöglichte. Die direkten Förderungsmittel erreichten 303 Professionals. Die New School of Social Research sicherte 56 Stellen im eigenen Haus und vermittelte 15 Wissenschaftler an andere Institutionen.[378] Dabei wurde sie auch vom Oberländer Trust unterstützt. Die Zusammenarbeit zwischen den genannten Hilfsorganisationen war so eng, dass neben der Kumulierung der Mittel auch Doppelzählungen nicht zu vermeiden waren. Der grobe Überblick reicht aus, um die bedeutende Position des Oberländer Trust in der Förderungslandschaft deutlich zu machen. Ein Name, der immer wieder auftaucht, ist Wilbur K. Thomas.

Landis Valley Museum

Nachdem die Studienprogramme in Deutschland 1939 eingestellt wurden, suchte und fanden Stiftung und Trust einen weiteren Schwerpunkt in der Erforschung und Sicherung des kulturellen Erbes der „Pennsylvania Dutch“. Im Zentrum dieses Programms stand das Landis Valley Museum. In einem alten Bauernhof in der Nähe von Lancaster hatten zwei Junggesellen seit Jahren Erinnerungsstücke aller Art aus dem Leben der deutschen Einwanderer gesammelt. Nur sie allein kannten die Stücke und ihren Standort. Ein Verzeichnis oder gar ein Katalog bestanden nicht. Der alte Bauernhof war überdies extrem brandgefährdet. Zwischen Juni 1939 und Januar 1953 wurde diese Sammlung zu einem Hauptprojekt der CSMF. Es ist hier nicht möglich, alle Phasen und Schwierigkeiten der Entwicklung dieses Förderprogramms zu schildern. Der Emigrant Dr. Felix Reichmann wurde mit dem Katalogisieren und Fotografieren der Manuskripte und Kunstobjekte beauftragt. Ein Neubau wurde auf einem benachbarten Grundstück errichtet, eine Trägergesellschaft gegründet. 1941 konnte das neue Museum eröffnet werden.[379] Es kam aber immer wieder zu Schwierigkeiten mit den ursprünglichen Sammlern und Eigentümern. Den Stiftern blieb dennoch keine andere Möglichkeit, als das begonnene Projekt weiterzuführen, da lokale Geldquellen nicht aufzutreiben wa-

378 Alle Angaben nach Kent 1953, S. 115–117.

379 CSMF Twelfth Annual Report May 1, 1941–April 30, 1942, S. 24. Zu den Trustees gehörten u.a. Hanns Gramm, Harold M. Leinbach und Wilbur K. Thomas.

ren. 1953 ging das Museum in das Eigentum des Staates Pennsylvanien über.[380] Es ist heute ein modernes, gut besuchtes Ausflugsziel und Studienzentrum zur Geschichte der deutschen Einwanderer und ihrer Kultur.

Hanns Gramm veröffentlichte eine Übersicht über die Aufwendungen des Oberländer Trust von 1931 bis 1953.[381]

Ausgaben in den verschiedenen Arbeitsfeldern 1931–1953

01. Individual grants and awards to American citizens for studies and surveys in German speaking countries .... 271.251 $

02. Grants to American institutions of learning on behalf of refugee scholars from Germany and Austria .... 317.387 $

03. Grants in support of the Carl Schurz Memorial Foundation (American-German Review, Maintenance of Building etc.) .... 218.888 $

04. Grants for the acquisition of exhibit material for various public health museums in the United States .... 124.543 $

05. Grants in support of the Landis Valley Museum project .... 88.374 $

06. Grants for the exhibit of German art in the United States, and of American art in Germany .... 59.916 $

06. Grants for publications and distribution of books and scientific journals .... 71.125 $

07. Grants to the Unitarian Service Committee for post-war American Medical Missions to Germany, and donations of scientific apparatus to some German universities .... 99.500 $

08. Grants to the Free University of Berlin, the Goethehaus in Francfort, and various other cultural re-habilitation projects in post-war Germany .... 40.600 $

09. Grants to representative Germans visiting the United States after the war for re-orientation and training .... 7.750 $

10. Archaeology (mainly grants to the German Archeological Institute in Berlin for projects in Greece) .... 25.527 $

380 Gramm 1956, S. 68–72.

381 Gramm 1956, S. 131.

11. Administrative Expenses (salaries, fees, custodian and investment services) .... 89.412 $

1955 waren die Mittel des Oberländer Trust weitgehend aufgebraucht. Der verbleibende Restbetrag von 55.000 $ wurde der CSMF überwiesen.

Nach dem Zweiten Weltkrieg

Die „Carl Schurz Memorial Foundation" begann nach dem Zweiten Weltkrieg in enger Zusammenarbeit mit der amerikanischen Militärregierung mit einem neuen Programm für Deutschland. Der neue Generalsekretär Howard Elkinton führte zu diesem Zweck in Berlin ein Gespräch mit General Lucius Clay und Alonzo Grace, dem damaligen Leiter der Erziehungs- und Kulturabteilung von OMGUS.[382]

Als 1948 das hundertjährige Jubiläum der Revolution von 1848 in der Frankfurter Paulskirche gefeiert werden sollte, wurde die Stiftung um Hilfe gebeten. Sie schlug vor, Georg Shuster, den Präsidenten des Hunter College und führenden katholischen Intellektuellen der USA, als Redner zu entsenden.[383] Die Veranstaltung wurde ein voller Erfolg und Vertreter der Militärregierung ließen es an Lob gegenüber der „Carl Schurz Memorial Foundation" nicht fehlen.[384]

Viele Programme wurden in Zusammenarbeit mit anderen Organisationen, so dem YMCA (CVJM) und dem „Unitarian Service Committee" durchgeführt. Vier medizinische Missionen nach Deutschland wurden ermöglicht. Die Universitäten Tübingen und Marburg wurden mit medizinischem Material unterstützt. Der Germanist Prof. Heuser von der Columbia Universität kam nach Deutschland, um zu prüfen, welche Lücken in der Nazizeit und durch den Krieg in deutschen Bibliotheken entstanden seien. Anschließend wurden Buchsendungen für diese Bibliotheken organisiert. Die Freie Universität Berlin erhielt 55.000 $ zur Finanzierung einer amerikanischen Gastprofessur, die schließlich für fünf Semester von Professor Eric W. Barnes als Direktor des neu gegründeten Instituts für Amerikastudien wahrgenommen wurde.[385] Beim Wiederaufbau des Goethehauses in Frankfurt am Main wurde geholfen. Amerikanische Musiker kamen nach

382 Gramm 1956, S. 79.
383 Gramm 1956, S. 110.
384 Kupsky 2010, S. 232.
385 CSMF Reports 1952–1954, S. 12.

Deutschland und eine Kunstausstellung stellte amerikanische Malerei vor. Arnold Bergsträsser erhielt eine Unterstützung beim Aufbau des Instituts für Politikwissenschaft an der Universität Freiburg.[386] Auch zum Aufbau der Beethovenhalle in Bonn trug die CSMF bei. Die Erlöse eines Konzertes des ungarischen, im amerikanischen Exil lebenden Pianisten Andor Foldes am 5.12.1956 in der Carnegie Hall wurden zur Verfügung gestellt.[387] Es galt als Höhepunkt der internationalen Spendenwerbung für die Halle.[388]

Die „Carl Schurz Memorial Foundation" war in ihrem Deutschlandprogramm frei von den Begrenzungen und Rücksichten, denen die offiziellen Stellen kurz nach Beendigung des Krieges oft Rechnung tragen mussten, betonte US-Hochkommissar James B. Conant in einem Dankschreiben vom 22. Juli 1954 an Howard Elkinton.[389]

---

386 CSMF Reports 1952–1954, S. 13.

387 CSMF Reports 1954–1957, S. 9. Eine im Bonner Beethovenhaus geplante Studienwoche kam 1992 nicht zustande, da Foldes in seiner Wahlheimat Zürich infolge eines Unfalls verstarb. Foldes hatte auch in Buenos Aires und Bonn Konzerte für den Aufbau der Beethovenhalle gegeben. Er wurde mit dem Großen Verdienstkreuz des Verdienstordens der Bundesrepublik Deutschland ausgezeichnet.

388 http://de.wikipedia.org/wiki/Beethovenhalle

389 CSMF Reports 1952–1954, S. 4. Conant war von 1953 bis 1955 US-amerikanischer Hochkommissar in Deutschland, von 1955 bis 1957 Botschafter.

Reichtum verpflichtet: Wyomissing und Reading

Die gemeinnützige Arbeit der Inhaber der „Wyomissing Industries“ in Wyomissing, Reading, Berks County und in Philadelphia ist wegen ihrer Vielfalt und Bedeutung kaum zu erfassen. Einige wichtige Ergebnisse ihres Wirkens können hier nur angedeutet werden.

Die Wyomissing Public Library

Die Einrichtung der Stadtbibliothek in Wyomissing ging auf die Anregungen einer Gruppe von etwa 20 Frauen zurück. Sie sammelten Bücher bei ihren Freunden. Rund 1000 Bücher kamen zusammen. Sie wurden zunächst im Privathaus von Howard M. Fry, dann im Schulgebäude untergebracht. Frau Oberländer, die Vorsitzende des Library Committee war, erreichte dann, dass Räume in der Borough Hall bereitgestellt wurden. Schließlich stellten Janssen und Thun ein Haus für die Unterbringung kostenlos zur Verfügung. Als diese Räume nicht mehr ausreichten, bot Frau Thun – die nun Vorsitzende des Library Committee war – an, ein neues Gebäude zu stiften. Die „Wyomissing Public Library Corporation“ wurde gegründet. Am 16. April 1931 wurde das neue Haus feierlich eröffnet.

George Edmonds stellt 2006 seine neue Veröffentlichung „Wyomissing – An American Dream“ in der Buchhandlung Broder Books in Wyomissing Elizabeth Bowman Rothemerl, einer Urenkelin von Henry Janssen, vor. Repro aus Reading Eagle vom 29.10.2007

Erwähnt sei hier auch die 2008 eröffnete „Henry Janssen Library“. Diese Bibliothek ist eine Forschungsbibliothek der „Historical Society of Berks County“ mit bedeutenden Archivbeständen und befindet sich in Reading.

Das „Reading Public Museum and Art Gallery"

Für das „Reading Public Museum and Art Gallery" stellten Thun und die „Wyomissing Development Corporation" ein Grundstück von 55 Acres (etwa 220.000 qm) Größe zur Verfügung. Thun, Janssen und Oberländer verpflichteten sich außerdem, für die nächsten zehn Jahre zu den Betriebskosten 10.000 $ jährlich beizusteuern. Nach langem Streit über den Standort wurde das Haus am 2. Oktober 1926 eingeweiht. Mit dem Lehrer, Naturaliensammler und zukünftigen Leiter des Museums Dr. Levi W. Mengel waren die Gründer seit vielen Jahren befreundet. In den Fenstern der „Founder's Gallery" wird in bleiverglasten farbigen Darstellungen an die Förderer Thun, Janssen, den Erbauer Irvin Impink[390] und den ersten Direktor Dr. Levi W. Mengel erinnert. Diese Fenster wurden am 29. September 1968 eingeweiht. Die Nachfahren der Gründer und viele Gäste nahmen an der Zeremonie teil.[391] Das Museum besitzt heute neben der naturkundlichen Sammlung des Gründers eine Kunstsammlung von etwa 700 Ölgemälden, hundert Skulpturen, zweihundert Aquarelle und Tausende von Grafiken. Zum Museum gehört ein Arboretum, idyllisch an beiden Ufern des Wyomissing Creek gelegen.

Das Reading Hospital

Das Hauptgebäude des Reading Hospital. Repro aus: Holton 1993, S. 79

Die bedeutendsten Zuwendungen erhielt das Reading Hospital. Ein Grundstück von 38 Acres, etwa 154.000 qm, wurde von Ferdinand Thun für den Bau zur Verfügung gestellt. Janssen engagierte sich bei den Bauplanungen und setzte schließlich durch, dass das Hauptgebäude in Anlehnung an ein ähnliches Gebäude in Mannheim konzipiert wurde. Gustav Oberländer trug erheblich zu den Baukosten des Schwesternhauses, entworfen von Paul Hessemer (1890–1964), und der Einrichtung des Parks bei. Bis 1936 war er 5 Jahre Vorsitzender und 15 Jahre Mitglied des Board of Directors.[392] Ihm folgte Henry Janssen. 1979 konnten eine Enkelin von Henry Janssen und Louis Thun ein neues Hörsaalgebäude (Auditorium) eröff-

390 Der Bauunternehmer Irvin Impink vertrat neben seinen eigenen Immobilieninteressen den Grundstücksbesitz von Thun und der Wyomissing Development Corporation.

391 Sutton 2007, S. 91.

392 Reading Eagle vom 11.12.1936 "Tribute to Memory of Oberlaender by Reading Hospital Board".

nen, dessen Bau durch eine Spende der beiden Familien in Höhe von 1.000.000 $ ermöglicht wurde.[393] Insgesamt sollen die Zuwendungen an das Krankenhaus 4.000.000 $ betragen haben. Wahrscheinlich waren sie höher.

Das Wyomissing Polytechnic Institute

Aus der Lehrwerkstatt der „Textile Machine Works Inc." ging das „Wyomissing Polytechnic Institute" hervor. Als die Maschinenfabrik infolge des Modewechsels bei den Damenstrümpfen in wirtschaftliche Bedrängnis geriet, beschloss sie, das Institut zu schließen. 1958 bot sie der „Penn State University" die Übernahme an. So konnte der Unterricht ohne Unterbrechung weitergeführt werden. Aus dem Institut entstand mit Unterstützung der Thun-Brüder das Berks Center der „Penn State University",[394] heute „Penn State Berks-Lehigh Valley College".

Die Wyomissing Foundation in der „Old Mill". Foto: Klaus Vollmer

Die Wyomissing Foundation

Die Wyomissing Foundation war die erste der Stiftungen, die von den drei Inhabern der „Wyomissing Industries" schon 1926 mit über drei Millionen Dollar gegründet wurde. 1,5 Millionen steuerte Oberländer bei, 923.000 $ kamen jeweils von Thun und Janssen. 1931 wurde das „Freie Deutsche Hochstift" in Frankfurt am Main aus Mitteln der Wyomissing Foundation unterstützt. Vorher war bereits auf Veranlassung von Gustav Oberländer das Deutsche Archäologische Institut in Athen mit 55.000 $ gefördert worden. Anton Erkelenz wurde 1932/33 bei der Gründung der „Vereinigung Carl Schurz" in Berlin mit 5000 Mark geholfen. 1931 übertrug Oberländer eine Million Dollar an den Oberländer Trust. Im März 1936

393 Reading Eagle vom 18.3.1979 "Thun-Janssen Educational Building. Hospital to Dedicate Center".
394 Penn State Berks: History of the Wyomissing Polytechnic Institut. http://www.bk.psu/Alumni/28570.htm

zogen Oberländer und Janssen ihre Anteile vollständig ab.[395] So blieb die Familie Thun als alleiniger Spender der Wyomissing Foundation übrig.[396]

Ein beliebter Urlaubsort der Familie Thun und ihrer Freunde war das Hotel Byden Wood in den „South Mountains“ in der Nähe von Wernersville. 1940 wurde das Hotel geschlossen und sollte verkauft werden. Das Bedauern im Kreis der traditionellen Besucher war groß. Die Wyomissing Foundation kaufte das Hotel und es wurde bis zum Ende des Zweiten Weltkrieges durch eine Holding weitergeführt. Danach wurde es für 1 $ im Jahr an den YMCA vermietet, nachdem etwa 250.000 $ investiert worden waren, um es für den neuen Zweck umzugestalten und zu renovieren. 1948 wurden das Anwesen und seine weiten Parks und Wälder an den YMCA übertragen.[397]

Die Wyomissing Stiftung besteht noch heute und hat ihren Sitz in einer restaurierten alten Mühle, die ursprünglich Ferdinand Thun gehörte.[398] Thun war bis zu seinem Tod Präsident dieser Stiftung. Danach präsidierten die beiden Zwillingssöhne Ferdie und Louis im jährlichen Wechsel, ab 1950 kamen die vier Schwestern hinzu. Die Stiftung ist heute lokalen und regionalen Aufgaben vor allem im Bereich des Naturschutzes gewidmet. An der Gründung der „Berks County Community Foundation“ durch Alfred Grebe Hemmerich war sie wesentlich beteiligt.

Vier Angestellte verwalten die Stiftung, die 2010 über ein Jahreseinkommen von 1.009.992 $ und ein Vermögen von 28.386.258 $ verfügte. Damit ist sie eine der größten Stiftungen in Pennsylvanien.

Die Henry Janssen Foundation

Die „Henry Janssen Foundation“ in Wyomissing unterstützte einzelne Projekte der „Carl Schurz Memorial Foundation“. 1934 finanzierte sie z.B. die Überset-

395 Um 1936 stellte Henry Janssen „wegen politischer Differenzen“ auch seine persönliche Mitwirkung in der „Carl Schurz Memorial Foundation“ ein. Einzelheiten sind leider nicht bekannt. Brief von Hanns Gramm vom 23.8.1957 an Ernst Beutler, Freies Deutsches Hochstift, Hausarchiv. Die New Yorker Staats-Zeitung weist in ihrem Nachruf auf Henry Janssen ebenfalls darauf hin, dass dieser sich später an den Arbeiten der Stiftung nicht mehr beteiligt habe. New Yorker Staats-Zeitung und Herold vom 29.1.1948.

396 Edmonds 2006, S. 99 nach einem unveröffentlichten Bericht von Paul Roedel für die Trustees der Wyomissing Foundation.

397 Holton 1993, S. 46.

398 Reading Eagle vom 31.5.2009 "Your Neighbourhood: The Wyomissing Foundation".

zung, 1937 den Druck des Buches von Graf Stolberg-Werningerode „Deutschland und die Vereinigten Staaten von Amerika im Zeitalter Bismarcks“ und den Entwurf sowie die Herstellung einer Carl-Schurz-Medaille durch den Chief Engraver der U.S. Mint John R. Sinnock. [399] Die Besuche von Georg Kartzke und von Ernst Beutler in den USA (1934) wurden von der Janssen-Stiftung gefördert. Eine Reise von fünf Direktoren von Lehrerbildungsanstalten nach Deutschland und Österreich wurde ermöglicht. Sie sollten neue Methoden des Fremdsprachenunterrichts studieren.[400] 1954 unterstützte die Stiftung erneut eine Reise von Ernst Beutler und seiner Frau in die USA. Ihr wichtigstes Betätigungsfeld sah die Stiftung nach dem Zweiten Weltkrieg in Wyomissing und in der Region. Die Stiftung verfügt heute über ein Kapital von etwa 10.000.000 $ und über jährliche Einnahmen von etwa 400.000 $.

Die Gustav Oberlaender Foundation

Die 1934 in der Steueroase Wilmington, Del. gegründete „Gustav Oberlaender Foundation for Education and Charity Inc.“, mit 500.000 $ ausgestattet, gewährte regelmäßig Stipendien für fünf Colleges im Gebiet von Reading.[401] Sie wurde 1996 aufgelöst. Ihr Vermögen in Höhe von 2,5 Millionen Dollar wurde der Berks County Community Foundation übertragen.[402]

Die Buttonwood Street Bridge

Zwischen Eigennutz und Gemeinnutz stand die Förderung des Baus einer Brücke über den Schuykill River, die das Fabrikgelände der Wyomissing Industries mit Wohngebieten in Reading auf der anderen Seite des Flusses verband. Die Brücke verkürzte ab 1931 die Wege der Arbeiter und der Waren und entlastete die einzige alte Brücke über den Fluss. Die Baukosten teilten sich die Wyomissing Industries mit der öffentlichen Hand.

---

399 CSMF Sixth Annual Report May 1, 1935–April 30, 1936.
400 CSMF Fifth Annual Report May 1, 1934–April 30, 1935.
401 Edmonds 2006, S. 118.
402 Kupsky 2012, S. 12.

Reichtum verpflichtet: Großprojekte in Deutschland

Archäologie und Wilhelm Dörpfeld

Gustav Oberländers Interesse an der Archäologie wurde wahrscheinlich von Wilhelm Dörpfeld geweckt.[403] Jedenfalls erwähnte er gegenüber Gerhard Rodenwaldt, dem Generalsekretär des Deutschen Archäologischen Instituts, dass seine Antikenbegeisterung durch Vorträge Wilhelm Dörpfelds (1853–1940) gestärkt worden sei. [404] In der Schule habe er sich bereits für die Antike interessiert. Schon 1927 sollte er Dörpfeld in Athen treffen.

Wilhelm Dörpfeld und Gustav Oberländer im Hegelhaus in Berlin, 1933. Foto: ©Historische Gesellschaft von Pennsylvanien, Bestand Carl Schurz Vereinigung

Unmittelbar nachdem Oberländer sich 1926 finanziell von den Wyomissing Industries gelöst hatte, fuhr er nach Berlin. [405] Rodenwaldt hatte von seiner Anwesenheit und seinem archäologischen Interesse erfahren und nahm Verbindung zu Oberländer auf. Oberländer erklärte seine Hilfsbereitschaft. Es sei ihm bei seinen Reisen aufgefallen, dass über den bedeutenden Ausgrabungen des Mittelmeerraumes kaum noch die deutsche Fahne zu finden sei. Nach dem Erwägen verschiedener Möglichkeiten schlug Rodenwaldt vor, die seit 1916 ruhenden Ausgrabungen am Friedhof Kerameikos wieder aufzunehmen. Oberländer stimmte zu. Die ersten Mittel (55.000 $) kamen von der Wyomissing Foundation, da der Oberländer Trust noch nicht eingerichtet worden war.

---

403 Wilhelm Dörpfeld war ein Sohn des Pädagogen Friedrich Wilhelm Dörpfeld. Er wurde 1853 in Barmen geboren und besuchte das Gymnasium in Elberfeld. Nach dem Abitur 1872 studierte er an der Bauakademie in Berlin, 1876 machte das Bauführerexamen. Zu Dörpfeld sh. Eckardt, Uwe, Wilhelm Dörpfeld (1853–1940), in: Rheinische Lebensbilder, Bd. 11, 1988, S. 813–828, Ernst Kluwe, Wilhelm Dörpfelds Wirken in Jena (1919–1927), in: Geschichte im Wuppertal 13. Jg. 2004, S. 96–110 und Goebel/Giannopoulou 2010. Zu Dörpfeld und Wilhelm II: Eckardt 1999.

404 Im Vorwort der Veröffentlichung Dörpfeld, Wilhelm und Peter Goessler (Hg.), Alt-Ithaca. Ein Beitrag zur Homer-Frage. Studien und Ausgrabungen auf der Insel Leukas-Ithaca, 2. Bände, München 1927, S. VIII. wird Oberländer als Förderer genannt. Er hatte wohl zu den Druckkosten beigetragen.

405 Karo 1943, S. 1.

„Die Grabung auf dem antiken Friedhof Athens ist bis heute eine der größten Erfolgsgeschichten der deutschen Archäologie“, schreibt Thomas Richter.[406]

Bis zur Verabschiedung Wilhelm Dörpfelds in den Ruhestand 1912 war Georg Karo Zweiter Sekretär (Direktor) des Deutschen Archäologischen Instituts in Athen, danach Erster Sekretär bis 1919. 1913 waren unter seiner Verantwortung die Grabungen auf dem Friedhof von Kerameikos durch Alfred Brückner (1861–1936) und Hubert Kackfus (1866–1948) begonnen worden. Durch den Ersten Weltkrieg wurden sie unterbrochen. Im Januar 1927 nahmen die Archäologen mit dem Geld Oberländers die Arbeit wieder auf. Oberländer besuchte die Grabungsstätte und traf bei dieser Gelegenheit Wilhelm Dörpfeld persönlich.[407]

Von 1930 bis 1936 war Karo erneut als Erster Sekretär in Athen. Er war verantwortlich für das Projekt, war aber an den Ausgrabungen selbst nicht beteiligt.[408] George Karo wurde als Jude 1936 entlassen und musste 1939 Hitlerdeutschland verlassen. Er ging in die USA. Hier wurde er vom Oberländer Trust unterstützt und konnte das Buch „An Attic Cemetary“ schreiben, das die Ausgrabungsergebnisse in Griechenland schildert. [409]

Fast jährlich kam Oberländer nach Griechenland und beobachtete den Fortschritt der Arbeiten. Der Oberländer Trust stellte weitere 25.527 $ zur Verfügung. Alle ausgegrabenen Stücke mussten nach geltendem griechischem Gesetz in Griechenland bleiben. Ein wertvolles Grabmonument aus Marmor in der Form eines Ölbehälters erhielt Oberländer als Geschenk der griechischen Regierung. Es befindet sich heute im Reading Public Museum.[410] Zur Sicherung der Ausgrabungen wurde mit Unterstützung Oberländers nach den Plänen des Architekten Heinz Johannes ein Museum gebaut. Es wurde allerdings erst nach dem Tod Oberländers vollendet. Anlässlich der Olympischen Spiele 2004 wurden mit Unterstützung der Gebrüder Boehringer Museum und Ausstellung erneuert. Das Oberländer-Museum wurde nun in Kerameikos-Museum umbenannt.

Oberländers Interesse galt aber nicht nur dem Friedhof Kerameikos. Er förderte, nicht mit Mitteln des Oberländer Trust, sondern aus privaten Fonds, auch Gra-

---

406 Richter 2006, S. 16.
407 Edmonds 2011, S. 13.
408 Karo 1943, S. 3.
409 Karo 1943, S. 3.
410 Edmonds 2011, S. 4.

bungen in Olympia und in Pergamon. Leiter der dortigen Grabungen war Theodor Wiegand. Dies führte zu einer Auseinandersetzung zwischen Rodenwaldt und Wiegand, dem Rodenwaldt vorwarf, sich direkt und ohne Absprache mit ihm an Oberländer gewandt zu haben.[411] Auch Dörpfeld griff auf die Geldquelle Oberländer zurück. Nachdem Oberländer schon zum Druck seiner Veröffentlichung über Alt-Ithaca beigetragen hatte, bat er ihn im November 1932 um eine Förderung seiner Veröffentlichung über Alt-Olympia, die dann 1935 erschien. Aus dem Vorwort ist zu entnehmen, dass Oberländer auch Geldmittel für die Grabungen von Alt Olympia zur Verfügung stellte.[412]

Oberländer und seine Frau (in türkischer Tracht) mit Theodor Wiegand in der Türkei 1932. Foto: Deutsches Archäologisches Institut Istanbul

1934 machte Gustav Oberländer seine letzte Reise nach Griechenland. Er wurde begleitet von seiner Frau, Dr. William Bertholet, dem medizinischen Direktor des Reading Hospital und Hausarzt der Oberländers, und J. Bennet Nolan, einem Anwalt aus Reading und Mitglied der Pennsylvania Historical Commission. Am Athener Dipylon Tor, das im Ausgrabungsbezirk von Kerameikos lag, waren durch Wilhelm Dörpfeld neue Ausgrabungen begonnen worden. Nun sollte die Reisegruppe selbst an einer Ausgrabung teilnehmen. Eine Grabstätte war vorbereitet und wurde von Dörpfeld geöffnet. Reiche Funde belohnten seine Mühe.[413] Später besuchte man den Apollo-Tempel in Corinth und hier erzählte Dörpfeld über seine gemeinsame Zeit mit Schliemann. So berichtete er auch, dass Wilhelm II. 1889 zur Hochzeit seiner Schwester Sophie mit dem griechischen König nach Athen gekommen sei und er die Führung des Kaisers und seiner Frau über den Pantheon übernehmen musste. So kam es denn auch dazu, dass der Kaiser ihn einlud, nach

411 Richter 2006, S. 16.

412 Richter 2006, S. 16.

413 Der Verdacht, dass es sich hier um eine inszenierte „Grabung" handelte, ist vielleicht nicht ganz unbegründet. Ein großes Team war versammelt. Pausenlos wurde fotografiert und gezeichnet. Gegen Ende der Grabung lag der 81jährige Dörpfeld auf dem Boden, sein Kopf und sein Oberkörper hingen über dem Grab. Schließlich stieß er einen Schrei aus, aus und holte aus einem Spaten voller Erde einen goldenen Ring, so beschrieb Bennet Nolan in der American-German Review XVII 5, Juni 1951, S. 24 das Ereignis.

Korfu zu kommen, als dort 1911 in der Nähe seines Sommerpalastes antike Reste gefunden wurden. Seitdem besuchte er die kaiserliche Familie jedes Jahr auf Korfu. Nach der Flucht des Kaisers kam er nach Doorn und half bei der Niederschrift des kaiserlichen Erinnerungsbuches an Korfu.[414]

Dörpfeld und Oberländer besuchten 1929 den ehemaligen deutschen Kaiser im Exil. Oberländer stellte bei diesem Besuch eine „größere Geldsumme“ zur Unterstützung wissenschaftlicher Forschung in Aussicht.[415] Der Kaiser war zu dieser Zeit vor allem an den Forschungen von Leo Frobenius interessiert, der für eine Expedition in den Fezzan Geld brauchte. Er leitete die von Oberländer überwiesenen Spenden in Höhe von insgesamt 10.000 Mark denn auch prompt an diesen weiter. 1932 wurde die Förderung eingestellt. Zwar versuchte der Hausmarschall des Kaisers Detlof Graf von Schwerin bei einem Besuch in Bad Nauheim, Oberländer für weitere Mittel zu gewinnen, aber dieser sagte, dass er den versprochenen Betrag komplett ausgezahlt habe. Da die wirtschaftliche Lage in den USA sich sehr ungünstig auf sein Einkommen und sein Vermögen ausgewirkt habe, könne er keine weiteren Zuschüsse geben.[416] Oberländers Interesse an der Arbeit von Frobenius war begrenzt. Vermutlich war er auch davon ausgegangen, dass seine Zuwendungen an den Kaiser für archäologische Forschungen zur Verfügung gestellt würden.

Seit 1927 gehörte Oberländer zu den wenigen Ehrenmitgliedern des „Deutschen Archäologischen Instituts“. 1931 erhielt er die Goldene Leibniz-Medaille der „Preußischen Akademie der Wissenschaften“, im „Goethejahr“ wurde ihm am 21. August 1932 von Reichspräsident von Hindenburg die „Goethe Medaille für Kunst und Wissenschaft“ verliehen.

1936 trafen sich Oberländer und Dörpfeld zum letzten Mal in Berlin bei einem Mittagessen, zu dem Oberländer eingeladen hatte.[417] Anlass des Berlinbesuchs waren natürlich die Olympischen Spiele.

414 Eckardt 1999, S. 152.
415 Franzen 2011, S. 384.
416 Franzen 2011, S. 470.
417 Goebel/Giannopoulou 2010, S. 110.

Die Universität Heidelberg

Die Finanzierung eines neuen Universitätsgebäudes für die Universität Heidelberg ging auf die Initiative des US-amerikanischen Botschafters in Berlin 1915–1930 Jacob Gould Schurman (1854–1942, mit holländischen Vorfahren) zurück, der in Heidelberg studiert hatte und der ein persönliches und politisches Interesse an einer Normalisierung der deutsch-amerikanischen Beziehungen hatte. Schurman, der zum konservativen Flügel der Republikanischen Partei gehörte, begann 1928 für einen für das Hörsaalgebäude bestimmten Fonds in Höhe von 400.000 $ zu sammeln. Es gelang seinem diplomatischen Geschick und seiner Energie, in New Yorker Finanzkreisen erfolgreich zu werben. John D. Rockefeller steuerte 200.000 $ bei, der New Yorker Bankier George F. Baker 50.000 $. Die restlichen 120.000 $ sammelte die Steuben-Gesellschaft. Man hatte zunächst Wert darauf gelegt, dass die Spendenaktion von Amerikanern begonnen wurde, die ausdrücklich nicht deutscher Abstammung oder Geburt waren.[418] Die Spende wurde als Dankesgabe dafür bezeichnet, dass Heidelberg viele amerikanische Studenten aufgenommen hatte, als in den USA entsprechende Fachstudien noch nicht möglich waren. Wie zu erwarten war, stellte sich heraus, dass die vorgesehene Summe nicht ausreichte, um den Bau zu vollenden. Weitere 100.000 $ konnten eingeworben werden. Die Namen der Stifter blieben aber zunächst unbekannt. Die Einweihungsfeier des neuen Gebäudes fand am 6. Juni 1931 statt. In seiner Rede teilte Schurman mit, dass diese Summe von Ferdinand Thun, Henry Janssen und Gustav Oberländer zur Verfügung gestellt worden sei.[419] Gustav Oberlaender war anwesend.[420] 1932 erhielt Schurman die Ehrendoktorwürde der Universität Heidelberg. Eine Büste von Schurman wurde in der Eingangshalle des Gebäudes aufgestellt und daneben eine Stiftertafel angebracht.[421] Auch Oberländer erhielt den Ehrendoktorhut, war aber wohl nicht persönlich dabei. Aus Anlass des 550. Gründungstages der Universität vom 27. Juni bis 1. Juli 1936 erhielten Henry Janssen und Ferdinand Thun (beide in absentia) ebenfalls die Ehrendoktorwürde der Universität Heidelberg.[422]

418 Junker 1985, S. 343.

419 Junker 1985, S. 352.

420 Reading Eagle vom 9.6.1931 "Reading Gifts for Building at Heidelberg".

421 Beide wurden 1938 entfernt und nach 1945 wieder angebracht.

422 Reading Eagle vom 29.6.1936 "Thun, Janssen Win Heidelberg Degrees".; Bergisch-Märkischer Anzeiger, Barmen vom Juli 1936 „Auslandsbarmer als Heidelberger Ehrendoktoren"; Stadt-Anzeiger, Barmen vom 2. Juli 1936 „Ehrung zweier Barmer".

Hier ist nun eine Geschichte zu erwähnen, die gelegentlich bei der Kritik an der Hitler freundlichen Einstellung Oberländers zitiert wird.[423] Es geht um einen angeblichen Besuch bei Goebbels. Tatsächlich handelte es sich um die Teilnahme von Oberländer und seiner Frau an den Feierlichkeiten zum 550jährigen Bestehen der Universität Heidelberg im Juni 1936. Zu einem Empfang der Reichsregierung wurden über 1000 Gäste eingeladen. Viele europäische und amerikanische Universitäten hatten Delegationen zum Universitätsjubiläum entsandt, z.B. Harvard und Cambridge, MA. Nur die englischen Universitäten hatten die Veranstaltung boykottiert. Die Reichsregierung wurde durch Dr. Joseph Goebbels vertreten, der in Heidelberg promoviert worden war. Nach einem privaten, wichtigtuenden und ungewöhnlich naiven Brief, den Frau Oberländer an eine Bekannte in Wyomissing schrieb, waren die Oberländers (die in Bad Nauheim zur Kur weilten) Ehrengäste beim Abendempfang auf dem Heidelberger Schloss und Oberländers saßen am Tisch von Goebbels, Frau Goebbels neben Oberländer. Weitere Tischgenossen waren ein chinesischer, ein japanischer und ein südafrikanischer Minister. Frau Oberländer schildert nun in den höchsten Tönen den Ablauf der Ereignisse, teilt mit, welche Garderobe sie gewählt hatte, beschreibt Frau Goebbels als eine sehr schöne Frau, modern gekleidet „wie eine Amerikanerin“ usw. Schließlich formuliert sie dann auch den oft zitierten Satz „After dinner were speeches. Goebbels made the first one. He is small, but has a charming face and is a wonderful orator“. (Nach dem Essen gab es Reden. Goebbels war der erste Redner. Er ist klein, hat aber ein charmantes Aussehen und ist ein wundervoller Redner.) Der Brief gelangte an die Presse und wurde im „Reading Eagle” durch die Gesellschaftsreporterin Lilly March auszugsweise wiedergegeben.[424] Man mag sich über die Naivität von Frau Oberländer wundern. Sie war bekannt als „a purposeful non-conformist with a quick wit, and a forceful individualist with an irresistible pixie penchant for saying almost anything that came to her mind if it might serve the dual purpose of amusing and shocking her audience.”[425] (eine absichtsvolle Nonkonformistin, mit einem schnellen Verstand und eine betonte Individualistin mit einer unwiderstehlichen koboldhaften Art, alles zu sagen, was ihr in den Sinn kam und dem doppelten Zweck dienen konnte, ihre Zuhörer zu amüsieren und zu schockieren.)

---

423 Jenkins 1997, S. 56.

424 Reading Eagle vom 28.7.1936 "As Seen by Her" by Lilly March [Brief Frau Oberlaender].

425 Edmonds 2011, S. 24.

Goethe

Die Beziehung von Henry Janssen zum Goethemuseum kam etwa 1930 dadurch zustande, dass der Frankfurter Oberbürgermeister wie Janssen in Bad Nauheim zur Kur war und diesen ansprach, ob er nicht Mittel für das zu errichtende Frankfurter Goethemuseum zur Verfügung stellen könne. Janssen lehnte ab, besuchte aber Ernst Beutler[426] in Frankfurt. Er erklärte, dass er keine Mittel über die Stadt habe geben wollen, aber bereit sei, eventuell dem Goethemuseum direkt zu helfen.[427] Aus diesem Besuch entwickelte sich eine langjährige Freundschaft zwischen Beutler und Janssen. 1941 widmete Beutler seine „Essays um Goethe" Henry Janssen. Beutler war seit 1925 Direktor des „Freien Deutschen Hochstifts". Das Hochstift war in einer schwierigen finanziellen Lage, da nach dem „schwarzen Freitag" die Spenden nur noch spärlich flossen. Janssen wurde von seiner Tochter Helene Janssen-Wetzel begleitet. Diese fand besonderen Gefallen an den Plänen, ein Goethemuseum zu eröffnen. Janssen stellte „eine beträchtliche Summe zur Verfügung".[428] Im Goethejahr 1932 stiftete Janssen im Namen seiner Töchter Wilhelmine und Helene den Preis für den Ankauf eines Goetheporträts von Heinrich Christoph Kolbe.[429]

Ernst Beutler widmete seine „Essays um Goethe" 1941 Henry Janssen. Foto: Heidermann

---

426 Ernst Beutler (1885–1960) war von 1925 bis 1960 Direktor des Freien Deutschen Hochstiftes und Leiter des Goethehauses. Mit Geschick und Mut konnte er in den Jahren der nationalsozialistischen Diktatur die Arbeit des Goethehauses und des Goethemuseums fortführen. Als „jüdisch versippter" Deutscher – seine Frau war Halbjüdin – war er immer wieder heftigen Angriffen der Gauleitung ausgesetzt. Zu NS-Oberbürgermeister Krebs, der ihn unterstützte, konnte er im Laufe der Jahre ein zuverlässiges Arbeitsverhältnis aufbauen. Beutler setzte nach dem Zweiten Weltkrieg den Wiederaufbau des Goethehauses nach Plänen und Fotos durch, die er und seine Mitarbeiter in Vorahnung des Kommenden angefertigt hatten. Durch Auslagerung der Schätze des Hauses an den verschiedensten Stellen konnten Kriegsverluste der Bestände weitestgehend vermieden werden. Zu seiner Biographie: Internationales Germanistenlexikon 1800–1950, Bd. 3, S. 170–172 (Seng); Seng 2009.

427 Beutler 1948, S. 348.

428 Beutler 1948, S. 349. Seng 2009, S. 367 Anm. 176. Die Wyomissing Foundation stellte 50.000 Dollar zur Verfügung. 1932 trugen Janssen und Thun nochmals 15.000 Dollar aus ihrem Privatvermögen bei. Nach Seng (S. 270, Anm. 71) geht aus den Unterlagen nicht hervor, in welcher Währung die Zuwendungen erfolgten. Viel spricht allerdings für die Annahme, dass es in der den Spendern geläufigen Dollar-Währung geschah. Das bedeutet dann für 1932 in Mark einen Multiplikator von etwa 4, 25.

429 Kat. Frankfurt 2011, S. 147. Es handelte sich um eine Ausschnittkopie des großen Goethegemäldes in Jena, die sich in der Wohnung von August von Goethe befunden hatte. Nach dessen Tod wurde das Bild von Vater Goethe an die Eltern von Dr. Carl Gille geschenkt. 1932 wurde es von Dr. A. W. Lutz, Berlin-Zehlendorf erworben.

Das Phillips-Museum of Art des Franklin & Marshall College, Lancaster, PA besitzt heute ein Goethebild von Kolbe.[430] Dieses Bild wurde von Ferdinand Thun etwa 1931 dem „Freien Deutschen Hochstift“ für 10.000 Mark abgekauft. Beim Tod von Thun befand es sich in seinem Nachlass. Wahrscheinlich kam es über die Tochter Hildegard Thun Plehn nach Lancaster. Hanns Gramm fragte bei Ernst Beutler an, ob es denn stimme, dass dieses Werk das einzige Originalbild Goethes in den Vereinigten Staaten sei. Beutler bestätigte dies.[431]

Janssen und Thun schenkten weitere Bilder an das „Freie Deutsche Hochstift“. Es waren ein Porträt von Anton Graff, das Christian Gottfried Körner abbildet (Geschenk Janssen) und ein Graff-Porträt der Ehefrau von Körner geborene Stock (Geschenk Thun im Namen seiner Tochter Hildegard).[432] 1933 wurde Ernst Beutler von der „Carl Schurz Memorial Foundation“ zu einer dreimonatigen Vortragsreise durch die Vereinigten Staaten eingeladen. Er sagte aber die Reise angesichts der politischen Lage und der Versuche, auch das „Freie Deutsche Hochstift“ „gleichzuschalten“ ab, um sie dann 1934 nachzuholen.[433] Beutler hielt 16 Vorträge, teils in deutscher, teils in englischer Sprache. Die Kosten der Reise trug Henry Janssen.[434] 1937 erhielten Janssen und Thun sicher auf Anregung von Ernst Beutler, die Goethe-Medaille der Stadt Frankfurt verliehen. Janssen war in Bad Nauheim zur Kur und kam persönlich zur Verleihung nach Frankfurt. Thun erhielt die Medaille in absentia.[435] Gleichzeitig wurde Erwin Guido Kolbenheyer mit dem Goethepreis der Stadt Frankfurt ausgezeichnet. Er nutzte seine Dankesrede in der Paulskirche zu einem hymnischen Lob auf seinen Landsmann Adolf Hitler.[436]

Nach dem Zweiten Weltkrieg nahm Beutler die Verbindung mit der „Carl Schurz Memorial Foundation“ wieder auf.[437] Zunächst erreichten ihn mehrere Lebensmittelpakete der Familien Janssen und Janssen-Wetzel. Schwierigkeiten bereitete

430 Bildnis Johann Wolfgang von Goethe als Minister, 1822, Öl auf Leinwand, H 62,2 x B 52 cm. Es war ursprünglich im Besitz von Wieland, spätestens seit 1888 im Besitz von Professor Schneider, Düsseldorf und 1897 von ihm durch das Freie Deutsche Hochstift erworben worden. Das Goethehaus besaß bereits eine Fassung von „Goethe als Minister“, die 1904 erworben worden war.

431 Brief von Hanns Gramm, Wyomissing Foundation an Ernst Beutler vom 12.12.1949 und Brief von Ernst Beutler an Hanns Gramm vom 28. Januar 1950, Freies Deutsches Hochstift, Hausarchiv.

432 Beutler 1948, S. 352. Der Kat. Frankfurt 2011, S: 77/78 bezeichnet beide Werke als Geschenke von Janssen.

433 Beutler, Ernst, Impressions of America, in: German-American Review I 2; Seng 2009, S. 391/392.

434 CSMF Fifth Annual Report May 1, 1934–April 30, 1935, S. 19.

435 Frankfurter Volksblatt vom 29.8.1937, Hamburger Fremdenblatt vom 28.(?) 8.1937, Freies Deutsches Hochstift, Presseausschnitte; American-German Review IV 2.

436 Hamburger Fremdenblatt vom 28.(?) 8. 1937, Freies Deutsches Hochstift, Presseausschnitt.

437 Seng 2009, S. 489.

eine Sendung von Tabak, der für die Arbeiter bei Aufbau des Goethehauses gedacht war. Sie kam nicht durch die Einfuhrkontrolle und es bedurfte des besonderen Geschicks von Beutler, um diese Liebesgabe freizubekommen. Die finanzielle Hilfe war ebenfalls beträchtlich. Sie kam nicht mehr in den großen Summen der Vorkriegszeit. Größere und viele kleinere Beträge zeigen aber, wie weit verbreitet das Interesse an der Förderung des Hauses war. So sammelte Hugo Hemmerich 1949 mit Unterstützung der „Local Relief Organisation for Germany" in Reading 5000 $ Dollar,[438] die Familien Janssen, Thun und Oberländer schickten 1950 je 1000 $,[439] die „Wyomissing Foundation" im April 1952 wiederum 1000 $.[440] 1949 kamen aus einer Sammlung, die Adolph E. Zucker veranstaltet hatte, 2000 $.[441] 1950 überwies die „Carl Schurz Memorial Foundation" 1250 $ gesammelt von der Goethe-Sektion der „Modern Language Association" und 1000 $ eines unbekannten Spenders. [442] Das sind nur einige Beispiele. Kleine und kleinste Beträge zeigen das Interesse am Wiederaufbau von Goethes Geburtshaus. So wurden z.B. auf einer Weihnachtsfeier in der University of Washington in Seattle 24 $ gesammelt und auf den Weg zum Goethehaus gebracht.[443] Nach der Gründung der Ferdinand Thun- und Henry Janssen-Stiftungen in Wuppertal wurde das „Freie Deutsche Hochstift" von 1952 bis 1955 von diesen Stiftungen unterstützt.[444]

Der Wuppertaler Hof

In der Zwischenkriegszeit leisteten Thun und Janssen vielerlei soziale und wirtschaftliche Hilfe für ihre Heimatstadt, die unter den Folgen des Krieges und der Nachkriegszeit schwer zu leiden hatte. Sie wurden dabei von den Leitern der 1928 gegründeten Bank „Ahr, Krath & Co. KG" beraten und unterstützt.[445]

Da Wuppertal-Barmen kein Hotel hatte, das modernen Anforderungen entsprach, übernahmen Anfang 1928 Barmer Industrielle die Initiative zum Bau eines Hotels am damaligen Hauptbahnhof Barmen und gründeten nach einer prinzipiellen

---

438 Brief Hanns Gramm an Ernst Beutler vom 4.8.1949, Freies Deutsches Hochstift, Hausarchiv.
439 Brief Hanns Gramm an Ernst Beutler vom14.11.1950, Freies Deutsches Hochstift, Hausarchiv.
440 Brief Hanns Gramm an Ernst Beutler vom 1.4.1952, Freies Deutsches Hochstift, Hausarchiv.
441 Brief von H. Elkinton an Ernst Beutler vom 22.12.1949, Freies Deutsches Hochstift, Hausarchiv.
442 Brief von Georg Hanstein an Ernst Beutler vom 18.3.1950, Freies Deutsches Hochstift, Hausarchiv.
443 Zusammenstellung aufgrund der Korrespondenz von Ernst Beutler im Hausarchiv des Freien Deutschen Hochstifts.
444 Thun-Janssen-Stiftung.
445 Für alle folgenden Angaben sh.Thun-Janssen-Stiftung.

Der Wuppertaler Hof 1934. Foto aus: Wuppertal-Barmen, Leben und Vielfalt

Darlehenszusage durch Thun und Janssen die „Hotel AG". Die Aktiengesellschaft hatte ein Kapital von 1,5 Millionen RM. Der Anteil der Stadt Wuppertal betrug 750.000 RM. 750.000 wurden von Handel und Industrie gezeichnet. Für diese übernahm die Stadt eine 5%-Zinsgarantie! Ein Wettbewerb wurde ausgeschrieben. Der Entwurf der bekannten Berliner Architekten Richard Bielenberg und Josef Moser[446] wurde ausgewählt und unter örtlicher Überwachung durch ihren Vertreter Franz Kiewit ausgeführt. An den Baukosten in Höhe von 3,5 Millionen Reichsmark (ohne Kosten des Grundstückserwerbs) beteiligten sich die „Textile Machine Works" aus Wyomissing durch ein Darlehen in Höhe von 550.000 $, das über die Deutsche Bank abgewickelt wurde. Wie es zur Darlehensgewährung kam, ist nicht bekannt. Thun und Janssen waren mit Barmen durch nahe Verwandte (Geschwister, Halbgeschwister, Nichten und Neffen) verbunden. Das Darlehen wurde grundbuchlich und durch eine selbstschuldnerische Bürgschaft der Stadt Wuppertal abgesichert. Als Jahreszinsen wurden ab 1.8.1928 4 1/2% pro anno vereinbart. Die Rückzahlungen sollten ab 1934 in zehn gleichen Jahresraten erfolgen.[447] Erst

446 Das von Bielenberg und Moser in Berlin errichtete Deutschlandhaus gilt heute als Beispiel moderner Architektur der 20er Jahre.

447 Als Kreditgeber erscheinen für 500.000 $ die Deutsche Bank, Filiale Barmen und für 50.000 $ die Deutsche Bank und Discontogesellschaft, Filiale Barmen. Die Grundschuld lautet aber nicht auf Dollar, sondern auf Goldmark, wobei ein Kurs von ein Dollar = 4,20 Goldmark zugrunde gelegt wurde. Der zweite Betrag wurde erst 1930 im Grundbuch eingetragen, d. h. nach der Fusion der Deutschen Bank mit der Discontogesellschaft.

nach der Bewilligung der Darlehen aus den USA konnte mit dem Bau des Hotels begonnen werden. Die wichtigsten Bauunternehmen waren die Firma Hugo Böckler aus Wuppertal-Barmen und der Stahlbauer Chr. Döbberick mit Niederlagen in Hagen-Haspe und Wuppertal-Barmen. Am 2. Mai 1931 wurde das neue Hotel eröffnet.

Am 12. Juni 1936 wurde die erste, unselbstständige Ferdinand Thun-Stiftung begründet. Die Gründung dürfte eine Reaktion auf die neuen Bestimmungen zur Devisenbewirtschaftung gewesen sein. Spätestens ab 1934 und der ab 1. Juli 1934 erlassenen „Totalsperre“ für den Devisentransfer war unklar, wann die ausländischen Gläubiger über ihre geliehenen Gelder, deren Rückzahlungen und Zinsen jemals wieder verfügen konnten. Transfers waren mit umständlichen Genehmigungsverfahren verbunden. Zahlungen, die aufgrund der beginnenden Aufrüstung unvermeidlich waren, hatten Vorrang. Verwalter und Treuhänder der Stiftung war das „Bankhaus Ahr, Krath & Co. KG“ in Wuppertal-Barmen. Vorstandsmitglieder waren Ferdinand Thun, Anna Grebe Thun, Ferdinand K. Thun, Louis R. Thun und Alfred Hemmerich. Berater der Stiftung waren Johann Krath und Paul Maskord vom „Bankhaus Ahr, Krath & Co. KG“ sowie Frl. Emilie Thun und der Rechtsanwalt Dr. Otto Strassmann. Das Stiftungsvermögen war für die Unterstützung deutscher gemeinnütziger Organisationen und bedürftiger Personen aus dem Verwandtschafts- und Freundschaftskreis der Stifter bestimmt.[448] Es betrug 1938 rund 160.000 RM plus Wertpapiere im Nominalwert von 154.000 RM und wurde vermutlich aus den Zinszahlungen des Kredites für den Wuppertaler Hof gespeist. Die Devisenstelle beim Oberfinanzpräsidenten in Düsseldorf genehmigte die Stiftung. Sie fügte hinzu: „Die Ferdinand-Thun-Stiftung, W.-Barmen, wird devisenrechtlich Inländerin und unterliegt somit der deutschen Devisengesetzen wie jeder devisenrechtlicher Inländer. Zahlungen nach dem Auslande, oder an einen Ausländer im Inlande sind daher auch in Zukunft genehmigungsbedürftig.“[449] Aufgrund des Testaments von Emilie Thun sollte auch das Haus Brahmsstraße 7 auf die Stiftung übertragen werden. Dazu musste die Stiftung die Rechtsfähigkeit erwerben. Diesen Schritt hat man aber nicht getan und so ging das Haus schließlich an die evangelische Kirche. Am „Bankhaus Ahr, Krath & Co. KG“ waren Ferdinand Thun und Henry Janssen mit jeweils 60.000 RM als Kommanditisten beteiligt. Auch die Familie Janssen unterhielt Konten bei der Bank „Ahr, Krath & Co.“, die aber nicht in eine Stiftung eingebracht wurden und über die ebenfalls nur im Rah-

448 Protokoll der ersten Vorstandssitzung am 18. Januar 1937 (Thun-Janssen-Stiftung).
449 Schreiben des Oberfinanzpräsidenten Düsseldorf an das „Bankhaus Ahr, Krath & Co. KG", Wuppertal-Barmen vom 21.1.1938 (Thun-Janssen-Stiftung).

men der Devisengesetze verfügt werden konnte. Für etwa 1943 wird der Wert der Beteiligung der „Delta Finance Corp." am „Bankhaus Ahr, Krath & Co. KG" mit 142.628 $ (etwa 356.600 RM) angegeben.[450] Am 30. Mai 1943 wurde der „Wuppertaler Hof" beim Luftangriff auf Barmen vollständig zerstört.

Der Krieg ist vorüber

1954 konnte das Hotel zwar wieder eröffnet werden, auf Dauer war es aber nicht wirtschaftlich zu führen. 1977 wurde der größere Teil des der „Hotel AG" gehörenden Gebäudes in ein Altenzentrum umgewandelt, dessen Foyer die Porträts von Janssen und Thun schmückten.

Unmittelbar nach dem Ende des Krieges versuchten die Wuppertal-Amerikaner wieder Verbindung mit ihren Verwandten und Bekannten in Deutschland aufzunehmen. Dies geschah nicht zuletzt aufgrund der Berichte über die dort herrschende Not an Lebensmitteln. Soweit Anschriften vorhanden waren, wurden Care-Pakete auf den Weg gebracht.[451] Zunächst vorsichtig, weil man ja erst einmal sehen musste, ob die Pakete auch ankamen. Dann aber wurden die Sendungen zahlreicher. Mehr als alles andere zeigen diese Aktionen, dass für die Thuns und Janssens – wie für viele andere Amerikaner – die Hilfe für Menschen eine gern erfüllte Verpflichtung war.

Die von Janssen und Thun geliehenen 550.000 Dollar waren im Grundbuch durch eine Grundschuld in Höhe von 2.310.000 Goldmark zugunsten der Deutschen Bank abgesichert. Die „Hotel AG" verwaltete die Trümmer. Die Stadt Wuppertal hatte gebürgt. Auch sie war nicht in der Lage, diese Bürgschaft zu erfüllen. Den Erben der Familien Thun und Janssen war klar, dass sie von ihrem Darlehen nichts

---

450 Business Holdings in Germany of United States Firms, National Archives and Records Administration (NARA) 0005992–0006838, aus den Ford Motor Company Archives. Präsident der "Delta Finance Corporation" war Ferdinand Thun.

451 Cooperative for American Remittances to Europe, Inc. A Non-Profit Organization.

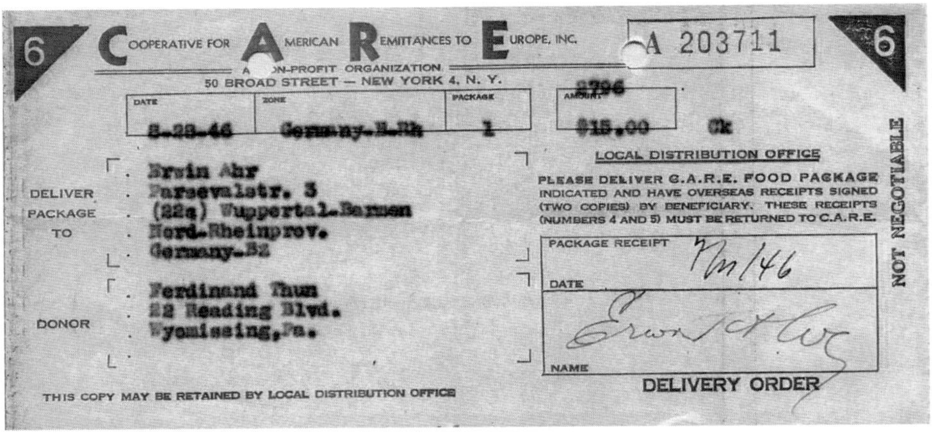
6 COOPERATIVE FOR AMERICAN REMITTANCES TO EUROPE, INC. A 203711 6

A NON-PROFIT ORGANIZATION

50 BROAD STREET — NEW YORK 4, N. Y.

DATE	ZONE	PACKAGE	AMOUNT
8-28-46	Germany-N.Rh	1	2796 $15.00 Ck

DELIVER PACKAGE TO
Erwin Ahr
Parsevalstr. 3
(22a) Wuppertal-Barmen
Nord-Rheinprov.
Germany-B2

DONOR
Ferdinand Thun
22 Reading Blvd.
Wyomissing, Pa.

LOCAL DISTRIBUTION OFFICE

PLEASE DELIVER C.A.R.E. FOOD PACKAGE INDICATED AND HAVE OVERSEAS RECEIPTS SIGNED (TWO COPIES) BY BENEFICIARY. THESE RECEIPTS (NUMBERS 4 AND 5) MUST BE RETURNED TO C.A.R.E.

PACKAGE RECEIPT 7/XI/46
DATE
Erwin Ahr
NAME

DELIVERY ORDER

NOT NEGOTIABLE

THIS COPY MAY BE RETAINED BY LOCAL DISTRIBUTION OFFICE

Ferdinand Thun hat am 28. August 1946 ein CARE an Erwin Ahr geschickt. Foto: Klaus Vollmer

oder jedenfalls nicht viel wiedersehen würden.[452] Den „Textil Machine Works“ lag aus steuerlichen Gründen an einer raschen und endgültigen Lösung der Angelegenheit; sie hatte diesen Kredit steuerlich bereits abgeschrieben.[453] Nach Verhandlungen mit der Stadt Wuppertal, der Oberfinanzdirektion, der Landeszentralbank und der Bundesbank wurde schließlich ein Erlassvertrag geschlossen, in dem sich die „Textile Machine Works“ mit der Umstellung des Betrages von 2.310.000 RM auf 231.000 DM einverstanden erklärten und die Stadt Wuppertal diesen DM-Betrag zahlte. Das Geld musste aufgrund von Regelungen der britischen Militärbehörden und der deutschen Devisenbehörden auf ein gesperrtes DM-Ausländerkonto beim „Bankhaus Ahr, Krath & Co. KG“ in Barmen eingezahlt werden.

452 Am 31. Dezember 1947 bevollmächtigte Ferdinand Thun das „Bankhaus Ahr, Krath & Co. KG“ als seine Vertreterin alle Rechtsgeschäfte vorzunehmen, bei denen eine Vertretung gesetzlich gestattet sei. Die Mitinhaber der Bank Willy und Erwin Ahr waren vor ihrem Engagement in der Bank Mitarbeiter der "Textile Machine Works" gewesen und als „Textile Boys“ mit dem Repräsentanten der Familie Janssen und früherem Sekretär von Henry Janssen, Ernst August Rieckmann (geb. 1898, seit 1927 bei den TMW beschäftigt, 1935 US Staatsbürgerschaft, verheiratet mit Alice Rieckmann, geb. 1902) persönlich befreundet. Die Bank geriet 1967 in Schwierigkeiten und wurde an die Bethmann-Bank verkauft. Bethmann verkaufte die Barmer Zweigstelle 1979 an die „HP Handels- und Privatbank AG“. Diese wurde schließlich ab 30.3.1983 von der „Credit und Volksbank e.G.“ übernommen. Diese Veränderungen waren angesichts der starken Stellung, die das „Bankhaus Ahr, Krath & Co. KG“ in der Stiftung einnahm, von mehr als nur wirtschaftlicher Bedeutung. Der Vorstand musste in den folgenden Jahren durch Kooptation arbeitsfähig gehalten werden.

453 Brief von Ernst Rieckmann an das „Bankhaus Ahr, Krath & Co. KG“ vom 14.11.1950 (Thun-Janssen-Stiftung).

Die „Ferdinand Thun und Henry Janssen Gedächtnis-Stiftung"

Dieser Betrag bildete den Grundstock von zwei Stiftungen, nämlich der „Henry Janssen Gedächtnis-Stiftung" und der „Ferdinand Thun Gedächtnis-Stiftung", die von den Erben mit deutschen Treuhändern 1952 eingerichtet wurden.[454] Satzungen und Vorstände waren identisch. Im Vorstand der Stiftungen war das „Bankhaus Ahr, Krath & Co. KG" mit vier Personen vertreten, je ein Vertreter kam auf Wunsch der Stifter aus der Barmer Ärzteschaft und vom Barmer Verein für Gemeinwohl e.V.[455] Die Stadt Wuppertal war bis 1962 durch den ab September 1953 pensionierten Stadtkämmerer a. D. Dr. Bragard[456] vertreten. Am 10. Oktober 1952 trat der Vorstand beider Stiftungen zu seiner ersten Sitzung zusammen.[457]

Die Zusammensetzung des Vorstandes deutete an, dass den Stiftern zwar nicht an der satzungsmäßigen Festlegung eines genau bestimmten Ziels der Stiftungsarbeit gelegen war, dass aber Förderung im Gesundheitswesen und sozialpolitische, von Unternehmern und wohlhabenden Bürgern verantwortete Maßnahmen zum

---

454 Beschluss des Aufsichtsrates der Textile Machine Works vom 30. Juni 1952 (Thun-Janssen-Stiftung).

455 Ausstattung der Stiftungen (nach Thun-Janssen-Stiftung):
„Ferdinand Thun Gedächtnis-Stiftung"
115.500 DM aus dem Erlassvertrag der „Textile Machine Works" mit der Stadt Wuppertal
33.000 DM aus der Auflösung der unselbstständigen Ferdinand Thun-Stiftung (1957)
133.000 DM Wertpapiere aus der Auslösung der unselbstständigen Ferdinand Thun-Stiftung (Wert 1957)
10.500 DM Verkauf eines Grundstücks an den Barmer Verschönerungsverein (1956)
200.000 DM Zuwendung der Stadt Wuppertal, 20 000 DM für zehn Jahre
„Henry Janssen Gedächtnis-Stiftung"
115.500 DM aus dem Erlassvertrag der „Textile Machine Works" mit der Stadt Wuppertal
11.521 DM aus diversen Konten der Erben Janssen bei „Bankhaus Ahr, Krath & Co. KG" (1956)
6000 DM Auszahlung einer Kommanditeinlage der Erben Janssen beim „Bankhaus Ahr, Krath & Co. KG" (1956)
31.100 DM nominal Wertpapiere (1956)
1000 CHF nominal Wertpapiere (1956)
41.500 RM nominal Wertpapiere (1956)
Kurswert der Wertpapiere per Ende November 1956 46.500 DM
200.000 DM Zuwendung der Stadt Wuppertal, 20.000 DM für zehn Jahre
Abtretung der Rechte der Erben Janssen an einem erststelligen Teilbetrag einer Grundschuld in Höhe von 66.000 DM (Eheleute Müggenburg). Diese Rechte wurden 1961 durch eine einmalige Zahlung von 10.000 DM abgelöst.

456 Dr. Wilhelm Bragard (1887–1963), als Barmer bzw. Wuppertaler Beigeordneter (ab 1919) 1933 in den Ruhestand versetzt, ab Ende August 1945 bis 1953 Stadtkämmerer von Wuppertal; sh. Renate Jäckle, Mosaiksteinchen aus dem Leben des Barmer Beigeordneten und Wuppertaler Stadtkämmerers Dr. Wilhelm Bragard (1887–1963), in: Geschichte im Wuppertal 12. Jg. 2003, S. 105–117.

457 Diese und alle folgenden Informationen über die Stiftungsarbeit sind den Protokollen des Stiftungsvorstandes entnommen (Thun-Janssen-Stiftung).

Wohl der Arbeitnehmer, wie sie Aufgabe des „Vereins für Gemeinwohl"[458] waren, Vorrang haben sollten. Die Satzung enthielt dann eine Liste von nicht weniger als 25 förderungswürdigen Einrichtungen, die mit dem Finanzamt wegen der Gemeinnützigkeit der Stiftung abgestimmt worden war. Hinzu kam die Unterstützung schuldlos in Not geratener Personen. Eine neue Satzung aus dem Jahre 1990 ging zwar weg von der Auflistung, blieb aber inhaltlich im gleich weiten Rahmen, ja erweiterte ihn noch durch die Unterstützung wissenschaftlicher Forschung, Bildung und Erziehung, Kunst und Kultur sowie Landschafts- und Denkmalschutz. Eine Verzettelung und Zerstreuung der angesichts der Fülle der Möglichkeiten doch relativ geringen Stiftungsmittel war zwar nicht vorprogrammiert, aber das Tor stand weit offen.

Außer zur Zahlung von 231.000 DM erklärte sich die Stadt Wuppertal bereit, die Stiftungen zehn Jahre lang mit je 20.000 DM zu unterstützen, soweit die Finanzlage es erlaube. Diese Zahlungen ließen sich für die Jahre 1953–1962, d.h. wie vereinbart für 10 Jahre, nachweisen.[459] Die Stadt zahlte also aufgrund ihrer Bürgschaft insgesamt 631.000 DM.

458 Der „Bergische Verein für Gemeinwohl" wurde am 17. November 1885 in Barmen gegründet. Vorsitzender war Abraham Frowein aus Elberfeld. Der „Barmer Verein für Gemeinwohl" war eine rechtlich selbstständige Ortsgruppe dieses Dachvereins. Der Regierungspräsident Hans von Berlepsch hatte die Gründung angeregt und gefördert. Der Verein sollte das Wohl der arbeitenden Klassen in wirtschaftlicher, sittlicher und religiöser Richtung fördern und den gemeingefährlichen Bestrebungen der Sozialdemokratie entgegenwirken. Führende Barmer Mitglieder waren Dr. Ed. G. Wittenstein (Gründungsmitglied, nach 1893 Vorsitzender des Gesamtvereins), Heinrich Eisenlohr, Julius Erbslöh, Rektor C. A. Halbach, Kreisarzt Medizinalrat Dr. Kriege, Fabrikbesitzer Ed. Büren (Gründungsmitglied), Dr. med. Ehrenberg, Oberbürgermeister Dr. Hartmann, Oberbürgermeister Dr. Lentze, RA Dr. Hinsberg und Friedrich Tillmanns (Gründungsmitglied). 1898 unterhielt der Barmer Verein ein Pflegeheim für Lungenkranke in Bad Lippspringe und ein Erholungsheim in Bad Godesberg (1913 verkauft). 1910 hatte der Verein in Barmen 405 Mitglieder. Er veranstaltete 32 Abendnähschulen, 19 Abendkochschulen, unterhielt ein Volkskaffeehaus (später wegen Unrentabilität eingestellt) und eine Volksauskunftsstelle. Der Verein finanzierte sich aus Mitgliedsbeiträgen, einem Zuschuss der Stadt Barmen, einem Zuschuss der Industrie- und Handelskammer, Beiträgen der Invaliden- und Rentenversicherungsanstalt, von Arbeitgebern, Pfleglingen, Betriebskrankenkassen und Spenden. Siehe C. A. Halbach, Vortrag über die bisherige Thätigkeit des Bergischen Vereins für Gemeinwohl auf dem Gebiet der Rekonvalescentenpflege und die dabei erzielten Erfolge, Elberfeld 1898; Sprungmann, Ernst, Die Geschichte des Berg. Vereins für Gemeinwohl, Elberfeld 1916; Reinhardt, Das Wohlfahrtswesen der Stadt Barmen, in: Köhler, Heinrich (Bearb. und Hg.), Deutschlands Städtebau Barmen, 3. Aufl., Berlin-Halensee 1928, S. 148–157, hier S. 157; Köllmann 1960, S. 176/177 und Lange-Appel/Wahle 1993. Als Vertreter des Barmer Vereins für Gemeinwohl gehörte Amtsgerichtsrat i. R. Dr. Günter Ede (1908–1995) dem Vorstand der „Ferdinand Thun und Henry Janssen Gedächtnis-Stiftungen" an.

459 Die Stiftungen wurden gemeinsam verwaltet, die Konten jedoch getrennt geführt.

Da die Mittel der Henry Janssen-Stiftung infolge der vielen persönlichen Zuwendung schnell abnahmen, wurden 1956 die beim „Bankhaus Ahr, Krath & Co. KG“ auf den Namen der Erben Janssen deponierten Werte der Henry Janssen-Stiftung zugeführt. Es handelte sich um rund 17.500 DM Barmittel und um Wertpapiere in Höhe von 46.500 DM (Kurswert). Parallel zu diesem Zufluss wurde die Ferdinand Thun-Stiftung durch die Überweisung des Vermögens der „alten“ Ferdinand Thun-Stiftung vergrößert. Es handelte sich um rund 33.000 DM Barmittel und Wertpapiere im Gesamtwert von etwa 133.000 DM. In den folgenden Jahren profitierten beide Stiftungen von der günstigen Entwicklung der Börsenkurse. Ende 1960 verfügte die Henry Janssen-Stiftung über Bankguthaben in Höhe von 69.864,25 DM und einen Wertpapierbestand mit einem Kurswert von 136.000 DM. Die Ferdinand Thun-Stiftung verfügte über Bankguthaben in Höhe von 231.844,81 DM und Wertpapiere mit einem Kurswert von etwa 390.000 DM. Der Henry Janssen-Stiftung wurden überdies 1965 aus der Aufwertung von Vorzugssperrguthaben nochmals 33.708,32 DM gutgeschrieben.

1970 wurden Verhandlungen mit dem Finanzamt geführt, um die weitere Gemeinnützigkeit der Stiftungen zu sichern. Eine Änderung der Satzung wurde nach Abstimmung mit dem Finanzamt vorgenommen. Gleichzeitig mit dieser Satzungsänderung wurde beschlossen, eine Zusammenlegung der Stiftungen zur „Ferdinand Thun und Henry Janssen Gedächtnis-Stiftung“ durchzuführen. Die Abrechnungen erfolgten aber immer noch getrennt. 1979 hatte die Henry Janssen-Stiftung ein Vermögen von 104.344,11 DM und die Ferdinand Thun-Stiftung von 417.319,95 DM. Die Gesamtausschüttungen betrugen 46.660 DM. Das Vermögen der Ferdinand Thun-Stiftung war im April 1979 durch eine Spende des „Barmer Vereins für Gemeinwohl“ von 100.000 DM kräftig gewachsen. 1981 erhielt die Henry Janssen-Stiftung vom „Barmer Verein für Gemeinwohl“ Wertpapiere in Höhe von 84.000 DM. Der „Barmer Verein für Gemeinwohl“ wurde 1982 aufgelöst.[460] 2011 verfügten die Henry Janssen-Stiftung über ein Vermögen von 44.740,48 € und die Ferdinand Thun-Stiftung über 282.632,76 €.

„Geschäftsführer“ der Stiftung war von 1952 bis 1988 Dr. August Spring, der bei „Bankhaus Ahr, Krath & Co. KG“ beschäftigt gewesen war. Sein Nachfolger wurde bis zu seinem Tode 1998 sein Schwiegersohn, der Bankier Albrecht Wehner, Lei-

460 Schreiben von Dr. August Spring an Eugene Stapleton, Henry Janssen Corporation vom 22. Januar 1992 (Thun-Janssen-Stiftung).

ter der Zweigstelle Wuppertal der Deutschen Bank. Seitdem führt dessen Tochter Claudia Wehner die Geschäfte.

Die Konten der Ferdinand Thun-Stiftung und der Henry Janssen-Stiftung wurden ab 2011 zusammengelegt. Die Eintragung der Stiftung als rechtsfähige private Stiftung wurde beschlossen, beantragt und genehmigt. Der Vorstand (nach deutschem Stiftungsrecht, die Amerikaner würden sie Treuhänder nennen) der „Ferdinand Thun und Henry Janssen Gedächtnis-Stiftung" besteht heute (2013) aus Claudia Wehner, Rechtsanwalt Helge Dinter, Steuerberater Klaus Vollmer und Dr. med. Karl-Heinz Krauskopf, leitender Oberarzt und stellvertretender Direktor am Zentrum für Anästhesie, Intensivmedizin und Schmerztherapie des Helios Klinikums in Wuppertal.

Institutionelle Förderung

Von Anfang an spielte bei den Ausschüttungen der Stiftungen die institutionelle Förderung eine große Rolle. Insoweit liegen über die tatsächlich geförderten Bereiche dieser Einrichtungen nur grobe oder gar keine Angaben vor. Zu den geförderten Institutionen gehörten:

- Deutsches Rotes Kreuz, Kreisverband Barmen
- Schwesternschaft des Deutschen Roten Kreuzes, Wuppertal[461]
- Barmer Verein für Gemeinwohl e.V. (1982 aufgelöst)
- Barmer Verschönerungsverein e.V.
- Innere Mission der Evangelischen Kirche
- Hilfswerk der Evangelischen Kirche, Synode Barmen (u.a. zur Unterstützung gehörloser Kinder)
- Deutscher Caritasverband W.-Elberfeld und W.-Barmen (u.a. für hilfsbedürftige Personen zu Weihnachten)
- Heilsarmee, Wuppertal bzw. Barmen
- Arbeiterwohlfahrt, Wuppertal
- Heidter Bezirksverein (für Weihnachtsfeiern Altentagesstätte und Kinderhort)
- Jüdische Kultusgemeinde Wuppertal.

461 Erwin Ahr war bis 1954 Schatzmeister des Kreisverbandes Wuppertal des Deutschen Roten Kreuzes. Er trat zur Vermeidung von Interessenkonflikten als Schatzmeister zurück.

Die Förderung einzelner Einrichtungen konzentrierte sich, neben manchem Zufälligem oder auch nur Gefälligem, in den folgenden Jahren auf Kindergärten, Altersheime, Sportmöglichkeiten für Jugendliche und soziale Einrichtungen der Nachbarschaftspflege und der Behindertenarbeit.

Kindergärten und Heime

Die geförderten Kindergärten und Kinderheime erhielten in der Regel kleinere, symbolische Beträge, die für besondere Zecke wie Weihnachtsfeiern oder Anschaffung von Spielzeug bestimmt waren. Einen Bauzuschuss erhielt der Kindergarten des Nachbarschaftsheims am Platz der Republik in Elberfeld (1975). Ununterbrochene Förderung seit 1952 erhielten die Kindergärten in der Heckinghauser Straße und der Kindergarten in der Oberen Sehlhofstraße in Wuppertal Barmen. Beide Kindergärten waren schon vor der Gründung der Stiftungen durch die Familie Janssen (Heckinghauser Str.) und die Familie Thun (Obere Sehlhofstraße.) gefördert worden. Der Kindergarten Obere Sehlhofstraße wurde 2009 geschlossen. Insgesamt wurden 21 Kinderheime und Kindergärten gefördert.[462]

Ein Beispiel einer kombinierten Förderung durch die Stifter und die Stiftung ist die ehemalige Villa Tillmanns in der Heckinghauser Straße in Barmen. Das Haus hatten Ferdinand Thun und Henry Janssen 1920 gekauft. Der Erbauer war der

---

462 Folgende Kindergärten wurden bedacht:
Kindergarten Nesselstraße, Wuppertal-Barmen (1997–2007)
Kindergarten St. Joseph, Wülfrath (1977–2006)
Kinderheim Haus Barmen auf Spiekeroog (Diakonisches Werk Barmen) (1970–1981)
Kindergarten und Kindertagesstätte Heckinghausen (1952–2012)
Kindergarten und Kindertagesstätte Ronsdorf (1970–2001)
Kindergarten Obere Sehlhofstraße, Barmen (1952–2007, 2009 geschlossen)
Kindergarten Klingholzberg, Barmen (1971–2001)
Kindergarten Ferdinand–Thun-Straße, Barmen (1971–2009)
Kindergarten Zur Dörner Brücke, Barmern (1972–2007)
Kinderheim St. Michael, Elberfeld (1976–2012)
Kindergarten St. Antonius, Barmen (2010–2012)
Kinderwaisenhaus Ronsdorf (1952–1969,
sh. für die folgenden Jahre Kindergarten und Kindertagesstätte Ronsdorf)
Knaben- und Altersheim Mülheim-Selbeck (Fliedner Stiftung) (1952–1955)
Kindergarten am Dieck (1967–1970)
Kindergarten auf dem Brahm, Barmen (1971–1974)
Kindergartenneubau, Nachbarschaftsheim Platz der Republik (1975)
Kindergarten Peter-Beier-Straße (2002–2007)
Kindergarten des Internationalen Bundes für Sozialarbeit (1998–2011)
Kindergarten Uellendahler Straße (1991–1996)
Kindergarten Ferdinand-Lassalle-Straße 2002–2012)
Kindergarten Heinrich-Böll-Straße (2007–2012).

Barmer Kommerzienrat Friedrich Tillmanns (1830–1911). Tillmanns hatte in seiner Fabrik Barmer Artikel hergestellt und war so zu einem reichen Mann geworden. 1876 ließ er die Villa in der Heckinghauser Straße bauen. Sie steht heute unter Denkmalschutz. Tillmanns war über 30 Jahre Vorstandsvorsitzender der 1872 von Barmer Unternehmern gegründeten „Barmer Baugesellschaft für Arbeiterwohnungen“ (heute „Barmer Wohnungsbau AG“), war 1885 Gründungsmitglied des „Barmer Vereins für Gemeinwohl“ und Vorsitzender der Evangelischen Stiftung Tannenhof für Nervenkranke in Remscheid-Lüttringhausen. So war es wohl als ein symbolischer Akt zu verstehen, dass Thun und Janssen die Villa aufkauften und vorschlugen, dass dort der Barmer Oberbürgermeister seine Amtswohnung nehmen solle. Der Oberbürgermeister folgte diesem Vorschlag aber nicht. Das Haus wurde nun der Stadt für soziale Zwecke zur Verfügung gestellt. Ein Kindergarten wurde eingerichtet.[463] Im Zweiten Weltkrieg wurde das Haus als Büro für die Stadtverwaltung genutzt. Die Stadt Wuppertal führte schließlich umfangreiche Sanierungsarbeiten durch, die 2001 mit einem Fest „80 Jahre und mehr“ abgeschlossen wurden. Heute werden etwa 100 Kinder zwischen drei und zwölf Jahren in der Kindertagesstätte mit großem Garten betreut. Die Hauptverantwortung für das Haus liegt bei der Stadt. Die „Ferdinand Thun und Henry Janssen Gedächtnis-Stiftung“ sah es nicht als ihre Aufgabe an, die Stadt aus dieser Verantwortung zu entlassen. Sie brachte und bringt aber durch viele „kleine Gesten“ ihre Verbundenheit mit der „verwandten“ Einrichtung zum Ausdruck. Da die Sitzungen des Stiftungsvorstandes in der Regel im November stattfanden, hat man wohl auch an die Kosten einer Weihnachtsfeier gedacht. In der Bewilligung von 1979 wird das ausdrücklich vermerkt. „O du fröhliche, „gabenbringende“ Weihnachtszeit“ sangen die Barmer Kinder. Ob sie dabei auch

Die Kindertagesstätte Heckinghauser Straße 96. Foto: Klaus Vollmer

463 Westdeutsche Zeitung vom 4.9.2001; Westdeutsche Rundschau vom 11.8.2001 (Sammlung Vollmer).

an die Spender im fernen Pennsylvanien dachten? 2012 wurden noch fünf Kindergärten und ein Kinderheim gefördert.

Altenheime und Hilfe

Auch bei den Altenheimen herrschte das Prinzip der kleinen Beiträge. In manchen Fällen wird als Zweck der Unterstützung ausdrücklich eine Weihnachtsfeier angegeben. Der immaterielle Wert dieser Zuwendungen lag über den DM-Beträgen. „Man hat an uns gedacht" könnte die Reaktion von Personal und Bewohnern gewesen sein. Sechzehn Altenheime erhielten Zuwendungen. Die Arbeiterwohlfahrt erhielt einen Zuschuss für den Bau eines Altenheims in der Reitbahnstraße.[464] Die Förderung wurde, auch angesichts schwindender Stiftungsfinanzen, allmählich zurückgefahren. 2007 wurden letztmals zwei Barmer Altersheime bedacht.

Ununterbrochen wurde seit 1952 das Elisabethstift in Katzenelnbogen im Taunus gefördert, erhielt 1979 sogar einen Zuschuss für eine Hausreparatur. Dieses Stift wurde bereits 1885 von der durch Theodor Fliedner begründeten Diakonenanstalt Duisburg eingerichtet. Bestand zu diesem Haus eine persönliche Beziehung der Familie Janssen?

Sport

Die Sportförderung konzentrierte sich auf zwei Vereine, den Tennisclub Gold-Weiss und die Handballjugend der Barmer Turngemeinde. Die verhältnismäßig hohen Förderbeträge waren beim Tennisclub für den Neubau eines Heimes und eines Spielplatzes der Jugendabteilungen bestimmt. Der Traditionsverein Barmer Turngemeinde 1863 ist ein Beispiel dafür, dass trotz des großen Sportgeschäfts

---

464 Folgende Altenheime wurden gefördert:
Altersheim Wickingerstraße, Barmen (1952–1955)
Altenpflegeheim Neviandtstraße, Elberfeld (1952–1955)
Evangelische Altenhilfe Wichlinghausen (1997–2007)
Altenheim Wupperfeld, Barmen, für Weihnachtsfeier (1971–2007)
Altenheim Zeughausstraße, Barmen für Weihnachtsfeier (1977–2001)
Altenheim Hugostraße, Barmen für Weihnachtsfeier (1976–2001)
Verein Colombion, betreutes Wohnen (1998)
Elisabethstift Katzenelnbogen/Taunus (Fliedner Stiftung) für Weihnachtsfeier (1952, 1979 Hausreparatur, 1981)
Haus Abendfrieden Bethel bei Bielefeld (1952–1955)
Herz-Jesu-Kloster (Altenheim) (1954–1955)
Alters- und Pflegeheim Lutherstift , Schusterstr. (1964–1965)
Altenheim Wichlinghausen (1964)
Altentagesstätte Reitbahnstraße, Baukostenzuschuss (Arbeiterwohlfahrt) (1970)
Diakoniewerk Tabea 2, Düsseldorf-Kaiserswerth, Weihnachtsfeier für „Feierabendschwestern (1976–1988)
CTB Wohnhaus Edith Stein, St. Antonius, Barmen (2001) (Thun-Janssen-Stiftung).

auch der Breitensport noch lebt. Die Förderungssummen entsprachen dem allerdings nicht.

Soziale Einrichtungen

Die Namen der im sozialen Bereich geförderten Einrichtungen sprechen für sich. Das Nachbarschaftsheim am Platz der Republik in Wuppertal-Elberfeld gehört zu den Institutionen, die seit der Begründung der Stiftungen bis heute gefördert werden. Das Männerheim der Heilsarmee wird nur in einem Jahr als Förderungsobjekt erwähnt. Die Heilsarmee als solche erhielt aber kontinuierlich eine institutionelle Förderung. Das Deutsche Rote Kreuz erhielt zunächst Zuwendungen für ein Krankenhaus, ab 1970 wurde die Aktion „Essen auf Rädern" unterstützt. Die „Wuppertaler Tafel" muss in diesem Zusammenhang ebenfalls genannt werden. In den letzten Jahren traten Einrichtungen zur Hilfe geistig und körperlich behinderter Menschen in den Vordergrund. Das „Troxler-Haus" und die „Lebenshilfe für Menschen mit geistiger Behinderung e.V." erhielten relativ hohe Zuschüsse.

Das Troxler-Haus mit seinen Werkstätten in Wuppertal. Foto: Brigitte Zöller-Heidermann

Das Troxler-Haus wurde von Wuppertaler Bürgern geschaffen, die sich der Lehre des Anthroposophen Rudolf Steiner (1861–1925) verbunden fühlen. Wuppertal wurde besonders nach dem Zweiten Weltkrieg ein Zentrum dieser Bewegung. Die Unternehmer Dr. Kurt Herberts und Heinz Rasch spielten dabei eine wesentliche Rolle. Das Troxler-Haus beschäftigt in verschiedenen Werkstätten und auf einem Bauernhof in Elfringhausen etwa 450 geistig oder körperlich Behinderte. Das Haus wurde nach dem bedeutenden Schweizer Arzt und Philosophen Ignaz Paul Vitalis Troxler benannt.

Das Werkstattgebäuder der Lebenshilfe in Cronenberg, Wuppertal e.V. Foto: Lebenshilfe

Ähnliche Bedeutung hat im Laufe der Zeit die „Lebenshilfe für Menschen mit geistiger Behinderung" mit Sitz in Cronenberg erlangt. Auch hier handelt es sich um einen Verein, der aus bürgerlicher Initiative entstanden ist und sich inzwischen zu einem ganzen

„Konzern“ entwickelt hat. Zu den Werkstätten der „Lebenshilfe“ gehört auch eine Metzgerei.

Kleinere Einrichtungen und Vereine wie der Verein „Handicap e.V.“, der seinen Mitgliedern im Dschungel des Sozialrechts helfen will, der „Förderverein zur Freizeitgestaltung und Beschäftigung körperbehinderter Jugendlicher“ in Ronsdorf und der „Deutsche Kinderschutzbund, Ortsgruppe Wuppertal“ mit einem Kinderkleiderladen stehen ebenfalls auf der Förderliste der Stiftung.

Lesestunde im neuen Kinderheim, etwa 1950
Foto: Nachbarschaftsheim Wuppertal e.V.

Kochstunde im neuen Kinderheim, etwa 1950,
Foto: Nachbarschaftsheim Wuppertal e.V.

Unter den sozialen Projekten nimmt eine Institution in Elberfeld einen besonderen Rang ein: Das Nachbarschaftsheim am Platz der Republik in Wuppertal-Elberfeld. Der Hochbunker an diesem Platz war ursprünglich eine Einrichtung zur Unterbringung von „Displaced Persons“, d.h. von Zwangsarbeitern, die auf ihre Rückreise warteten. Nachdem die Zwangsarbeiter ausgezogen waren, wurde der Bunker als Wohnraum genutzt.[465] Die Versorgung der Bewohner wurde durch Spenden der Wuppertaler Quäker und aus den USA notdürftig sichergestellt. Vor allem musste etwas für die Kinder getan werden, die in dem fensterlosen Bunker in düsteren Räumen leben mussten oder auf der Straße „herumhingen“. 1947 entstanden die ersten Pläne, für die Bewohner des Bunkers und der Nachbarschaft ein soziales Zentrum zu bauen. Die Anregung dazu gingen von der Wuppertaler Quäkerin Hanne Jordan und von Ferdinand Thun und Henry Janssen bzw. derer Erben aus. Sie hatten auch erreicht, dass das Projekt in die Liste der zu fördernden Nachbarschaftsheime des „American Friends Service Committee“ aufgenommen wurde.[466] Schwedische Quäker leisteten tatkräftige Hilfe und sorgten für Möbel. Um für den Bau und die Entwicklung des neuen Zentrums eine einwandfreie rechtliche und administrative Grundlage zu haben, wurde 1948 der Verein „Nachbarschaftsheim Wuppertal e.V.“ gegründet. Sein Ziel war

465 Edmonds 2006, S. 107/108; Nachbarschaftsheim e.V., Platz der Republik Wuppertal.
466 The Good Neighbor, in: American-German Review XV 5. Siehe auch Das Nachbarschaftsheim am Platz der Republik 1949–1989, Wuppertal 1989, S. 23.

die Verbesserung der Lebenssituation der Kinder, Jugendlichen und Erwachsenen in Wuppertal-Ostersbaum, einem sozialen Brennpunkt der Stadt. Projektleiter von amerikanischer Seite waren die Quäker Helene und Karl Klein, die zwei Jahre in Elberfeld wohnten. Die Währungsreform machte neue Zuwendungen der Familien Thun und Janssen erforderlich. Bei der Einweihung des neuen Gebäudes 1949 waren die Tochter von Ferdinand Thun Anna Catherine und ihr Ehemann Dr. Louis C. Scheffey anwesend. Der damals errichtete bescheidene Bau steht noch heute. Bunt bemalt dient er als Kinderkantine.

Krankenhäuser und Erholungsheime

Die Förderung von Krankenhäusern bzw. einzelner Einrichtungen in den Krankenhäusern stand in der Tradition der Mäzene Thun und Janssen in Wyomissing. 1947 ließ die Wuppertaler Stadtverwaltung eine sachliche und eindrucksvolle Dokumentation „Wuppertal im Kampf gegen die Not“[467] veröffentlichen, die über das „Bankhaus Ahr, Krath & Co. KG“ auch ihren Weg nach Wyomissing fand. Thun fragte bei der Stadtverwaltung an, wo er helfen könne. Die Stadt verwies auf Krankenhäuser und Wohlfahrtseinrichtungen. Thun stellte 32.000 $ aus Mitteln der „Ferdinand-Thun-Stiftung“ (gemeint war wohl die Wyomissing-Stiftung, die „alte“ Ferdinand-Thun-Stiftung im „Bankhaus Ahr, Krath & Co. KG“. verfügte nicht über Dollar) für das Krankenhaus in Barmen zur Verfügung. Die benötigten Artikel waren damals in den USA wesentlich besser und billiger als in Deutschland einzukaufen, viele überhaupt nur dort zu haben. So wurde aus der Geldspende eine Sachspende. 12 sehr große Kisten mit Wolldecken, Hemden und Bandagen, weißer Kleidung für das Personal, Medizin und medizinischen Geräten wurden nach einer Liste des Barmer Krankenhauses durch ein Krankenhaus in den USA, vermutlich das Reading Hospital, eingekauft und nach Barmen auf den Weg gebracht. Der Verbandsmull reichte für ein ganzes Jahr. Wichtiges chirurgisches Instrumentarium und ein Elektrokardiograf kamen mit. Die durch die Sendung aus Pennsylvania eingesparten Mittel wurden auf ein Sperrkonto verbucht und sollten schließlich für die Einrichtung von zwei lange geplanten Stationen, der Hals-, Nasen- und Ohrenstation und der kieferchirurgischen Klinik, verwendet werden. Eine Gedenktafel sollte dem Spender Ferdinand Thun gewidmet werden.[468]

Die Gründer der „Ferdinand Thun und Henry Janssen Gedächtnis-Stiftung“ hatten vorgeschrieben, dass dem Vorstand dieser Stiftung stets ein Arzt angehören

467 Wuppertal im Kampf gegen die Not. Herausgegeben im Auftrag der Stadtverwaltung von Oberverwaltungsrat Stephan Schön, Wuppertal 1947.

468 Wuppertaler Rundschau, etwa Juni 1949; Edmonds 2006, S. 107/108.

solle. Im Gründungsjahr der Stiftungen (1952) wurde dieser Anregung durch eine einmalige Zuwendung in Höhe von 10.000 DM an die Städtischen Krankenanstalten in Barmen Rechnung getragen. Die Förderung des evangelischen Krankenhauses in Bad Lippspringe entsprach einem besonderen Wunsch der Familie Janssen, da Bad Lippspringe die Heimatstadt von Frau Wilhelmine Janssen war. Dort befand sich auch ein Erholungsheim für Lungenkranke des „Barmer Vereins für Gemeinwohl", das sich über viele Jahre der Förderung erfreute. 1961 bis 1970 erhielt das Rote Kreuz-Krankenhaus in Wuppertal eine Unterstützung in Höhe von je 1000 DM jährlich. 1961 wurden auf besonderen Wunsch von Louis Thun den Städtischen Krankenanstalten in Barmen für die Hals-, Nasen und Ohrenklinik von Professor Dr. O. E. Riecker 10.000 DM überwiesen. Der Betrag war zur Anschaffung zeitgemäßer Instrumente und Geräte bestimmt. Der Vertreter der Stadt Wuppertal wies darauf hin, dass die Finanzierung derartiger Anschaffungen eigentlich Sache der Stadt und diese dazu auch in der Lage sei. Es wurde beschlossen, Herrn Thun in Zukunft bei ähnlichen Vorschlägen entsprechend zu informieren.[469] Von 1999 bis 2007 wurde die Herzklinik von Professor Hartmut Gülker in den inzwischen privatisierten Krankenanstalten „Helios Klinikum" mit je 5000 DM bzw. 3000 € gefördert.

Einzelpersonen

Die Zahl der unterstützten Einzelpersonen war vor allem bei der Janssen-Stiftung erheblich. Darunter waren überwiegend Familienangehörige. So erhielt z.B. Maria Janssen, eine Tochter von Johannes Janssen, monatlich 100 DM. Aus dem Familienkreis Johannes Janssen kamen auch Hanni Dietz und die immer wieder unterstützte Familie Nipshagen in Barmen. Gustav Rudolph, ein Halbbruder von Henry Janssen aus der zweiten Ehe seiner Mutter, gehörte ebenfalls zu den regelmäßig Geförderten. Er lebte zuletzt in einem Altersheim in Braunfels, wo sein Sohn Erwin als Pfleger arbeitete. Auch seine Tochter Else stand auf der Liste der zu Fördernden.[470] Mit der Familie Gastrich wurden die Angehörigen eines führenden Mitarbeiters (und Verwandten?) der Wyomissing Industries unterstützt. Länger noch war die Liste deren, denen im Auftrag der Familie Janssen durch die Drogerie Müggenburg ein Weihnachtspaket zugesandt wurde, darunter auch Paul Janssen sen. in Mittenaar-Offenbach.

---

469 Protokoll der 12. Vorstandssitzung der Henry Janssen Gedächtnis-Stiftung und der Ferdinand Thun Gedächtnis-Stiftung vom 29.11.1961 (Thun-Janssen-Stiftung).

470 Die Aufklärung über die Familienverhältnisse verdanke ich Albert Janssen, Mittenaar-Offenbach.

Aus Mitteln der Thun-Stiftung wurden Dr. Otto Strassmann und Änne Wettlaufer, die langjährige Hausgehilfin von Emilie Thun, unterstützt. Auch die Stadt Wuppertal, die zeitweise im Vorstand der Stiftung vertreten war, schlug öfter die Förderung von Personen vor, denen seitens der Stadt, meist aus formalen Gründen, nicht geholfen werden konnte.

Sonstiges

Die Liste von Maßnahmen, die in die bislang vorgestellten Gruppen nicht hineinpassen, könnte sehr lang werden. Hier werden nur einige Bewilligungen erwähnt, die u. E. aus den verschiedensten Gründen nicht vergessen werden sollten. Dazu gehört die Förderung des Barmer Verschönerungsvereins, der für die Pflege der Barmer Anlagen seit Beginn der Stiftungsarbeit bis heute mit wechselnden Beträgen unterstützt wird. Auch bei der Renovierung des Toelleturms 1962 beteiligten sich die Stiftungen mit 2000 DM. Die Barmer Hütte des Alpenvereins hatte es wohl in erster Linie ihrem Namen zu verdanken, dass sie sich viele Jahre lang einer nicht unwesentlichen Förderung der Stiftung erfreute. Die Ruhebank „Barmer Eck" in der Gemeinde Wallgau bei Garmisch-Partenkirchen sei der Kuriosität halber erwähnt. 1964 erwarben die Stiftungen ein Gemälde des Malers Alfred Hoffmann und stellten es dem Von der Heydt-Museum zur Verfügung. Erst nach seinem Tod wurde der Maler auch von der Fachwelt entdeckt und 2006 durch eine Ausstellung des Von der Heydt-Museums gewürdigt.[471] „Das hohe Niveau dieser Malerei überraschte selbst die Fachleute," schrieb das Museum.

Von 1978 bis 2001 betrugen die Zuwendungen der Stiftungen insgesamt 1.579.150 DM. Von 2002 bis 2012 wurden 215.050 € ausgeschüttet. Die geringer werdenden Einnahmen aus den Wertpapieren zwangen die Stiftung, ab 2008 ihr Programm erheblich zu kürzen. Einige Einrichtungen mussten aus der Förderungsliste ganz gestrichen werden. Für die verbliebenen wurden einheitlich Zuwendungen von 500 € festgelegt.[472]

Das Haus Brahmsstraße 7, das Ferdinand Thun geerbt und an seine Geschwister übertragen hatte, sollte ursprünglich in das Vermögen der „alten" Ferdinand Thun-Stiftung eingehen.[473] Da diese Stiftung aber keine Rechtsfähigkeit erlangte,

---

471 Vollmer, Hans, Allgemeines Lexikon der bildenden Künstler. Zwanzigstes Jahrhundert, Bd. 2, Leipzig 1955, S. 464.

472 Thun-Janssen-Stiftung.

473 Schreiben Dr. Otto Strassmann an das Ministerium des Inneren des Landes Nordrhein-Westfalen vom 26 Januar 1952 (Thun-Janssen-Stiftung).

war das nicht möglich. Auch die „Ferdinand Thun und Henry Janssen Gedächtnis-Stiftung“ war noch ohne eigene Rechtsperson. Das Haus wurde schließlich der Evangelischen Kirchengemeinde geschenkt. Im Haus hatten allerdings die Hausgehilfin der verstorbenen Schwester Thuns, Fräulein Änne Wettlaufer und der Rechtsanwalt der Thuns in Wuppertal, Dr. Otto Strassmann, ein lebenslanges kostenfreies Wohnrecht, was die Verwendbarkeit des Geschenks einschränkte.[474] Die Kirche beabsichtigte, das Gebäude als Unterkunft für Krankenpfleger zu nutzen und versprach, es „Ferdinand Thun-Haus“ zu nennen. Die Kreissynode des Kirchenkreises Barmen fasste am 16.6.1955 einen entsprechenden Beschluss. Die Planungen wurden aber nicht realisiert, das Versprechen nicht eingehalten. Die aus dem Verkauf des Hauses erlösten Mittel wurden sozialen Projekten der Kirche zugeführt. Ist der Name des Stifters vergessen?

Dr. Michael Thun (Mitte), ein Enkel von Ferdinand Thun, besucht Wuppertal. Hier steht er im Foyer des Wuppertaler Hofes vor dem Porträt seines Großvaters, links Hans Joachim de Bruyn-Ouboter, rechts Klaus Vollmer. Foto: Privat

474 Frl. Wettlaufer und Dr. Strassmann erhielten bis zu ihrem Lebensende eine monatliche Unterstützung der Stiftung.

Kinder ihrer Zeit

Janssen, Thun und Oberländer vertraten politische Auffassungen, die ihrem paternalistischen Stil der Unternehmensführung entsprachen. Sie standen der Republikanischen Partei nahe. Sie hatten allerdings das besondere Pech, dass in Reading eine starke sozialistische Partei bestand, der es gelang, 1927 und 1935 den Bürgermeister zu stellen und die Stadtverwaltung von Reading zu beherrschen. Viele Mitglieder der Sozialistischen Partei waren, wie nicht anders zu erwarten, überdies gewerkschaftlich organisiert. So bemühten sich die Inhaber der Wyomissing Industries nach Kräften, die Republikaner zu unterstützen.[475]

Die wichtigsten Engagements von Thun, Janssen und Oberländer in Deutschland fielen in die letzten Jahre der Weimarer Republik und der beginnenden Hitlerdiktatur. Der exilierte Kaiser bat um Hilfe, von Reichspräsident Hindenburg wurden sie ausgezeichnet, Thun wurde eine Audienz gewährt. 1934 kamen Janssen und Oberländer zu der Ehre, vom „Führer" empfangen zu werden.[476]

Als die Carnegie Foundation und der Oberländer Trust beim amerikanischen Botschafter William Dodd beunruhigt anfragten, ob sie angesichts der antijüdischen Politik Hitlers weiter Stipendiaten nach Deutschland senden sollten, empfahl Dodd dem Oberländer Trust mit dem Programm fortzufahren und fügte hinzu „The Jewish troubles may not continue".[477]

---

475 In den Kommunalwahlen 1933 unterstützten sie die Republikaner mit 3400 $. 1935 ging es um die Wahl des Obersten Richters am Amtsgericht (Court of Common Pleas). Unter den Förderern des republikanischen Kandidaten Paul N. Schaeffer standen die „Hosiery Manufacturers of Wyomissing" an erster Stelle. Für die Kommunalwahl von 1939 kam ein Drittel der republikanischen Wahlausgaben von Personen, die direkt oder indirekt mit den Wyomissing Industries verbunden waren. Dazu Stetler 1974, S. 95–97. 1995 und 1997 unterstützte Louis Thun die Republikaner mit jeweils 500 $; New Meat, Campaign Contributions Search.

476 Wuppertaler Rundschau vom 7.2.1936 (Sammlung Vollmer).

477 Nach William Dodd (1869–1940) in Traces http://www.traces.org./williamdodd.html Der Professor für Geschichte an der University of Chicago und liberale Demokrat William Edward Dodd war amerikanischer Botschafter in Berlin 1933–1937. Er hatte in Leipzig studiert und promoviert. Dodd änderte seine anfangs relativ positive Beurteilung der NS-Herrschaft schnell.

Die CSMF warnte ihre Kritiker vor einer vorschnellen Verurteilung Deutschlands und wies auf das Unrecht des Vertrags von Versailles hin.[478] Wie viele konservative Amerikaner und Deutsche begrüßten Heinrich Janssen und Gustav Oberländer, dass nun in Deutschland wieder Ruhe und Ordnung herrschten. Sie waren keine Antisemiten und erklärten das auch öffentlich. Die systematische Ermordung der Juden, wie sie später bekannt wurde, war damals „beyond imagination". Ehrungen aus dem akademischen Bereich nahmen die Ruheständler ohne Berührungsängste gern entgegen.

Erstaunlich ist, dass der geschäftsführende Quäker der CSMF, Wilbur K. Thomas, trotz vieler Warnungen und Proteste, so lange versuchte, die Nationalsozialisten als eine politische Richtung unter vielen zu behandeln und sie entsprechend der Devise „Helfen, ohne zu diskriminieren" verharmloste. Er sah anscheinend nicht, dass er damit den Grundauftrag der „Carl Schurz Memorial Foundation", ein besseres Verhältnis und Verständnis zwischen den USA und Deutschland zu ermöglichen, infrage stellte, weil er sich in den USA zunehmend isolierte und die Stiftung dem Verdacht aussetzte, eine Vorfeldorganisation der Nazis zu sein. Schließlich ging es ja nicht um christliche Feindesliebe, sondern um Kulturpolitik. Die Unterstützung von „Displaced Persons", wie man in den USA anfangs die Verfolgten und Vertriebenen nannte, stand dagegen mit der Philosophie der „Freunde" in vollem Einklang. So konnte viel kaputtes Porzellan wieder geflickt werden. Wilbur K. Thomas war in seinem Element.

Mit der Niederlage Deutschlands wurde ein neues Kapitel aufgeschlagen. Nun standen die Ideen der hilfsbereiten Deutschamerikaner mit den christlichen Geboten der Nächsten- und Feindesliebe, den Interessen der amerikanischen Regierung und natürlich auch mit den Nöten in Deutschland in Einklang. Die „Ferdinand Thun und Henry Janssen Gedächtnis-Stiftung" arbeitet seit sechzig Jahren im Sinne ihrer Gründer.

Es bleibt die Frage, wie es zu dem überdurchschnittlichen wirtschaftlichen Erfolg der zwei bzw. drei jungen Männer aus dem Rheinland kam. Man kann darauf nur mit Vermutungen antworten. Es fällt auf, dass alle drei aus „unvollständigen" Familien kamen, einen Elternteil oder beide Eltern früh verloren und so wahrscheinlich mehr als andere Kinder und Jugendliche gezwungen waren, ihren Weg allein zu finden und zu gehen. Hinzu kam, dass sie eine abgeschlossene Fachausbil-

478 Kupsky 2010, S. 204

dung vorweisen konnten und gemeinsam und arbeitsteilig handelten. Dabei wirkten sich ihre verschiedenen Charaktere und Bildungsniveaus positiv aus. Vor allem Thun und Oberländer besaßen offenbar auch die Fähigkeit, Freundschaften und Verbindungen (auch Einwanderer-Netze genannt) zu begründen und zu erhalten. Es ist zumindest fraglich, ob die Jungunternehmer ohne die Netzwerke Thuns, die er in Stony Creek Mills aufgebaut hatte, überhaupt den Take-off geschafft hätten.

Der abwägende und planende Unternehmer Thun, der spontane und einfallsreiche Techniker Janssen und der detailverliebte Betriebswirt Oberländer, das konnte in den nachfolgenden Generationen nicht wiederholt werden. Die Schöpfer der Wyomissing Industries haben untereinander deutsch gesprochen. Bis zum ihrem Tod blieben sie beim freundschaftlichen „Sie".[479]

Heinrich K. Janssen, Ferdinand Thun und ihre Freunde waren im Positiven wie im Kritischen „Kinder ihrer Zeit". Sie verdienen die ehrende Erinnerung ihrer Vaterstadt.

479 Frdl. Hinweis von Alfred Janssen, Mittenaar-Offenbach.

Fotogalerie der Erinnerungen

Die Heinrich-Janssen-Straße und die Ferdinand-Thun-Straße in Wuppertal (Barmen), Fotos: B. Zöller-Heidermann

Hinweistafel am Limes-Erlebnispfad am Gaulskopf bei Bad Nauheim, Foto: Heidermann

Erinnerungstafel in Wyomissing an der Buttonwood Street Bridge über den Schuykill, die West-Reading mit Wyomissing verbindet. Repro aus: Partners 1936, S. 172

Die Fenster im „Reading Public Museum and Art Gallery" (Ausschnitte). Fotos: Klaus Vollmer

Reading Hospital. Gedenktafel für Thun, Janssen und Oberländer vom 25. Oktober 1930. Foto: Klaus Vollmer

Bibliothek und Archiv der "Historical Society of Berks County". Foto: Bibliothek

100 Jahre Wyomissing. 1906 war auf Betreiben von Ferdinand Thun der erste Gemeinderat zusammengetreten. Foto: Klaus Vollmer

Klaus Vollmer überbringt die Grüße des Wuppertaler Oberbürgermeisters Peter Jung, George Edmonds übersetzt (2006). Foto: Privat

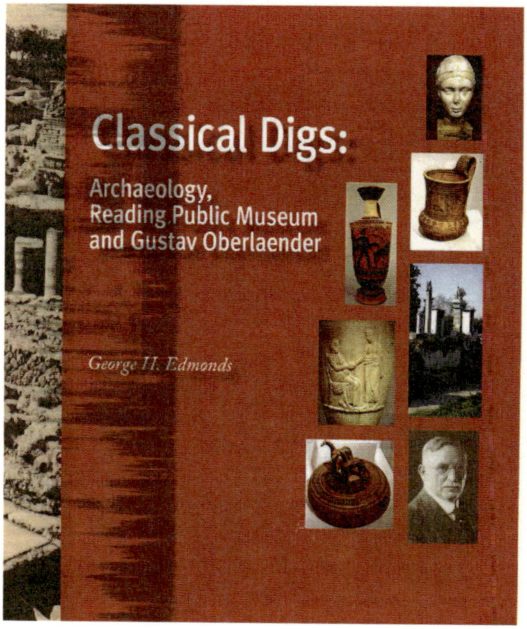

George Edmonds erinnert in seinen Veröffentlichungen an die Bedeutung der Wyomissing Industries für die Gemeinde (2006) und an die Antikensammlung Oberländers im Reading Public Museum (2011). Repro: Heidermann

Summary in English

Ferdinand Thun and Heinrich Karl Janssen emigrated to the United States independently of each other between 1886 and 1888. Both men hailed from Barmen (part of what is now known as Wuppertal) but they met for the first time in New York. Each had excellent training: Thun, as an accountant, and Janssen, as an engine fitter. This, together with their drive and ambition, secured positions for them with large textile factories. While in New York, Thun made the acquaintance of Gustav Oberländer who had emigrated from Düren. The three became U.S. citizens and, although all were half-orphans or orphans, they maintained strong ties with their German birthplace. Oberländer would later join Thun and Janssen in business.

The two innovators from Barmen realized that the textile industry held opportunities for men with their expertise. Thun and Janssen moved south, to the small town of Reading in Pennsylvania, 39 miles outside of Philadelphia. As they settled into their new lives, Janssen was joined by his bride from Barmen and Thun married a local woman whom he had met while working at her father's company.

Their first business venture began in rented rooms where braiding machines were manufactured. A huge factory eventually grew from these small beginnings. Located in Wyomissing, near Reading, the Textile Machine Works produced braiding and knitting machines. The machines could be tested on-site as a new company emerged: the Narrow Fabric Company, which produced laces and ribbons that were known in Germany as Barmer artikel. In addition Thun and Janssen installed a department at the Textile Machine Works for repairing hosiery knitting machines. Managed by Gustav Oberländer, this department developed into the Berkshire Knitting Mills, the world's largest production facility for ladies stockings. This rapid growth was not without conflict. For, while Thun and Janssen looked out for their workers, they did so as well-meaning patriarchal employers who resisted union participation in their decisions.

The First World War brought difficult times for German immigrants, who were suspected of acting as spies and supporting the alliance between Germany and Austria-Hungry against American interests. German publications and use of the

German language in public were forbidden. Even American citizens, including Thun and Janssen, had their homes searched for suspicious material. Following the war, Thun, Janssen, and Oberländer took steps to improve German American relations, and established the Carl Schurz Foundation and the Oberländer Trust. These foundations supported the teaching of German; created visitor and scholar exchange programs; founded a library of donated books and artwork; and fostered an exchange of experience and training in education, forestry, health care, and municipal administration.

In Germany, Thun, Janssen, and Oberländer supported the development of the Goethe Museum in Frankfurt am Main and provided funding for the University of Heidelberg. Oberländer supported the German Archeological Institute in Berlin.

Not all of the ventures that were undertaken went as planned. During the time between the wars, for example, the "Americans" provided $550.000 in credit to support construction of the Wuppertaler Hof, a hotel in Barmen. German re-armament before the Second World War and the associated restrictions on the exportation of currency prevented the sending of funds to the U.S. for repayment of the loan. The funds were transferred instead to a local German account. During WW II the hotel was destroyed. Later with the reform of the German currency following the war, the funds were devalued at a 10:1 basis.

Initially, Thun, Janssen and Oberländer considered Hitler's rise to power to be a normal change of government. However, with the growing flood of political and Jewish fugitives, they came to realize, that the new government was a threat to individuals and to world peace. The work of their foundations was reoriented to support emigration from Germany to the U.S., including assistance for Albert Einstein. The U.S. foundations helped the fugitives, thus also ensuring the enrichment of the welcoming nation through subsequent contributions of its newly immigrated population.

After the war, Thun, Janssen, and their families had CARE packages sent to many citizens in Wuppertal. They also donated two houses to the City of Barmen and the Protestant Church to be used for social purposes, founded new social neighborhood centers, arranged for furniture to be sent from Sweden, and made assistance available to socially distressed regions. Furthermore, the three benefactors dispensed funds to equip local hospitals and university clinics with modern instruments and facilities.

Efforts continued in Pennsylvania, as the owners of Wyomissing Industries became known for their substantial donations and their cultural initiatives: Reading Public Museum and Wyomissing Public Library were created, and Reading Hospital was established and has grown to become a leading health care provider. With the expertise of German city planners who were brought in, the garden town "Wyomissing Park" was created on free farmland.

Over time, the textile industry in Pennsylvania closed its doors and, with it, the flourishing of the German immigrant family has ended. The halls of Wyomissing Industries are now occupied by a large Vanity Fair Outlet Mall. But although the wealth has disappeared, the partnership remains. In 1822, Heinrich Christoph Kolbe, a famous portrait artist in Barmen and its sister-city Elberfeld, painted a portrait of Johann Wolfgang von Goethe as minister of the little dukedom of Weimar. Three versions of this painting now exist: one in Goethe's birthplace in Frankfurt; the second hangs in Goethe's house in Weimar; the third was donated by the Thun family to the Franklin & Marshall College in Lancaster, Pennsylvania. It is the only original portrait of the German poet in the U.S..

For sixty years now, the Ferdinand Thun und Henry Janssen Stiftung has been distributing donations in Barmen and Elberfeld (Wuppertal) in the spirit of its patrons.

This depiction of Ferdinand Thun, Heinrich Janssen and Gustav Oberländer and their work has been gathered from numerous published and unpublished sources. The book carries the memories of three families across the Atlantic Ocean – in both directions.

Archivalien

AUSWÄRTIGES AMT, POLITISCHES ARCHIV, BERLIN
R 64173 Carl Schurz Memorial Foundation und Oberlaender Trust 1930–1937; R 80307–9 Politische und kulturelle Propaganda in den USA, Bd. 15–17; R 80327–9 Politische und kulturelle Propaganda in den USA – „Vereinigung Carl Schurz"; R 61131 Deutsche Kulturpropaganda in Nordamerika, Bd. 2, 1935–1937

BUNDESARCHIV KOBLENZ
Nachlass 1009 Dr. Hans Luther

FAMILIE WOLTER, BONN-BAD GODESBERG
Tagebuch von Frau Marthe Wolter-Sauer [über die Amerikareise], Fotos und Skizzenbücher

FERDINAND THUN UND HEINRICH JANSSEN GEDÄCHTNIS-STIFTUNG (THUN-JANSSEN-STIFTUNG), WUPPERTAL
Korrespondenz, Protokolle

FREIES DEUTSCHES HOCHSTIFT – FRANKFURTER GOETHEMUSEUM, HAUSARCHIV
XIII. Auslandskorrespondenzen 1) Amerika a) Korrespondenz über amerikanische Geldsammlungen und Spenden A–G, H–Z
Presseausschnitte Mappe 2

HISTORICAL SOCIETY OF PENNSYLVANIA, PHILADELPHIA
MSS 167 National Carl Schurz Association, Records 1709–1995
Einleitung zum Findbuch
Foto Oberländer/Dörpfeld 1933

SAMMLUNG KLAUS VOLLMER, WUPPERTAL
Privatsammlung zu Thun und Janssen

STADTARCHIV KLEVE
Geburtsurkunde Wilhelm Albert Janssen, 23. März 1834

STADTARCHIV WUPPERTAL
Adressbücher, Personenstandsakten, Presseausschnitte, NDS 273 Depositum Ferdinand K. Thun (Fotoalben)

UNIVERSITY OF DELAWARE, NEWARK, DELAWARE, LIBRARY SPECIAL COLLECTIONS
George S. Messersmith Papers

UNIVERSITY OF WISCONSIN, MADISON
The Aldo Leopold Archives
http://digital.library.wisc.edu/1711.dl/wiarchives.uw-leopoldpapers

Literaturverzeichnis (wenn mehrfach erwähnt):

Adressbuch Barmen 1871/72, 1875, 1877, 1879, 1882, 1887, 1899, 1906

American-German Review, herausgegeben von der Carl Schurz Foundation, Philadelphia, PA, vierteljährlich, ab September 1939 zweimonatlich, I. Jg. September 1934 – XXXV. Jg. Juli 1968

BEUTLER 1948: Beutler, Ernst, *Henry Janssen †20. Januar 1948*, in: *Monatshefte*, Madison Wisc., Bd. 40, Nr. 6, October 1948, S. 348–352

BRANTZ 1989: Brantz, Rennie W., *German-American Friendship: The Carl Schurz Vereinigung, 1926–1942*, in: *The International History Review*, Bd. 11 1989, Heft 2, S. 229–251

Carl Schurz Memorial Foundation, *Annual Reports 1930–1957*

DIAMOND 1974: Diamond, Sander A., *The Nazi Movement in the United States 1924–1941*, Ithaca und London 1974

DIETZ-LEVERKUSEN 1958: Dietz-Leverkusen, Dr. Walter, *Ferdinand Thun (1866–1949) und Henry Janssen (1866–1948)*, in: *Wuppertaler Biographien*, Bd. 4, Wuppertal 1958

DOLL 1955: Doll, Eugene E., *Twenty-Five Years of Service 1930–1955*. Carl Schurz Memorial Foundation Inc., Philadelphia [1955]

EDMONDS 2006: Edmonds, George H., *Wyomissing. An American Dream: Enterprise Shaping Community*. Wyomissing 2006

EDMONDS 2011: Edmonds, George H., *Classical Digs: Archeology, Reading Public Museum and Gustav Oberländer*, Reading 2011

ECKARDT 1999: Eckardt, Uwe, *Wilhelm Dörpfeld und Wilhelm II.*, in: *Mitteilungen aus dem Heinrich-Schliemann-Museum Ankershagen* Jg. 6 1999, S. 145–154

FAHLBUSCH 1999: Fahlbusch, Michael, *Wissenschaft im Dienst der nationalsozialistischen Politik? Die „Volksdeutschen Forschungsgemeinschaften" von 1931–1945*, Baden-Baden 1999

FRANZEN 2011: Franzen, Christoph Johannes, Karl Heinz Kohl, Marie Luise Recker (Hg.), *Der Kaiser und sein Forscher. Der Briefwechsel zwischen Wilhelm II und Leo Frobenius (1824–1938)*. Stuttgart, Berlin, Köln 2011

GEIGER 2007: Geiger, Rudolf, *Der deutsche Amerikaner. Carl Schurz – Vom deutschen Revolutionär zum amerikanischen Staatsmann*, Gernsbach 2007

GLESINGER 1942: Glesinger, Egon, *Nazis in the Woodpile. Hitler's Plot for Essential Raw Material*, Indianapolis/New York 1942

GOEBEL/VOIGT 1985: Goebel, Klaus und Günther Voigt, *Die kleine, mühselige Welt des jungen Hermann Enters*, 4. Aufl., Wuppertal 1985

GOEBEL/GIANNOPOULOU 2010: Goebel, Klaus und Chara Giannopoulou (Hg.), *Wilhelm Dörpfeld. Daten meines Lebens*, Patras 2010

GRAMM 1956: Gramm, Hanns, *The Oberländer Trust 1931–1953*, Philadelphia 1956

HÜBNER 1953: Hübner, Johannes, *Geschichte der Evangelisch-lutherischen Gemeinde Barmen-Wupperfeld von 1777–1952*, Wuppertal-Barmen 1953

HOGUE 1955: Hogue, Arthur R., *The Carl Schurz Memorial Foundation: The First Twenty-Five Years*, in: *Indiana Magazine of History*, Vol. 51, No. 4, December 1955, S. 335–339

HOLTON 1993: Holton, James L., *50 Golden Years: History of the Full-Fashioned Hosiery Industry in Berks County*, Pennsylvania, Wyomissing 1993

JENKINS 1997: Jenkins, Philipp, *Hoods and Shirts. The Extreme Right in Pennsylvania 1925–1950*, Chapel Hill und London 1997

JEWISH TELEGRAPHIC AGENCY, New York City

JORDAN 1914: Jordan, John W., *Encyclopedia of Pennsylvania Biography, Vol. III*, New York 1914

JUNKER 1985: Junker, Detlef, Jacob Gould Schurman, *Die Universität Heidelberg und die deutsch-amerikanischen Beziehungen*, in: Semper Apertus. *Sechshundert Jahre Ruprecht-Karls-Universität Heidelberg 1386–1986*, Berlin Heidelberg 1985, S. 328–258

KAISER 1954: Kaiser, Peter, Der Limesturm auf dem Gaulskopf, in: Turn-und Sportverein Niedermörlen (Hg.), Festschrift zum III. Gaufest, Niedermörlen vom 28.-28. Juni 1954, Niedermörlen 1954

KARO 1943: Karo, Georg, *An Attic Cementary. Excavations in the Kerameikos at Athens under Gustav Oberlaender and the Oberlaender Trust*, Philadelphia, Pennsylvania 1943 http://digi.ub-heidelberg.de/diglit/karo1943/0001

KAT. FRANKFURT 2011: Maisak, Petra und Gerhard Kölsch, Freies Deutsches Hochstift, Frankfurter Goethemuseum, Die Gemälde. „denn was wäre die Welt ohne Kunst". Bestandskatalog, Frankfurt am Main 2011

KENNEDY 1948: Kennedy, Thomas, *Effective Labor Arbitration. The Impartial Chairmanship of the Full-Fashioned Hosiery Industry*, Philadelphia 1948

KENT 1953: Kent, Donald, *The Refugee Intellectual: The Americanization of the Immigrants of 1933–1941*, New York 1953

KIPPHAN 1971: Kipphan, Klaus, *Deutsche Propaganda in den Vereinigten Staaten*, Heidelberg 1971

KLOSS 1980: Kloss, Heinz, *Research Possibilities in the German American Field*, Hamburg 1980

KOBRACK 2008: Kobrack, Christopher, *Die Deutsche Bank und die USA: Geschäfte und Politik von 1870 bis heute*, München 2008

KÖLLMANN 1960: Köllmann, Wolfgang, *Sozialgeschichte der Stadt Barmen*, Tübingen 1960

KUPSKY 2010: Kupsky, Gregory J., *The True Spirit of the German People: German-Americans and the National-Socialism 1919–1955*, The Ohio State University 2010

KUPSKY 2012: Kupsky, Gregory, *Gustav Oberländer*, in: *Immigrant Entrepreneurship. German-American Business Biographies, Bd. 4, 1720 to Present*, hg. von Jeffrey Fear. German Historical Institute. Last modified December 17, 2012.
http://www.immigrantentrepreneurship.org/entry.php?rec=56

LANGE-APPEL/WAHLE 1993: Lange-Appel, Ute und Manfred Wahle, *Die Beziehungen zwischen Jugendpflege und Berufsausbildung im Wuppertal des Kaiserreichs*, in: *Jahrbuch für historische Bildungsforschung 1993*, S. 207–243.

MAAS 1949: Maas, Joachim, *Der unermüdliche Rebell. Leben, Taten und Vermächtnis des Carl Schurz*. Mit einem Anhang: Carl Schurz über Abraham Lincoln, Hamburg 1949

NACHBARSCHAFTSHEIM 1989: *Das Nachbarschaftsheim am Platz der Republik 1949–1989*, Wuppertal 1989

PARTNERS 1936: *Partners. A History of the Development of the Wyomissing Industries*. Published by the Wyomissing Industries, Reading, Pennsylvania 1936

READ 1936: Read, Helen Appleton, *German Art from the Fifteenth to the Twentieth Century. An Exhibition of Paintings, Water Colors, and Drawings held under the Auspice of the Oberlaender Trust*, Philadelphia 1936

READING EAGLE: *Reading Eagle* (gegründet 1868 als *Der Readinger Adler*), Tageszeitung in Reading, PA

RETTERATH 2000: Retterath, Hans Werner, *Deutschamerikanertum und Volkstumsgedanke*, Dissertation Marburg 2000

RICHTER 2006: Richter, Thomas, *Ein deutsch-amerikanischer Strumpffabrikant als Förderer der Archäologie*, in: *Denkmalspflege und Kulturgeschichte*, Heft 4, 2006, S. 12–17

SCHÖN 1947: Schön, Stephan, *Wuppertal im Kampf gegen die Not*. Herausgegeben im Auftrage der Stadtverwaltung von Oberverwaltungsrat Stephan Schön, Wuppertal 1947

SCHMOECKEL 1992: Schmoeckel, Gisela, *Sie blieben Nachbarn ihrer Heimat*, in: *Bergischer Almanach 1992*, S. 132–137

SENG 2009: Seng, Joachim, *Goethe-Enthusiasmus und Bürgersinn. Das Freie Deutsche Hochstift – Frankfurter Goethe-Museum 1881–1960*, Göttingen 2009

STETLER 1974: Stetler, Henry G., *The Socialist Movement in Reading, Pennsylvania 1896–1936. A Study in Social Change*, Philadelphia 1974

SUPREME COURT 1940:
Henderson, Joseph W., U.S. Supreme Court, Berkshire Knitting Mills, ex parte U.S. Supreme Court. Transcript of Record with Supporting Pleadings, o. O. [1940]

SUTTON 2007: Sutton, Joan M.,Irvin and Rosa, Bloomington IN, 2007

TABACHNICK 1991: Tabachnick, Alan D., *Two Gentleman of Vision*, in: *Pennsylvania Heritage. Quarterly of the Pennsylvania Historical and Museum Commission*, Bd. 17, Nr. 3, Sommer 1991, S. 12–17

TAYLOR 1929: Taylor, George William, *Significant Post-War Changes in the Full-Fashioned Hosiery Industry*, Philadelphia 1929

VEREINIGUNG CARL SCHURZ, Berlin, *Tätigkeitsberichte 1926/27–1930*

VEREINIGUNG CARL SCHURZ E.V., Berlin, *Mitteilungen 1934–1937*, 1938, 1940

WERTH 1902: Werth, Adolf, *Geschichte der reformierten Gemeinde Barmen-Gemarke*, Barmen 1902

WILHELM 1998: Wilhelm, Cornelia, *Bewegung oder Verein? Nationalsozialistische Volkstumspolitik in den USA*, Stuttgart 1998

WILHELM 2002: Wilhelm, Cornelia, *Nazi Propaganda and the Use of the Past: Heinz Kloss and the Making of a German America*, in: *Amerikastudien/American Studies Vol. 47*, Nr. 4 2002, S. 55–83

WINKLER BD. 1 2009: Winkler, Heinrich August, *Geschichte des Westens. Von den Anfängen in der Antike bis zum 20. Jahrhundert*, München 2009

WINKLER BD. 2 2010: Winkler, Heinrich August, *Geschichte des Westens. Die Zeit der Weltkriege 1914–1945*, München 2011

THE YARN CARRIER 1948: *The Yarn Carrier. The Henry Janssen Memorial Number, Bd. 17*, Nr. 11, February 1948

THE YARN CARRIER 1949: *The Yarn Carrier. The Ferdinand Thun Memorial Number, Bd. 18*, Nr. 12, March 1949